Nicola Condoleo
Vom Imaginären zur Autonomie

Edition Moderne Postmoderne

Für Mona und Aida

Nicola Condoleo, geb. 1978, lebt in Zürich.

Nicola Condoleo
Vom Imaginären zur Autonomie
Grundlagen der politischen Philosophie von Cornelius Castoriadis

[transcript]

Die vorliegende Arbeit wurde von der Philosophischen Fakultät der Universität Zürich im Herbstsemester 2014 auf Antrag der Promotionskommission Prof. em. Dr. Georg Kohler (hauptverantwortliche Betreuungsperson) und Prof. Dr. Peter-Ulrich Merz-Benz als Dissertation angenommen.

Bibliografische Information der Deutschen Nationalbibliothek
Die Deutsche Nationalbibliothek verzeichnet diese Publikation in der Deutschen Nationalbibliografie; detaillierte bibliografische Daten sind im Internet über http://dnb.d-nb.de abrufbar.

© 2015 transcript Verlag, Bielefeld

Die Verwertung der Texte und Bilder ist ohne Zustimmung des Verlages urheberrechtswidrig und strafbar. Das gilt auch für Vervielfältigungen, Übersetzungen, Mikroverfilmungen und für die Verarbeitung mit elektronischen Systemen.

Umschlaggestaltung: Kordula Röckenhaus, Bielefeld
Korrektorat: Angelika Wulff, Witten
Printed in Germany
Print-ISBN 978-3-8376-3189-0
PDF-ISBN 978-3-8394-3189-4

Gedruckt auf alterungsbeständigem Papier mit chlorfrei gebleichtem Zellstoff.
Besuchen Sie uns im Internet: *http://www.transcript-verlag.de*
Bitte fordern Sie unser Gesamtverzeichnis und andere Broschüren an unter: *info@transcript-verlag.de*

Inhalt

Danksagung | 7

Einleitung | 9

1. Staatliches Gewaltmonopol | 15
1.1 »Ich gelobe es!« | 17
1.2 Zwangsmittel | 26
1.3 Recht und Begriff des staatlichen Gewaltmonopols | 30
1.4 Entstehung des staatlichen Gewaltmonopols | 36
1.5 Kontraktualistische Begründung | 41
1.6 Das staatliche Gewaltmonopol als Imaginäres | 45
1.7 Staatliches Gewaltmonopol und Autonomie | 49
1.8 Fazit | 51

2. Imaginäres | 55
2.1 Imaginäres I – Gesellschaft und Institution | 56
2.2 Imaginäres II – Institution und Subjekt | 80
2.3 Imaginäres III – Subjekt und Autonomie | 100
2.4 Fazit | 107

3. Entfremdung – Autonomie | 113
3.1 Entfremdung | 113
3.2 Autonomie als Norm | 136
3.3 Fazit | 144

4. Anerkennung | 147
4.1 Struktur sozialer Anerkennungsverhältnisse | 147
4.2 Rechtlicher Kampf um Anerkennung? | 156
4.3 Differenzen – Anerkennung oder Imaginäres | 161
4.4 Fazit | 167

5. Abschweifung: Gemeinsinn | 171
5.1 Gemeinsinn und seine Bedeutung | 172
5.2 Gemeinsinn durch Anerkennung | 174
5.3 Revolutionärer Entwurf als Gemeinsinn | 176
5.4 Oikos, Agora, Ekklesia | 178
5.5 Abschied vom alten Bürger | 180
5.6 Fazit | 181

Schluss | 183

Literaturverzeichnis | 189

Danksagung

Dank gilt meiner kleinen Mona und meiner lieben Aida. Ohne die Stunden mit Schaukeln, mit kritischem Malen von Kopffüßern und lachendem Tanzen von verwegenen Pirouetten, ohne die zugeneigte Skepsis und Kritik, die Gespräche und Geduld, wäre diese Arbeit nicht zustande gekommen.

Dank gilt ebenso meinen Geschwistern Tina und Vincenzo, meinen unverbesserlichen Eltern, den Familien Elezović, insbesondere Maja, Vesna und Arif, danke an Jovita dos Santos Pinto, Robert Tóth, Oliver Nievergelt, Giovianni Minasi, Thomas Hürlimann.

Ich danke meinen vielen Schüler_innen, insbesondere den Ergänzungsfachklassen der letzten Jahre. Die intensiven und widerständigen Auseinandersetzungen waren lehrreich und unterhaltsam.

Ich bedanke mich insbesondere bei Annett Haas und Anita Radulović, welche die Arbeit kritisch und mit analytischem Blick gegengelesen haben. Zudem möchte ich Gina Domeniconi für die letzte Korrektur danken und Constanze Seelmann dafür, dass sie mir ihre Arbeit *Crowd Control* zur Verfügung stellte.

Dank gilt nicht zuletzt jenen, die den Weg zu dieser Arbeit und durch sie hindurch ermöglicht haben: Alois Müller, Andreas Kotte, Georg Kohler, Peter-Ulrich Merz-Benz.

Einleitung

> Das Denken als Wollen oder als Interesse *an* dem Bestehenden ist nicht mehr das Interesse *für* das Bestehende als solches, sondern das Interesse für seine *Veränderung*.[1]
> MILAN KANGRGA

Cornelius Castoriadis, geboren 1922 im damaligen Konstantinopel, lebte bis 1945 in Griechenland, flüchtete nach Paris, wo er in den Folgejahren vor allem mit der Gruppe und Zeitschrift *Socialisme ou Barbarie* Einfluss nahm. Dabei trat Castoriadis unter verschiedenen Namen bereits früh gegen totalitäre, vor allem auch stalinistische Unterdrückung auf. Während er in der frühen Zeit ideologisch dem Trotzkismus nahe stand, wandte er sich in der Mitte seines Lebens vom Marxismus ab, um sich einer zunehmend eigenständigen Konzeption von Autonomie zuzuwenden. Gleichzeitig rückte der Begriff des Imaginären ab der Mitte der 1960 Jahre durch die Beschäftigung mit der Psychoanalyse in den Vordergrund. Zunächst mit und nahe bei Jacques Lacan, danach in vehementer Abgrenzung von ihm. In seiner konzeptuellen Weiterentwicklung des Imaginären, wie es sich vor allem im 1975 veröffentlichten Hauptwerk *L'Institution imaginaire de la société*[2] bzw. *Gesellschaft als imaginäre Institution*[3] entfaltete, zeigt sich

---

1 Kangrga, Milan: »Was denkst Du, Philosoph?«, in: *Praxis* 1 (1965), S. 87-105, hier S. 92. [Herv. i. O.]
2 Castoriadis, Cornelius: *L'Institution imaginaire de la société*, Paris: Édition du Seuil 1975.
3 Castoriadis, Cornelius: *Gesellschaft als imaginäre Institution. Entwurf einer politischen Philosophie*, Frankfurt am Main: Suhrkamp 1997.

ein roter Faden – so die Annahme der vorliegenden Arbeit – vom Imaginären zurück / hin zur Autonomie nicht nur biografisch, sondern auch konzeptuell.[4]

Der Anspruch dieser Arbeit ist einfach. Sie soll, wie dies der Titel bezeichnet, Grundbegriffe und Grundannahmen der politischen Philosophie von Castoriadis klären. Das Ziel der vorliegenden Arbeit lautet: Die grundlegende Verknüpfung zwischen dem Begriff des Imaginären und der Autonomie soll herausgearbeitet werden. Castoriadis deutet diese Verknüpfung zwar immer wieder an, klärt sie aber nicht in jeder Hinsicht. Es wird versucht, die Kohärenz des Konzepts von Castoriadis herauszuarbeiten und stark zu machen. Die Grenzen wiederum werden damit umso deutlicher.

Bevor das Begriffsskelett von Castoriadis im zweiten Kapitel aufgerichtet wird, soll das staatliche Gewaltmonopol aus verschiedenen Perspektiven beschrieben werden und als Beispiel im Sinne von Castoriadis als imaginäre Institution gedeutet werden. Es ist also nötig, die entsprechenden imaginär bedeutsamen Anteile herauszuarbeiten. Neben der Beschreibung einer Vereidigung, der Entstehung in historischem Abriss, sollen zugleich institutionelle Grundlagen und konzeptuelle Grundmauern beleuchtet werden. Das Ziel ist es, Castoriadis' Konzept zu illustrieren und vorzubereiten. Wer sogleich auf den Zusammenhang mit Castoriadis' Theorie kommen will, kann die Lektüre mit den Kapiteln 1.6 oder 1.7 beginnen.

Es wird nötig sein, da ganz bestimmte Begriffe genauer betrachtet werden sollen, das Konzept des Imaginären von Castoriadis auszubreiten. Zu beachten ist dabei, dass versucht wird, eine Annäherung zu bewerkstelligen, die eine bessere Übersicht ermöglicht. Obwohl bereits mindestens eine ausführliche Arbeit über Castoriadis existiert, kartografiert diese etwas gar weitläufig und Untiefen bleiben verborgen.[5]

Das dritte Kapitel widmet sich der Frage nach der Begründung dessen, was Castoriadis mit Autonomie meint. Diese Begründung wird durch die Bedeutung der Heteronomie erreicht, die Castoriadis feststellt, beschreibt und kritisiert. Autonomie ist der Ausgang aus Fremdbestimmung. Dabei wird sich zeigen, dass Castoriadis marxistischer ist, als er selbst noch zuzugeben mag, hatte er in einem Aufsatz wenigstens selbst verkündet, warum er kein Marxist mehr sei und eine

---

4 Vgl. Vorwort von Harald Wolf in: Castoriadis, Cornelius: *Autonomie oder Barbarei*, hg. v. Michael Halfbrodt / Harald Wolf, *Ausgewählte Schriften*, Band I, Lich / Hessen: Verlag Edition AV 2006, S. 7-15.

5 Tassis, Theofanis: *Cornelius Castoriadis: Eine Disposition der Philosophie*, Dissertation, Freie Universität Berlin, Berlin 2007.

weitläufige Kritik ausgebreitet.[6] Der Nachklang seines theoretischen Werdegangs wird noch deutlich.

Im vierten Kapitel wird eine weitere Theorie – in grundlegenden Teilen – referiert: Honneths *Kampf um Anerkennung*. Es wird sich bereits im zweiten Kapitel bei Castoriadis zeigen, dass mit dem Begriff der Autonomie die Anerkennung verbunden ist, allerdings nicht in gleicher Weise wie bei Honneth. Entscheidend ist insofern die Annahme von Castoriadis, dass die eigene Freiheit erst dort beginne, wo die Freiheit der anderen anfange.[7] Nichtsdestotrotz kann ein Vergleich gemacht werden. Dabei spielen die psychoanalytischen bzw. psychologischen Annahmen, die Castoriadis wie Honneth machen, eine entscheidende Rolle. Beide Theorien versuchen im Ganzen der Anerkennung in der jeweiligen Ausprägung normative Bedeutung zuzumessen – bei Castoriadis aber rückt der Begriff nicht in den Fokus wie bei Honneth und wurde entsprechend kaum beachtet.

Im fünften und letzten Kapitel wird Castoriadis' Konzept mit dem Begriff des Gemeinsinns angereichert. Diese Anreicherung fällt, so meine Annahme, bei Castoriadis auf fruchtbaren Boden und kann in veränderter Form Antworten auf die Frage nach dem Politischen geben – es handelt sich um eine Abschweifung.

Zunächst soll ein kurzer Umweg die Lektüre vorbereiten.

Derrida und die rechtsstaatliche Gewalt

Das Ende dieser Arbeit fällt zusammen mit einer Lektüre von Jacques Derridas *Der »mystische Grund der Autorität«*[8] – eine Lektüre von Benjamins *Zur Kritik der Gewalt*.[9] Bevor ich auf die hier vorgeschlagene Lektüre von Castoriadis grundlegenden Texten eingehe, möchte ich der Lektüre Derridas Raum geben. Sein Text drängt. Die Einleitung gibt diesem Drängen nach.

»[D]as Recht muß also die Gewalt monopolisieren (*Gewalt** im Sinne von Autorität).«[10]

---

6 Castoriadis, Cornelius: *Vom Sozialismus zur autonomen Gesellschaft. Über den Inhalt des Sozialismus*, hg. v. Michael Halfbrodt / Harald Wolf, *Ausgewählte Schriften*, Bd. 2.1, Lich / Hessen: Verlag Edition AV 2007; Castoriadis: Gesellschaft als imaginäre Institution, S. 19-120.
7 Castoriadis: Gesellschaft als imaginäre Institution, S. 158.
8 Derrida, Jacques: *Gesetzeskraft. Der »mystische Grund der Autorität«*, Frankfurt am Main: Suhrkamp 1991.
9 Benjamin, Walter: *Zur Kritik der Gewalt und andere Aufsätze*, Frankfurt am Main: Suhrkamp 1965.
10 Derrida: Gesetzeskraft, S. 73. [Herv. i.O.]

Was ist dieses Müssen des Rechts? Es heißt, dass keine individuelle Gewalt erlaubt sei, so Derrida. Von dieser individuellen Gewalt gehe einerseits eine Bedrohung aus, andererseits müsse vor dieser das Recht als Recht geschützt werden. Diese Aspekte seien wichtig, warum dieses Recht überhaupt Geltung habe, warum und dass es *gelte*. Derrida deutet damit eine daraus folgende Wirkweise an, die er mit der Bezeichnung »Performative Tautologie«[11] zu fassen versucht. Ein weitergehender Schritt ist nicht nur der Schutz, sondern jener »auf performative Weise die Konventionen zu erzeugen, die die Gültigkeit des Performativums sichern«[12]. Dabei bezeichnet die Konvention auf eine etwas ironische Weise, dass die Gewalt des Rechts von einer Zusammenkunft herrühren könnte, die einen souveränen Willen bezeichnet, der Recht schafft – wie auch, dass diesem gewaltigen Willen eine Kraft zukommt, die Zusammenkunft schafft. Ironie bezeichnet an dieser Stelle, dass der Unterschied zwischen beiden zerfließt, der Sinn des einen oder anderen ist nicht definitiv zu bestimmen. Es zeigt sich zudem, dass die Setzung in diesem mehrdeutigen Sinn selbst sinnlos ist, obwohl sie einen Zweck hat. Diese Bresche in der Landschaft begründet Recht, gar das Politische. Umgekehrt formuliert, so Derrida, erkenne man dies daran, dass alles als illegitime Gewalt bezeichnet werde, was die monopolisierte Gewalt nicht anerkenne. In der monopolisierten Gewalt scheint eine Verstrickung auf, die alle umfasst. In kurzer und bündiger Form: Anerkennung oder Vernichtung. Dieser Grenzzaun beschäftigt Derrida. Wer errichtet den Zaun? Dahinter lässt sich entscheiden, was Recht, was Unrecht ist. Wer eindringt, ohne dass klar wäre, dass diese_r das Rechte anerkennt, ist selber Unrecht, Draußen, Bruch, Rechtsbruch, Verbrecher_in.

In der Beschäftigung mit dem Kontraktualismus im ersten Kapitel der vorliegenden Arbeit geht es um diesen rechtssetzenden Akt, den Kontrakt – oder wie es Derrida nennt, den Ausgangspunkt einer performativen Tautologie. Die entsprechende Konvention ist allerdings weniger die kontraktualistische Fiktion, denn die rationalistische Voraussetzung. Die performative Tautologie wird ein Akt rationaler Einsicht. Wer es nicht einsieht, hat es nicht nur nicht verstanden oder nicht begriffen. Wer es nicht einsieht, ist jenseits des Grenzzauns. Dahinter liegt Vernichtung oder Wahnsinn. Die Tautologie ist das Aufziehen des Zauns als *Recht ist*. Und mit der Instandhaltung spricht sich *Recht ist Recht* aus. Wobei Derrida mit der Performanz etwas bezeichnet, das lauten könnte: ›*Recht ist Recht*‹ *ist Recht*: So muss es sein.

Wie aber kann man dieser Einzäunung beikommen?

---

11 Ebd.
12 Ebd.

»Man würde dann behaupten, daß in jeder deutenden Lektüre die Möglichkeit eines Generalstreiks liegt, ja daß sie ein Recht auf den Generalstreik in sich schließt: ein Recht darauf, dem bestehenden Recht, das seine größte Macht, seine größte Autorität vom Staat bezieht, eben diese streitig zu machen.«[13]

Dieser Generalstreik reißt Zäune nieder, legt den Zaum ab. Derridas Generalstreik ist aber nicht eindeutig: »jede instaurierende Lektüre zeitigt nämlich einen Generalstreik und folglich eine revolutionäre Situation«[14]. Diese Lektüre, die einen Riss in der Konvention aufzeigt, wie sie Derrida anhand von Benjamin erklärt, birgt weitere Sprengkraft: »Denn über das von Benjamin formulierte Vorhaben hinaus möchte ich eine Interpretation vorschlagen, die deutlich macht, dass die ›rechtssetzende Gewalt‹ eine ›rechtserhaltende Gewalt‹ in sich bergen muss und sich nicht von ihr loslösen kann.«[15] Derrida hebt etwas hervor. Castoriadis nennt es Heteronomie, die Konvention ist Kraft des Gesetzes verschleiert.[16] Die performative Tautologie wirkt ständig als fremde, der man sich aber qua der Konvention fügt. Derrida nennt es ein Ereignis, das zugleich Setzung und Erhaltung ist. Die Unterbrechung – der Streik – ist dann ein Aussetzen. In diesem Moment kann sich, folgt man der Terminologie von Castoriadis, Autonomie ereignen. Dieser Autonomieanspruch – um Castoriadis in die Lektüre von Derridas Text einzufügen – ereignet sich als Kritik dieser Grundlegung des Rechts. »Eine wirksame Kritik muss dem Rechtskörper selbst entgegentreten, ihn an Haupt und Gliedern anfechten, statt bloß die Gesetze und die besonderen Rechtsbräuche anzugreifen, die das Recht in den Schutz seiner Macht nimmt.«[17] Zu diesen Gliedern gehört unter anderem die Polizei. Ihr widmet sich Derrida als jener Institution, die zwischen den Gewalten Recht sichert; aber viel wichtiger »beide Gewalten [...] vermischt«[18]. Die Polizei schütze das Recht weniger, als dass sie setzende und erhaltende Gewalten bündelt, verstrickt und mit ihrem Auftrag zugleich die Unterscheidung der beiden scheinbar erhält und doch untergräbt. Die Begründung von Recht, seine Setzung verlange in dieser Erhaltung eine, man könnte es Anwesenheit nennen, die Derrida als Iterabilität bezeichnet. Der Weg der Begründung wird in der Erhaltung nochmals beschritten oder bestritten. Um sich in der Wiederholung zu erhalten, verschwindet der Ursprung

---

13 Ebd., S. 81.
14 Ebd.
15 Ebd., S. 83.
16 Vgl. Kap. 3.1.
17 Ebd., S. 88.
18 Ebd., S. 90.

der Rechtssetzung in der Aktualität, der polizeilichen Anweisung. Auf dieses »Paradoxon der Iterabilität«[19], wie es Derrida nennt, kommen wir mit dem nächsten Kapitel zu sprechen.

Das Gewaltmonopol ist also eröffnet. Der Eintritt ist ein Eintritt *in* das Gewaltmonopol. Es handelt sich um eine Besichtigung am Rande der Gewalt.

---

19 Ebd., S. 92.

1. Staatliches Gewaltmonopol

> Wir haben die Welt der gesellschaftlichen Bedeutungen als ursprüngliche, anfängliche und irreduzible Setzung des Gesellschaftlich-Geschichtlichen und des gesellschaftlichen Imaginären zu denken, so wie es sich *in einer Gesellschaft jeweils zeigt.*[1]
>
> CORNELIUS CASTORIADIS

Für Castoriadis ist eine Institution ein Netz von gesellschaftlich-geschichtlichen Bedeutungen. Diese Bedeutungen können, müssen aber nicht, dem Einzelnen mehr oder weniger bewusst sein, würden aber auf jeden Fall vorausgesetzt.[2] Diese Bedeutungen seien imaginär. Die Institution ist damit ein Ausdruck, eine Erscheinungsform, gesellschaftlich imaginärer Bedeutungen. Institutionen kommen durch Träger zum Ausdruck, diese Träger seien, so Castoriadis, »Bilder oder Figuren im weitesten Sinne: Phoneme, Wörter, Banknoten, Dschinnen, Standbilder, Kirchen, Werkzeuge, Uniformen«[3]. Es gilt zu beachten, dass dieses damit zum Ausdruck kommende gesellschaftliche Imaginäre keine intentionale Schöpfung ist. Der Grund kann nicht festgesetzt werden. Das Imaginäre ist, wenn auch auf gesellschaftlicher Ebene, transzendental: »Das Individuum spricht also in der und durch die Vorstellung und kann überhaupt nur sprechen, insofern die Vorstellung Ex-zentrierung, Andersheit gegenüber sich selbst ist: Sprechen, in den Zeichen sein, heißt buchstäblich: in dem, was ist, sehen, was dort absolut nicht

---

1 Castoriadis: Gesellschaft als imaginäre Institution, S. 602.
2 Jedes Individuum als Subjekt sei gerade selbst gesellschaftliche Institution. Vgl. ebd., S. 413.
3 Ebd., S. 398.

ist.«[4] Eine zentrale Bedingung moderner Staaten ist das Gewaltmonopol. Das Ziel dieses ersten Abschnittes ist es, diesen politischen Begriff und seine gesellschaftlich-geschichtliche Ausprägung zu beschreiben und zu analysieren, um den Weg zum Konzept von Castoriadis anhand eines Beispiels vorzubereiten. Das Gewaltmonopol wird insofern als ein Komplex gesellschaftlich imaginärer Bedeutungen einer allseits anerkannten wie auch kritisierten Institution verstanden. Eine Annäherung an dieses aktual Imaginäre soll zuerst durch Erscheinungsweisen der Institution in »Bildern und Figuren« geschaffen werden. Mit der Beschreibung der Träger zeigt sich der symbolische Gehalt, die Bedeutungen, die mit den Bildern und Figuren verbunden sind. Davon ausgehend werden sich funktionale und imaginäre Anteile der Bedeutungen unterscheiden lassen. Es wird zu zeigen sein, ob diese gesellschaftlich-geschichtliche Institution im Sinne von Castoriadis über einen imaginären Anteil verfügt, der sich heteronom, wie sich Castoriadis ausdrückt, auswirkt. Wenn dies der Fall ist, kann im Sinne der Autonomie von Castoriadis gezeigt werden, wie der Ausgang aus dieser Entfremdung als Fremdbestimmung erreichbar ist.

Ausgehend von einer einleitenden Beschreibung der ritualhaften Vereidigung von Kantonspolizist_innen und in einem zweiten Schritt von Zwangsmitteln, dem Polizeistock und Gummischrot, sollen institutionelle Erscheinungsweisen des staatlichen Gewaltmonopols deutlich werden. Beide sollen eine Annäherung an die Effektivität staatlicher Gewalt (als Bedingung und Wirkung) und ihre symbolische Bedeutung zeigen. Die Funktion wie auch deren Bedeutung werden angedeutet. Daran anschließend werden die begrifflichen und institutionellen Rahmenbedingungen des Gewaltmonopols zusammengefasst. Im Anschluss wird, um diese institutionellen, d.h. rechtlichen, Bedingungen zu vertiefen, das grundlegende Argument des Kontraktualismus beleuchtet. Die funktionale – auch rationale – Seite der Institution wird herausgearbeitet. Insofern kann ein imaginärer Anteil hervorgehoben werden, der heteronome Aspekte gerade bei der zweckrationalen Bestimmung des Gewaltmonopols nach sich zieht: seine Legitimationsbedingungen.

---

4   Ebd., S. 414.

1.1 »ICH GELOBE ES!«

Es ist Freitag, der 27. September 2013, morgens um 10 Uhr in Zürich.[5] Vom Paradeplatz spaziert man auf die Fraumünsterkirche zu, die sich vor einem auftürmt – der Eingang zum Kirchenschiff ist von einer Menschentraube verstopft. Dazwischen stehen hell- und dunkelblaue Gestalten. Umringt werden sie von feierlich gekleideten Personen. Es findet die Vereidigung einer weiteren Kohorte von Kantonspolizist_innen statt.

In der Kirche: In den vorderen Bankreihen sieht man an Hinterköpfen vorbei zum Altaraufgang, zur Kanzel. Die dicken Säulen stehen wie Elefantenbeine im Weg. Die Offiziellen haben sich vorne aufgebaut, darunter der Kommandant der Kantonspolizei, Oberst Thomas Würgler, in der Mitte Regierungsrat Mario Fehr, Sozialdemokrat, welcher der Sicherheitsdirektion vorsteht. Rechts von ihm wird sich ein Offizier aufstellen, soweit richtig erinnert, jener, welcher die zwei Polizeiklassen S12 und H12 dem Kommandanten melden wird.

Die Bankreihen füllen sich mit Gästen und Familien.[6] Die vordersten drei Bankreihen links im Kirchenschiff gehören den bereits vereidigten Stadtpoli-

---

5   Die folgende Beschreibung veranschaulicht virulente Vorstellungen, hat aber nicht den Anspruch einer präzisen Ethnographie. Vielmehr soll die Bedeutsamkeit der ritualhaften Einbindung von Subjekt und Gesellschaft deutlich werden. Es wird im Übrigen die durchgehende Form *Polizist_innen* usw. benutzt, obwohl dies im Großen und Ganzen nicht mit den Sprechgewohnheiten der hier referierten Personen übereinstimmt.

6   In den Bankreihen liegt eine *Gästeliste*, die folgende aufführt: Politische Behörden: Mario Fehr, Regierungsrat Sicherheitsdirektor; Ursula Gut-Winterberger, Regierungsrätin Finanzdirektorin; Brigitta Johner, Kantonsrätin und 1. Vizepräsidentin Kantonsrat; Barbara Steinemann, Kantonsrätin und Präsidentin Kommission Justiz u. Sicherheit; Raphael Golta, Kantonsrat, Fraktionspräsident SP; Philipp Kutter, Kantonsrat, Fraktionspräsident CVP; Jürg Trachsel, Kantonsrat, Fraktionspräsident SVP, Peter Reinhard, Kantonsrat, Fraktionspräsident EVP; Barbara Bussmann, Kantonsrätin, 1. Ratssekretärin, Hans-Peter Hulliger, Präsident Verband der Gemeindepräsidenten Kanton Zürich – Gerichte: Rolf Naef, Präsident Obergericht; Peter Marti, Oberrichter, Vorsitzender I. Strafkammer; Bernhard Sager, Präsident Bezirksgericht Winterthur – Armee: Brigadier Germaine Seewer, Chefin Personelles der Armee – Staatsanwaltschaft / Jugendanwaltschaft: Dr. Andreas Brunner, Leiter Oberstaatsanwalt Oberstaatsanwaltschaft; Marcel Riesen, Leiter Oberjugendanwalt Oberjugendanwaltschaft; Hans Bebié, Leitender Staatsanwalt Staatsanwaltschaft Zürich-Limmat; Jürg Vollenweider, Leitender Staatsanwalt Staatsanwaltschaft See / Oberland; Hans Maurer, Lei-

zist_innen, die in hellblauen Uniformen Ornament sind. In der rechten vorderen Hälfte des Mittelgangs sitzen in einigen Reihen, dem Mittelgang zugewandt und somit unmittelbar auf die Stadtpolizist_innen und zur Kanzel blickend, die besonderen Gäste, Politiker_innen usw.

---

tender Staatsanwalt Staatsanwaltschaft I des Kt. Zürich; Thomas Leins, Staatsanwalt Staatsanwaltschaft Winterhtur / Unterland Zweigstelle Flughafen – Statthalter (Bezirksbehörden): Marcel Tanner, Vorsitzender Statthalterkonferenz, Statthalteramt Uster; Hartmuth Attenhofer, Statthalter, Statthalteramt Zürich; Hans Peter Frei, Statthalter, Statthalteramt Pfäffikon; Adrian Leimgrübler, Statthalter, Statthalteramt Dietikon, Claude Schmidt, Statthalter, Statthalteramt Affoltern a.A.; Armin Steinmann, Statthalter, Statthalteramt Horgen; Reto Steimer, 1. Stv. Stadtrichter, Stadtrichteramt Zürich – Verwaltung: Hans-Peter Tschäppeler, Generalsekretär, Sicherheitsdirektion; Stefan Schötzau, Chef Sportamt, Sicherheitsdirektion; Beat Husi, Staatsschreiber, Staatskanzlei; Moritz von Wyss, Leiter Parlamentsdienste, Staatskanzlei – Flughafen: Peter Frei, Leiter Safety & Security, Flughafen Zürich AG – Benachbarte Kantone / Städte u. Korps: Irmela Apelt, Mitglied der Geschäftsleitung / Chefin Human Resources, Stadtpolizei Zürich; Sven Zimmerlin, Leiter Ermittlungen, Stadtpolizei Winterthur; Peter Wullschleger, Bereichsleiter Feuerwehr / Rettungsdienst, Schutz und Rettung Zürich; Hansruedi Vogel, Stv. Grenzwachtkommandant, Grenzwachtregion II – Verbände: Peter Reinhard, Präsident Verband der Kantonspolizei Zürich; Roger Wüthrich, 1. Vizepräsident Verband der Kantonspolizei Zürich; Sigrid Bachofner, Präsidentin Personalverband Kontrollabteilung PVKA; Roland Lüthi, Präsident Verein der Pensionierten der Kapo ZH – Weitere Gäste: Reto Cavegn, Geschäftsführer TCS; Walter Bosshard, Stadtpräsident Stadt Bülach; Prof. Andreas Donatsch, Rechtswissenschaftliches Institut, Universität Zürich; Irene Gysel-Nef, Vizepräsidentin Kirchenrat, Evang.-ref. Landeskirche; Jeanine Kosch, Polizeiseelsorgerin, Ref. und Kath. Kirche Kanton Zürich; Andreas Naegeli, Direktor Justizvollzugsanstalt Pöschwies, Hans-Ulrich Solenthaler, Divisionär a.D., Walenstadt; Moritz Zollinger, Präsident Kirchenpflege Fraumünster – Ausbildung: Kurt Hügi, Direktor Zürcher Polizeischule; Stefan Mittl, Lehrer Staatskunde, Parlamentsdienste; Wolfgang Moos, Chef Ausbildung Stadtpolizei Zürich; Matthias Rüegg, Direktor Juventus Schulen; Ernst Zimmermann, Ausbildung Stadtpolizei Zürich – Pensionierte Offiziere: Martin Bachmann, Küsnacht; Reto Barandun, Basserdorf; Mario Bolzi, Wallisellen; Hans Frischknecht, Otelfingen; Hans Gämperle, Zürich; Ulrich Neracher, Geroldswil; Arthur Schmid, Embrach; Werner Treichler, Jona; Ernst Wüger, Seuzach. – *Die vollständige Liste der Gäste soll den offiziellen und breit abgestützten Charakter der Vereidigung als ritualhafte Zäsur verdeutlichen.*

Pünktlich um 10.25 Uhr räuspern sich die Offiziellen und es wird wie vor einer Messe still, da und dort Husten, Hintern schieben sich auf der hölzernen Bank so hin und her, dass Kleider rascheln. Mario Fehr hat die Hände vor seinem Schritt ineinandergeflochten und blickt angespannt – vielleicht betend – vor sich hin, ohne dass man weiß, ob er in die Menge, zu den Aspirant_innen oder ins Nichts blickt. Köpfe drehen bis zum Anschlag hin zum Mittelgang, die Polizeischüler_innen haben sich in zwei Reihen beim Eingang, unter der Empore, wo die Musik spielt, aufgestellt. Vor ihnen steht in der Mitte der Fahnenträger, weiß behandschuht und in feierlicher Uniform, goldene Knöpfe, Kordel – Ornament. Links neben ihm wird der Takt, der Gleichschritt, eins-zwei, von einem jüngeren Kollegen angegeben; rechts neben sich in Uniform aus dem 19. Jahrhundert mit geschultertem Karabiner der ältere Herr als Begleitschutz. Der Marsch setzt ein, die Korpsmusik der Kantonspolizei Zürich spielt auf. Eins-Zwei. Die Reihen setzen sich auf Kommando in Bewegung, die 65 Aspirant_innen marschieren mit Händen starr und flach wie Klingen, am Oberkörper vorbeischwingend an den Bankreihen vorbei in Richtung Altar. Der Fähnrich hält den Speer mit Fahne leicht nach vorn gesenkt vor sich. Auf der Fahne ist das Kantonswappen zu sehen, blau weiß und ein goldener Löwe prangt darauf; in fein sichtbaren Lettern sieht man den Gelöbnisspruch über die ganze Fläche gestickt. Er lautet:

»Wir geloben der Regierung des Kantons Zürich Treue und Gehorsam zu leisten – Den Befehlen unseres Chefs und der übrigen Vorgesetzten gewissenhaft und mit Eifer nachzukommen – In unseren Angaben vor Behörden uns an die strengste Wahrheit zu halten – Verschwiegenheit über alles zu beobachten, was geheim zu halten uns unsere Dienstpflichten gebieten – Die Übertreter der Gesetze und Verordnungen ohne Ansehen der Person zu verzeigen – Überhaupt unsere Verpflichtungen getreu zu erfüllen.«[7]

Vorne angekommen, stellen sich die beiden Klassen, S12 vorne rechts, H12 vorne links, auf. Der Offizier gibt den Befehl die Reihen zu richten, ruft »Achtung!« und meldet die Klassen dem Kommandanten Würgler – »ruhen«. Der Kommandant begrüßt und gratuliert den 65 neuen Kolleg_innen. Er bedankt sich bei den Ehrengästen, exemplarische Begrüßung des Regierungsrates Fehr, der Regierungsrätin Gut und der Kantonsrätin Joner. So geht das weiter, alle wichtigen Gäste und Vertreter_innen von Vereinigungen werden namentlich begrüßt und anschließend alle Anwesenden zum Apéro im Zunfthaus zur Meisen, Münsterhof 20, eingeladen.

---

7 Verzeigen: schweizerisch für *anzeigen*.

Er übergibt das Wort an Mario Fehr. Mit Bezug auf das gerade vor sich gehende Zurich Filmfestival,[8] nennt Fehr die Vereidigungsfeier ganz großes Kino und gibt zu, dass dies ein schöner, würdiger, glanzvoller Anlass sei, vor dem er immer nervös werde. Dieser bezeichne einen erreichten wichtigen Abschnitt im Leben, der nur mit Unterstützung – gemeint sind die Familien und Gäste der Aspirant_innen – erreicht werde. Dafür dankt er allen Anwesenden. Er beglückwünscht die Aspirant_innen, dass sie diesen außergewöhnlichen und herausfordernden Beruf gewählt haben und ist zuversichtlich, dass sie wie jene in Pension gehenden Polizist_innen, welchen er kürzlich begegnet sei, sagen werden, dass sie ihre Wahl nie bereut hätten bzw. bereuen werden.

Der Beruf sei mit Erwartungen verbunden – nicht nur von Angehörigen und Gästen. Fehr beginnt die Erwartungen des Kantonsrats zu erklären, der als Parlament Gesetze gebe, ebenso der Regierungsrat, der nicht anders als der Kantonsrat Gesetze gebe und ihnen Geltung verschaffe. Die Erwartung an die Kantonspolizei sei die Durchsetzung dieser Gesetze.[9] Ein Beispiel böten die Ereignisse von vergangener Woche in Winterthur.

Zwischenbemerkung

Fehr spricht eine unbewilligte Demonstration in Winterthur an. Unter dem Titel »StandortFUCKtor Winterthur. Tanz-dich-frei« trafen sich am 21.9.2013 Demonstrant_innen auf dem Bahnhofplatz Winterthur. Die angekündigte Demonstration wollte die zunehmende Gentrifizierung anklagen und mit einem »Umzug mit Tanzmusik« den öffentlichen Raum einnehmen. Auf Indymedia, einer linksalternativen Informationsplattform im Internet, wurde am Sonntagabend, 22.9.2013, folgende Meldung veröffentlicht:

»Nulltoleranz statt toller Tanz. Mit einem Umzug mit Tanzmusik wollten sich gestern etwa 1500 Menschen selbstbestimmt, laut und unbewilligt den öffentlichen Raum nehmen und gegen die Stadtaufwertung, Verdrängung, den Sauberkeits- und Kontrollwahn antanzen. Polizeivorsteherin Barbara Günthard-Maier hat in der Tradition ihrer Winterthurer Vorgänger gehandelt. Ganz im Gegensatz zur Ankündigung, Winterthur nicht in Polizei zu ertränken, standen wir einem gewalttätigen Meer aus Polizisten in Vollmontur gegenüber. Sie führten eine Nulltoleranz- und Eskalationsstrategie, die seinesgleichen sucht. Bereits am Bahnhofplatz wurde die Menge komplett eingekesselt, die Soundwagen schon

---

8   Es handelt sich um das 9. Zurich Filmfestival, das vom 26.9. bis 6.10.2013 stattfand.
9   Mit der Gewaltenteilung nimmt es Fehr an dieser Stelle nicht so genau. Oder: Unter dem Begriff Gesetz subsumiert er alle Rechtssetzung, auch Verordnungen.

vorher hinter dem Salzhaus angehalten (deshalb war auf dem Bahnhofplatz auch keine Musik). Nichtsdestotrotz war es uns möglich auf der Strasse vor dem Bermudadreieck mit den bereits beschlagnahmten Musik-, Band- und Barwagen einen kurzen Moment lang laut zu feiern. Kurz darauf kesselten sie die tanzende Menge mit Gitterwägen ein, und schossen von beiden Seiten gleichzeitig willkürlich und ungezielt mit Wasserwerfern, Pfefferspray und Gummischrot. Über mehrere Stunden wurde im enger werdenden Kessel immer wieder in die eingesperrte Menge geschrotet, auch die Wasserwerfer wurden fleissig eingesetzt. Gleichzeitig gelang es mehr als 150 Personen einen Protestzug durch die Altstadt durchzuführen. Den vielen Verletzten (wesentlich mehr als die versorgten 11 Personen, wie von der Polizei gemeldet) wurde das Verlassen des Kessels und damit eine ärztliche Versorgung verweigert. Mindestens zwei Personen wurden durch Gummigeschosse direkt im Auge verletzt, viele weitere wurden im Gesicht oder am Kopf getroffen. Es kam zu zahlreichen Verhaftungen. Die von den grossen Medienhäusern unkritisch kolportierte offizielle Meldung, wonach es zu Ausschreitungen kam, beschreibt einzig das Verhalten der Polizei. Sie ist es, die ohne Rücksicht Menschen verletzt und Sachen geschädigt hat. Die Dimension des Polizeiaufgebotes und die Härte des Gewalteinsatzes zeigt die Notwendigkeit eines Protests gegen Nulltoleranz in Winterthur! Der Schaden ist von den Stadtoberen angerichtet. Wir sind empört aber nicht erstaunt, tieftraurig und unendlich wütend.«[10]

Demgegenüber lautet der Bericht der Kantonspolizei wie folgt:

»Die Stadtpolizei Winterthur ersuchte im August 2013 die Kantonspolizei Zürich um Unterstützung bei der polizeilichen Bewältigung einer unbewilligten Demonstration, zu der in den sozialen Medien unter dem Motto ›Tanzveranstaltung‹ aufgerufen wurde. Die Kantonspolizei unterstützte in der Folge die Stadtpolizei Winterthur mit einem grösseren Aufgebot in einem gemeinsam geführten Einsatz. Der Auftrag an die Polizei lautete dahingehend, dafür zu sorgen, dass sich die unbewilligte Kundgebung vom Bahnhofplatz nicht in die von Geschäften gesäumten Strassen der Innenstadt von Winterthur verlagern konnte, um so grössere Sachschäden verhindern zu können. Dieser angesichts der engen räumlichen Verhältnisse schwierige Auftrag wurde weitgehend erfüllt; es blieb bei Sachschäden im Umfang von wenigen tausend Franken. Zu bedauern ist, dass verschiedene Personen im Zuge der Ereignisse verletzt wurden.

Kantonspolizei und Stadtpolizei Winterthur werten derzeit den Einsatz vom vergangenen Wochenende aus. Zusammenfassend kann man sagen, dass die Polizistinnen und Polizisten von Kantonspolizei und Stadtpolizei Winterthur mit selten gesehener Gewalt konfrontiert waren und dass sie ihre Arbeit in einem äusserst aggressiven und gewaltbereiten Um-

---

10 http://switzerland.indymedia.org/de/2013/06/90029.shtml vom 30.9.2013.

feld verrichten mussten. Noch vor der Einkesselung um ca. 23.00 Uhr kam es zu gewalttätigen Angriffen gegen die Polizei. Die Einsatzkräfte wurden in der Folge mit äusserst gefährlichen Seenotfackeln, Feuerwerksraketen und gesundheitsgefährdenden Knallkörpern beschossen, mit Steinen und Flaschen beworfen und waren massivsten verbalen Provokationen ausgesetzt. Mehrere Polizisten erlitten dabei Verletzungen und mussten ins Spital eingeliefert werden. Daraufhin erfolgte der Entscheid, die Teilnehmenden dieser unbewilligten und äusserst gewaltbereiten Ansammlung festzuhalten und zu kontrollieren, um weitere Ausschreitungen zu verhindern. Die in der Menge anwesenden Personen hatten vor und während der abschliessenden Einkesselung durch die Polizei über lange Zeit bis 02.00 Uhr Gelegenheit, sich zu entfernen, wozu sie mehrmals mittels Lautsprechern aufgefordert wurden; von dieser Möglichkeit machten zahlreiche Personen Gebrauch. Insgesamt wurden 93 Demonstrantinnen und Demonstranten in Polizeigewahrsam genommen und kontrolliert, wobei zwei sodann der Staatsanwaltschaft zugeführt wurden.
Im Zuge der üblichen Einsatz-Nachbereitung werden nun sämtliche internen Aufzeichnungen sowie die ausgestrahlten TV-Beiträge ausgewertet. Dabei geht es darum, allfällige Lehren zu ziehen und für allfällige weitere derartige Operationen gewappnet zu sein. Dabei werden auch die eigenen Aktionen genau analysiert und wenn nötig kritisiert, stets mit dem Ziel, für zukünftige Einsätze optimal vorbereitet zu sein. Geprüft wird im Übrigen auch die Einleitung von Verfahren wegen Gefährdung des Lebens und Gewalt und Drohung gegen Beamte etc.
Die Kantonspolizei ist bestrebt, ihren Auftrag zur Wahrung der Sicherheit der Bevölkerung unter grösstmöglicher Zurückhaltung umzusetzen, wobei sie aber angemessen und rechtzeitig auf Gewaltausbrüche zum Nachteil Unbeteiligter wie auch der eigenen Mitarbeitenden zu reagieren hat. Die auf der Homepage einsehbaren Videoausschnitte und Bilder sollen der Öffentlichkeit einen gewissen Eindruck von der Stimmung an der als ›Tanz-dich-frei‹ angekündigten, unbewilligten Demonstration vermitteln.
Kantonspolizei Zürich
Chef Kommunikationsabteilung
Werner Benz«[11]

Die hier zitierten zwei Seiten der Ereignisse sollen die polaren Wahrnehmungen wiedergeben, ohne weiter auf deren jeweilige Glaubwürdigkeit einzugehen. Beide Perspektiven sind sich insofern einig, als sie der Gegenseite Unverhältnismäßigkeit beim Einsatz von physischer Gewalt vorwerfen – und umgekehrt mehr oder weniger offen deren Einsatz damit rechtfertigen.

---

11 www.zh.ch/internet/sicherheitsdirektion/kapo/de/aktuell/medienmitteilungen/2013_09/130924bewe.html vom 13.6.2015.

Mario Fehr will mit zwei Zahlen die finanziellen Kosten verdeutlichen, welche eine solche Demonstration nach sich ziehe: Die Ausschreitungen in Bern[12] mit Kosten von zwei Millionen Schweizer Franken und jene von Winterthur mit bloß Fr. 7.000.

Die zweite Erwartung sei durch die Strafverfolgung gegeben. Mit den Partnerorganisationen und dem Bevölkerungsschutz und der Armee werde diese verwirklicht. Dabei sei das Können, das Beherrschen des Handwerks, entscheidend.

Eine dritte Erwartung werde von Seiten der Bevölkerung an die Kantonspolizei gerichtet. Der Beitrag an die Sicherheit und deren konsequente, respektvolle und verantwortungsvolle Durchsetzung in korrekter Weise gehöre dazu.

Zuletzt wollten die Verwandten und Partner_innen nicht nur, dass die zu vereidigenden Aspirant_innen gute Polizist_innen würden, sondern auch im zivilen Leben verankert blieben. Dazu gehöre das Engagement in Vereinen, Parteien und allgemein auf lokaler Ebene.

Fehr geht auf die Erfüllung dieser Erwartungen ein. Erstens gebe es neue angemessene Instrumente wie das neue Polizeigesetz,[13] in dem nun auch die Videoüberwachung geregelt werde. Zweitens gebe es mit neuem Schutzmaterial und neuer Ausrüstung wie dem Taser Instrumente, um dem gefährlichen und auch lebensgefährlichen Job gerecht zu werden. Dabei werde damit auch der Schutz der Polizist_innen besser gewährleistet. Drittens werde man mit dem mittelfristigen Aufstocken des Soll-Bestands des Korps einem Bedürfnis gerecht und erfülle ein wichtiges Ziel der laufenden Legislaturperiode bis 2014.

Der Regierungsrat ruft in Erinnerung, dass die Erfüllung der Aufgabe immer auch auf der Vorarbeit der bisherigen Polizist_innen baue und die Aspirant_innen davon profitierten. Sie träten in die Fußstapfen und er sei überzeugt, dass sie die Aufgaben genauso gut machten und die Erwartungen, die an sie von verschiedenen Seiten herangetragen würden, auch erfüllten.

Er wünscht allen viel Erfolg bei ihrer Laufbahn, verweist auf die Vereidigung und den Ort, die Kirche, welche die Gewissenhaftigkeit, die damit verbunden sei, noch unterstreiche. Er dankt – Applaus.

Marschmusik setzt ein, zugleich hat sich der Fähnrich bereitgemacht und schwenkt die Korpsfahne nun in einem Winkel von etwa 45° mit einer flachen eine Acht bezeichnenden Bewegung während die Musik spielt.

---

12   Fehr bezieht sich auf die Auseinandersetzungen um die Reitschule Bern in der Nacht vom 27. auf den 28. Juli 2013.
13   Vgl. dazu Abs. 1.3.

Als die Musik fertig ist, liest Hans-Peter Tschäppeler, Generalsekretär der Sicherheitsdirektion, das Gelöbnis vor. Mario Fehr stellt sich vorne in der Mitte so auf, dass er auf die Klasse S12 auf der rechten Seite blickt. Es werden alle Aspirant_innen einzelnen und alphabetisch aufgerufen, treten vor den Regierungsrat, gehen in die Achtungstellung und reichen ihm die Hand und geloben zugleich, wenn er ihnen die Hand gibt, mit dem Spruch »Ich gelobe es!«, dass sie dem Kanton dienen wollen. Er gratuliert, wünscht alles Gute. Sie bedanken sich und gehen wieder in Reih und Glied. Derselbe Vorgang wiederholt sich mit der Klasse H12 auf der linken Seite. Das Vereidigungsritual dauert ca. 15 bis 20 Minuten. Zwei Fotografen der Polizei halten jeden Schwur einzeln fest. Nach der Vereidigung aller nun gewordenen Polizist_innen spielt wieder Musik und wird die Fahne geschwenkt.

Im Anschluss spricht der Kommandant der Kantonspolizei Thomas Würgler. Er gratuliert den neuen Kolleg_innen zur Vereidigung, und ist sicher, dass sie an ihrem spannenden, schönen und anforderungsreichen Beruf Freude haben werden. Es sei ein Dienst an der Gesellschaft und den Menschen im Kanton.

Er setzt seine Rede fort, indem er Beispiele aus seiner Lektüre von Praktikumsberichten wiedergibt. Dabei habe es gute Erfahrungen gegeben wie die Beteiligung an Fahndungen, der Rettung eines Hasen etc. wie auch schlechte Erfahrungen, Tod und Ausschaffungen.[14] Er sei beeindruckt gewesen von der reflexiven Auseinandersetzung und der entsprechenden Schilderungen in den Berichten. Daraus seien ihm folgende Erkenntnisse vor allem geblieben: Man solle nicht immer alles persönlich nehmen, man müsse sich für die Opfer ernsthaft Zeit nehmen, man solle nicht über die Menschen urteilen, die Eigensicherung sei sehr wichtig, bei schlimmen Begebenheiten müsse man die Distanz wahren können und wenn es schnell zu gehen habe und hektisch werde, dass man auch mal ins Schwitzen komme.[15]

Auch Würgler nimmt das Beispiel von Winterthur auf, die von Fehr bereits angesprochene Demonstration und den Einsatz der Polizei. Er nennt es eine »sogenannte Tanzveranstaltung«. Er bemerkt, dass Kritik laut geworden sei und dass man diese immer ernst nehme. Man habe zu früh interveniert. Im Fernsehen sei der Körpereinsatz eines Polizisten gegen einen Demonstranten gezeigt worden. Darüber müsse man, bemerkt Würgler, nicht diskutieren: Es sei hart zur Sache gegangen und das ausgestrahlte Bild entspreche nicht immer dem wirklichen

---

14 Ausschaffung: schweizerisch für *Abschiebung*.
15 Die letzte Erkenntnis ist sicherlich unübertroffen existenziell.

Bild.[16] Die Konfrontationen in Aarau,[17] Bern und Zürich hätten gezeigt, dass die Gewaltbereitschaft von wenigen Chaoten, wie man sagen müsse, in letzter Zeit ein nicht akzeptables Maß überschritten hätte. Dabei würden nicht nur Steine geworfen, sondern auch mit Lasern gezielt Beamte angegriffen oder gar mit einer Knallpetarde ein liegender Polizist verletzt.[18]

Es sei der Auftrag der Polizei sich zurückzuhalten und auf Menschen zuzugehen. Allerdings müssten gegen Gewaltbereite die zur Verfügung stehenden Mittel auch gebraucht werden. Die Freiheit des Einzelnen ende dort, wo er die Freiheit anderer einschränke. Diesen Auftrag erfülle die Polizei nicht gerne, man sehe dies bei den Ausschaffungen.[19] Dennoch gehöre es zum Auftrag und man versuche diesen mit Respekt, Umsicht und Augenmaß zu erfüllen. Dies gehöre zur Erwartung der Gesellschaft. Dazu gehöre auch die Eigensicherung, welche dem Kommando ein wichtiges Anliegen sei. Der Schutz und die Sicherheit aller beteiligten Beamten würden durch Schutzwesten, Laserschutzbrillen und Taser sichergestellt.

Was sei das Motiv gewesen, sich bei der Polizei zu melden? Diese Frage hätten alle Aspirant_innen unisono beantwortet: Dienst für die Gemeinschaft zu leisten. Dabei sei aufgefallen, dass die Hälfte aller Aspirant_innen seit der Kindheit den Wunsch gehegt hätte, Polizeidienst zu leisten und ein Drittel bereits eine_n Polizeibeamte_n in der Familie oder im Umfeld hätte. Nach einer zusammenfassenden Liste der Präferenzen, in welche Abteilungen die nun vereidigten

---

16 In der weiter oben gemachten Zwischenbemerkung wurde das Communiqué der Kantonspolizei in ganzer Länge zitiert. Dazu gehörte auf der Website auch ein Video, das die Kantonspolizei als Kontrast angefügt hatte.

17 Würgler bezieht sich auf die Tanzdemo »Nächtliches Tanzvergnügen 3.0« vom 6. Juni 2013, die als Kampagne für ein autonomes Zentrum (KAZ) angekündigt wurde. Die Demo war gemäß offiziellen Angaben nicht bewilligt, wurde aber toleriert. Vgl. dazu: www.20min.ch/schweiz/mittelland/story/15762562 vom 19.6.2015.

18 Gemäß Medienbericht habe dieser durch die Petarde »auf einem Ohr einen totalen Hörverlust erlitten«. Zugleich wurde bei der Auseinandersetzung eine Frau schwer an einem Auge verletzt, nach eigener Aussage durch Gummischrot. Vgl. dazu: www.20min.ch/schweiz/zuerich/story/18460161 und www.20min.ch/schweiz/zuerich/story/31809127 vom 3.10.2013.

19 Es drängt sich die Frage auf, warum Würgler in diesem Zusammenhang ausgerechnet die Ausschaffungen, d.h. Abschiebungen, erwähnt. Inwiefern haben Menschen, die ausgeschafft werden, die Freiheit anderer eingeschränkt? Durch ihre Anwesenheit? Vielleicht denkt Würgler an ihre körperliche Ausdehnung.

Polizist_innen gehen wollten, bedankt sich der Kommandant und wünscht den neuen Mitarbeitenden möglichst viel gute Arbeit für den Kanton. Musik setzt ein und die Fahne wird geschwenkt. Die Polizist_innen werden abgemeldet und ziehen hinter dem Fähnrich im Gleichschritt aus – einige grinsen, halten ihr Lachen zurück, andere blicken angestrengt vor sich hin. Die Stadtpolizisten aus den ersten Reihen stehen alle gleichzeitig auf und trotten hinterher. Ein Gast aus den mittleren Reihen erhebt sich, tritt in den Mittelgang – alle stehen auf und machen sich von dannen. Es ist 11.25 Uhr.

1.2 ZWANGSMITTEL

Nach dem Fest beginnt die Arbeit. Zu dieser polizeilichen Arbeit gehören Werkzeuge. Was ist mit diesen Instrumenten der Gewalt zu bewerkstelligen? »Der Schlagstock setzte sich als charakteristische Polizeiwaffe und Symbol des staatlichen Gewaltmonopols endgültig erst nach 1945 durch.«[20] In seiner Untersuchung geht Michael Sturm dieser Durchsetzung nach. Während des Nationalsozialismus als Zeichen demokratischen Wandels verbrämt, fand der Polizeistock nach dem Niedergang des deutschen Faschismus wieder Verwendung bei der Polizei. Zuerst aus Holz, später aus Gummi oder Plastik, wurde der heute gebräuchliche Polizeimehrzweckstock (PMS) bzw. Mehrzweckeinsatzstock (MES) eingeführt: »Tatsächlich bedeutete die Einführung des MES eine Verschärfung des Gewaltpotentials.«[21] Dabei handle es sich um einen Knüppel mit seitlichem Griff, mit dem auch Drehschläge von ungemein größerer Gewalt ausgeübt werden könnten. Nicht zu unterschätzen, so bemerkt Sturm, sei der Anblick und die sinnliche Wahrnehmung der polizeilichen Einsatzmittel.[22] Dass dem Stock nicht nur eine funktionale Seite zukommt, erläutert Sturm mit der weiteren vertieften Untersuchung der *Cop Culture*, wobei er auf die Bedeutungsdimension eingeht:

»Eine Geschichte des Schlagstocks kann jedoch nicht auf die Beschreibung seiner jeweiligen Verwendung im Rahmen sich wandelnder polizeilicher Einsatztaktiken beschränkt

---

20 Sturm, Michael: »»Unter mir wird alles weich‹ – Eine Geschichte des Polizeischlagstocks«, in: Alf Lüdtke / Herbert Reinke / Michael Sturm (Hg.), *Polizei, Gewalt und Staat im 20. Jahrhundert*, Wiesbaden: VS Verlag für Sozialwissenschaften 2011, S. 325-347, hier S. 328.
21 Ebd., S. 335.
22 Ebd., S. 334.

bleiben. Neben seiner ›praktischen‹ Funktion sind dem Ausrüstungsgegenstand offenkundig auch kulturelle oder subkulturelle Bedeutungsebenen eingeschrieben.«[23]

Dabei seien bestimmte kämpferische Männlichkeitsvorstellungen im Spiel. Wesentlich und wichtig ist die Bedeutungsdimension, die einen imaginären Anteil hervorhebt, der die staatliche Legitimation klarstellt – und sich in gewisser Weise verselbständigt. Dieser Auswirkung auf das Selbstverständnis der Polizeibeamten wird aber nicht weiter nachgegangen.[24] Es öffnet sich damit allerdings ein relevanter Bedeutungshorizont: Polizist_innen inszenieren oder versichern sich ihrer Autorität nicht nur funktional durch die Bewaffnung, sondern auch durch die symbolische Ausstrahlung derselben. Dabei gerinnt ein bestimmtes Auftreten in Kombination mit Streifenwagen, in Uniform und bewaffnet zu einer Inszenierung dessen, was verwaltungstechnisch als staatliche Ordnungsmacht bezeichnet wird. Gemäß der Untersuchung von Behr wird der Gewaltbegriff dabei ausgespart.[25]

Ein weiteres Zwangsmittel, eine Technik der Gewalt, wird hier ergänzend und in Anlehnung an Sturms Untersuchung des Polizeiknüppels untersucht. In der Schweiz gibt es neben dem Knüppel verschiedenste Zwangsmittel. Eines davon ist Gummischrot. Es bezeugt wie der Polizeistock das staatliche Gewaltmonopol. Dabei handelte es sich bei der Munition bis im Jahr 2012 um Hartgummi bzw. Kunststoff, die als sechseckige Prismen in einem Paket mit 35 Stück abgeschossen wurden.[26] Ein Prisma ist 27mm lang und hat 10g Gewicht.[27] Der Einsatz von Gummischrot wurde bemerkenswerterweise erst 2009 kantonsrechtlich verankert. Eingeführt wurde Gummischrot in Zürich bereits 1977, 1980 das erste

---

23 Ebd., S. 336.
24 Vgl. Behr, Rafael: »Rechtserhaltende Gewalt als Zentrum polizeilicher Organisationskultur?«, in: Torsten Meireis (Hg.), *Gewalt und Gewalten. Zur Ausübung, Legitimität und Ambivalenz rechtserhaltender Gewalt*, Tübingen: Mohr Siebeck 2012, S. 69-89.
25 Ebd., S. 76f.
26 Inzwischen werden gemäß Rückfrage bei der Kantonspolizei abgerundete Projektile verwendet – Stand: April 2014.
27 Auszug aus dem Protokoll des Stadtrates von Zürich, 28.11.2001, GR Nr. 2001 / 269, Antwort auf Interpellation 1892 von Renate Schoch »Einsatz von Gummischrot 1.-Mai-Nachdemo«, 16.5.2001, S. 3. Vgl. www.gemeinderat-zuerich.ch/geschaefte/detailansicht-geschaeft/dokument/779a0072-7e22-47b8-b454-4141fcd37022/2001_02 69.pdf vom 19.6.2015.

Mal eingesetzt.[28] Grundsätzlich trat erst ab dem 1. Januar 2009 das Zwangsanwendungsgesetz, genauer *Bundesgesetz über die Anwendung polizeilichen Zwangs und polizeilicher Massnahmen im Zuständigkeitsbereich des Bundes*, kurz *ZAG*, in Kraft. In der entsprechenden kantonalen *Verordnung über die polizeiliche Zwangsanwendung* (*PolZ*), §5, Abs. 1, heißt es:

»Neben dem Einsatz körperlicher Gewalt darf mit folgenden Einsatzmitteln unmittelbarer Zwang angewendet werden:
1. Fesselungsmittel,
2. Diensthunde,
3. Gummischrot,
4. Reizstoffe nach §§9 und 10,
5. Wasserwerfer,
6. Polizeimehrzweckstöcke,
7. Destabilisierungsgeräte (Elektroimpulsgeräte),
8. Schusswaffen.«

Weiter wird in der Verordnung der Einsatz der verschiedenen Zwangsmittel geklärt, zum Gummischrot unter Art. 8:

»[1] Beim Einsatz von Gummischrot ist zu den Zielpersonen die in den entsprechenden Instruktionsunterlagen angegebene Minimaldistanz einzuhalten.
[2] Ausgenommen sind Fälle von Notwehr, Notwehrhilfe und Notstand.«

Obwohl in der Verordnung mit Art. 1 festgeschrieben wird, dass der polizeiliche Zwang das Alter, das Geschlecht und den Gesundheitszustand berücksichtigen sollte, ist dies beim Gummischrot kaum möglich. Gummischrot wird wie ein Wasserwerfer auf mittlere Distanz angewendet, das heißt auf ca. 20 Meter – sofern kein Fall von Notwehr gegeben ist.[29] Dabei ist sowohl eine geringere wie auch eine größere Distanz gefährlich. Geringerer Abstand kann schwerere Verletzungen verursachen, größere Distanz reduziert die Zielgenauigkeit und erhöht insofern wiederum die Gefahr von Verletzungen auf Rumpf- und Kopfhöhe, die verschiedentlich dokumentiert wurde. Seelmann fasst die entsprechenden ersten

---

28 Seelmann, Constanze: *Crowd Control. Polizei, »Nichttödliche Waffen« und die Schweiz in den 80er-Jahren. Politische Diskurse und Technologien der Kontrolle am Beispiel der Einführung und Anwendung von Tränengas und Gummischrot im Kanton Zürich*, Diplomarbeit, Universität Basel, Basel 2011, S. 41.
29 Seelmann: Crowd Control, S. 42.

Einsätze und die politische wie mediale Debatte entsprechend zusammen.[30] Es wurden zwanzig Fälle von angezeigten Verletzungen in der Zeit von 1980 bis 1998 erfasst. Alle angezeigten Verletzungen befanden sich am Kopf oder Hals:[31] Verletzungen an einem Auge mit bis zu 100 Prozent Sehverlust, Quetschungen, Rissquetschwunden, Schürfungen, Prellung, Hämatome, Beschädigung an Zahnprothese bzw. Zähnen. Trotzdem steht der Einsatz von Gummischrot so gut wie außer Diskussion. Der Einsatz wird damit begründet, dass Erfahrungen vor allem auch aus anderen Ländern zeigten, dass es bei direkten Auseinandersetzungen zwischen der Polizei und Demonstrant_innen zu viel mehr Verletzten komme: »Gummischrot ist das (bis heute bekannte) geeignetste polizeiliche Einsatzmittel, welches bei Auseinandersetzungen zwischen Polizei und aggressiven Gruppierungen bei minimaler Gefährdung die nötige Distanz zu schaffen vermag.«[32] An dieser Begründung hat sich seit der Einführung und den folgenden Debatten nichts geändert.[33]

Gummischrot verwirklicht eine doppelte Funktion, die sich aus dieser Bemerkung gut ableiten lässt: Es dient der Polizei dazu Demonstrierende auf Distanz zu halten und zu zerstreuen. Es ist ein effektives Mittel, um bei Auseinandersetzungen nicht in Kämpfe Person gegen Person verwickelt zu werden. Insofern ist Gummischrot ein Zwangsmittel, das Distanz schafft. Es wirkt aus der Ferne, bewahrt vor der allzu nahen und körperlichen Konfrontation. Demgegenüber bewahrt Gummischrot – das ist die Kehrseite – vor der reflexiven Auseinandersetzung mit der Gewalttätigkeit.[34] Die »aggressiven Gruppierungen« werden hier im Unterschied zum Polizeistock als Masse zerstreut. Während der Stock sich gegen eine bestimmte Person richtet, wirkt Gummischrot auf diffuse Art und Weise wie die Zwangsgewalt Staat: aus der Ferne und doch immer drohend präsent.

Dem Einsatz von Gummischrot kommt ein symbolischer Gehalt zu: Das abgeschossene Paket, die zerstreute und zerstreuende Garbe löst fast jede Versammlung auf. So kompakt die Kunststoffmunition zu Beginn ist, so schnell zerstreut sie sich beim Abschuss – genau wie die Demonstrierenden. Es wird in die Menge geschossen, das heißt im Verwaltungsjargon, es werde »nur in eine all-

---

30 Ebd., S. 43; 46-60.
31 Auszug aus dem Protokoll des Stadtrates von Zürich, 28.11.2001, GR Nr. 2001 / 269, 16.5.2001, S. 5.
32 Ebd., S. 6.
33 Seelmann: Crowd Control, 65f.
34 Behr: Rechtserhaltende Gewalt, S. 77f.

gemeine Richtung gezielt«[35]. Durch die Polizei und deren Zwangs- bzw. Gewaltanwendung wird der öffentliche Raum munitionstechnisch vermessbar.[36] Dieser öffentliche Raum wird, wenn nötig durch Garben markiert. Wer sich bei einer Versammlung, einer Demonstration nicht an (polizeiliche) Anweisungen hält, dem droht ein kleines Kunststoffstück. Das Gewaltmonopol ist manchmal nur zehn Gramm schwer.

1.3 RECHT UND BEGRIFF DES STAATLICHEN GEWALTMONOPOLS

Im folgenden Abschnitt wird eine genauere Definition des staatlichen Gewaltmonopols erarbeitet. Es muss auf drei Dimensionen des Begriffs geachtet werden: erstens eine konzeptionelle, welche im Sinne der Souveränität und dem entsprechend ausgeübten Zwang verstanden werden muss. Zweitens, eine historische, wie es zur Konstitution des Gewaltmonopols kam. Drittens eine institutionelle, welche Behörden im Staat mit der Durchsetzung von Recht und Ordnung betraut sind, zum Beispiel die Polizei.[37] Bei Letzterem muss man beachten, dass die staatliche Gewalt prinzipiell nur dem Souverän zukommt. Die faktische Ausführung – wenn auch in der Schweiz rechtlich an die Volksherrschaft zurückgebunden – wird bestimmten Institutionen zugeordnet, wie der Polizei, die das verfasste staatliche Gewaltmonopol durchsetzt. Die Reichweite des Gewaltmonopols umfasst unterschiedliche Beziehungen: »Das innerstaatliche Gewaltmonopol erstreckt sich in zwei Richtungen. Es gilt sowohl im Verhältnis des Bürgers zum Staat als auch für die Beziehungen der Bürger untereinander.«[38]

Ich konzentriere mich im Folgenden auf die konzeptionelle und institutionelle Dimension des Begriffs, da sich die theoretische Verknüpfung mit dem Kon-

---

35 Auszug aus dem Protokoll des Stadtrates von Zürich, 28.11.2001, GR Nr. 2001 / 269, 16.5.2001, S. 2.

36 Der Raum wird insofern in anderer Art als dies Behr beschreibt durchdrungen. Vgl. Behr, Rafael: *Cop Cultur – Der Alltag des Gewaltmonopols. Männlichkeit, Handlungsmuster und Kultur in der Polizei*, Wiesbaden: VS Verlag für Sozialwissenschaften 2008, S. 81f.

37 Heuer, Hans-Joachim: »Gewaltmonopol«, in: Hans-Jürgen Lange (Hg.), *Wörterbuch zur Inneren Sicherheit*, Wiesbaden: VS Verlag für Sozialwissenschaften 2006, S. 107-112, hier S. 108.

38 Merten, Detlef: *Rechtsstaat und Gewaltmonopol*, Tübingen: J.C.B. Mohr (Paul Siebeck) 1975, S. 41.

zept von Castoriadis vor allem damit verdeutlichen lässt. Im Anschluss gehe ich auf einige wenige historische Entwicklungslinien ein.

Das staatliche Gewaltmonopol bezeichnet begrifflich und rechtlich die Konzentration der physischen Gewaltausübung in den Händen eines bestimmten Gemeinwesens. Dieses Gemeinwesen handelt im Sinne der Allgemeinheit. Es ist allgemein formuliert für die Durchsetzung der Gesetze zuständig und verhindert andererseits den privaten Gebrauch von Gewalt zur Durchsetzung von Privatinteressen. Die private Gewaltanwendung wird dadurch unterdrückt.[39] Diese Unterdrückung soll im Interesse und zur Sicherheit aller im Hoheitsgebiet des Staates durchgesetzt werden. Unter Gewalt wird hier das Verhältnis zwischen Staat und Individuen (dazu gehören auch private Gruppen oder Verbände) bzw. die Verhältnisse von Individuen (d.h. auch Gruppen) untereinander verstanden:[40] »Gewalt meint hier also stets die legale Gewalt im Sinn der *potestas*, das Verfügen-*dürfen* über andere.«[41]

Dabei gründet die staatliche Legitimität der Gewaltausübung in der Schweiz auf der *Bundesverfassung*, Art. 57: »Bund und Kantone sorgen im Rahmen ihrer Zuständigkeiten für die Sicherheit des Landes und den Schutz der Bevölkerung.«[42] Es stehen sogenannte Polizeigüter[43] im Mittelpunkt, die es zu erhalten gilt. Dazu gehören Leben, Gesundheit, Freiheit, Eigentum, Vermögen, sozialer Frieden.[44] Weiter erklärt Rainer Schweizer dazu, dass der in Art. 57 verwendete Sicherheitsbegriff umfassend sei. Das heißt, dass übergreifend auch die »Existenzgarantie der schweizerischen staatlichen Gemeinschaft« gemeint sei.[45] Den Kantonen kommt die primäre Sicherung der öffentlichen Ordnung und Sicher-

---

39 Grimm, Dieter »Das staatliche Gewaltmonopol«, in: Freia Anders / Ingrid Gilcher-Holtey (Hg.), *Herausforderungen des staatlichen Gewaltmonopols. Recht und politisch motivierte Gewalt am Ende des 20. Jahrhunderts*, Frankfurt am Main: Campus Verlag 2006, S. 18-38, hier S. 19f.
40 Ebd., S. 18.
41 Ebd. [Herv. i.O.]
42 Schweizer, Rainer J. / Küpfer, Gabriela: »Art. 57«, in: Bernhard Ehrenzeller / Philippe Matronardi et al. (Hg.), *Die schweizerische Bundesverfassung. Kommentar*, Zürich / Basel / Genf: Schulthess Juristische Medien AG 2002, S. 715-725, hier S. 715.
43 Ebd., S. 717.
44 Die Bedeutung der jeweiligen Begriffe wird nicht definiert.
45 Ebd., S. 717.

heit zu.[46] Das bedeutet, dass der Bund nur in Situationen eingreife, in welchen die Kantone die Sicherheit nicht mehr gewährleisten könnten.[47]

Die kantonsrechtliche Grundlage ist – hier beispielhaft erwähnt – die in der kantonalen Zürcher Verfassung[48] aus dem Jahr 2003, im Art. 1, Abs. 3, festgehaltene Staatsgewalt und Souveränität: »Die Staatsgewalt beruht auf dem Volk. Sie wird von den Stimmberechtigten und den Behörden ausgeübt.« Dabei verwirklichen neben der legislativen, exekutiven und judikativen Gewalt auch die Behörden oder Verwaltungsbehörden, die mit der Sicherheit betraut sind, die Durchsetzung der Staatsgewalt. Im Falle der Polizeibehörde unter der jeweiligen Ägide eines Mitgliedes der Exekutive.[49] Das Volk bleibt »mittelbarer oder unmittelbarer Ausgangspunkt aller staatlichen Macht«[50], ist zugleich aber an die Verfassung zurückgebunden. Damit verknüpft ist wiederum – analog zum Art. 57 der Bundesverfassung – Art. 100 der *Zürcher Kantonsverfassung*: »Kanton und Gemeinden gewährleisten die öffentliche Ordnung und Sicherheit.« Dabei handle es sich um die »unterlässliche [sic; nc] Voraussetzung für ein geordnetes, friedliches Zusammenleben der Bürger und das Funktionieren des Staates«[51].

Neben diesen verfassungsmäßigen Bedingungen, heißt es im kantonalen *Zürcher Polizeigesetz* (*PolG*) unter Art. 13: »Zur Erfüllung ihrer Aufgaben darf die Polizei im Rahmen der Verhältnismässigkeit unmittelbaren Zwang gegen Personen, Tiere und Gegenstände anwenden und geeignete Einsatzmittel und

---

46 Ebd., S. 719.

47 Ebd., S. 719f. – Trotzdem hat der Bund weitere umfassende Polizeikompetenzen, nicht zuletzt durch den ›Dienst für Analyse und Prävention‹, den Geheimdienst: »Dieser nimmt *präventive polizeiliche Informationsaufgaben* wahr zur frühzeitigen Bekämpfung von gewalttätigem Extremismus, Terrorismus, organisierter Kriminalität, verbotenem Kriegsmaterialhandel und verbotenen Nachrichtendiensten [...].« Vgl. Ebd., S. 723. [Herv. i.O.]

48 Es wird im folgenden exemplarisch immer wieder auf die Zürcher Verfassung und Gesetze Bezug genommen.

49 Im Kanton Zürich wurden die Beamt_innen wie oben beschrieben vom Regierungsrat Mario Fehr vereidigt.

50 Töndury, Andrea: »Art. 1«, in: Isabelle Häner / Markus Rüssli, Markus / Evi Schwarzenbach (Hg.), *Kommentar zur Zürcher Kantonsverfassung*, Zürich / Basel / Genf: Schulthess Juristische Medien AG 2007, S. 37-45, hier S. 42.

51 Rüssli, Markus: »Art. 100«, in: Isabelle Häner / Markus Rüssli, Markus / Evi Schwarzenbach (Hg.), *Kommentar zur Zürcher Kantonsverfassung*, Zürich / Basel / Genf: Schulthess Juristische Medien AG 2007, S. 949-956, hier S. 950.

Waffen einsetzen.«[52] Auf Bundesebene ist insofern der Grundsatz gemäß Art. 9 im *ZAG* zu beachten: »Polizeilicher Zwang und polizeiliche Massnahmen dürfen nur zur Aufrechterhaltung oder Herstellung eines rechtmässigen Zustandes angewendet werden.«[53] Dazu gehört außerdem – um nochmals auf die Bundesverfassung zurückzukommen – *BV*, Art. 5, Absatz 2: »Staatliches Handeln muss im öffentlichen Interesse liegen und verhältnismässig sein.«[54] bzw. *BV*, Art. 36, Absatz 2, in dem es heißt: »Einschränkungen von Grundrechten müssen durch ein öffentliches Interesse oder durch den Schutz von Grundrechten Dritter gerechtfertigt sein.«[55]

Der mögliche und ausgeübte Zwang wird durch die Behörden im bereits angesprochenen *Zwangsanwendungsgesetz* (*ZAG*) legitimiert, in dem polizeilicher Zwang im Art. 5 genauer gefasst wird:

»Als polizeilicher Zwang gilt der gegen Personen gerichtete Einsatz von:
  a) körperliche Gewalt;
  b) Hilfsmittel;
  c) Waffen.«

Genauer umschrieben wird dieser polizeiliche Zwang in der *Verordnung über die polizeiliche Zwangsanwendung* (*PolZ*), in dem die beschriebenen Mittel, Gummischrot wie auch Polizeistöcke Erwähnung finden.

---

52 www.zh.ch/internet/de/rechtliche_grundlagen/gesetze.html vom 9.10.2014 – Alle Gesetzeszitate folgen dem kantonalen Verzeichnis der Rechtssammlung.
53 www.admin.ch/opc/de/classified-compilation/20042005/ vom 19.6.2015.
54 www.admin.ch/opc/de/classified-compilation/19995395/ vom 19.6.2015.
55 Bemerkenswert ist, dass, wenn »die öffentliche Ordnung und Sicherheit schwerwiegend gestört bzw. schwer und unmittelbar bedroht [ist], können gestützt auf die *Polizeigeneralklausel* auch ohne besondere gesetzliche Grundlage polizeiliche Massnahmen getroffen werden.« Vgl. Rüssli: Art. 100, S. 952. Rüssli bezieht dies auf Art. 36, Abs. 1 Satz 3 BV zurück, wo steht: »Ausgenommen sind Fälle ernster, unmittelbarer und nicht anders abwendbarer Gefahr.« Der Ausnahmeregelung entspricht die Offenheit der möglichen Anwendungsfälle. In diesem Sinne könnte die Auseinandersetzung von Keilmann zur Aufweichung des Folterverbots gelesen werden. Vgl. Keilmann, Annette: »Grenzen polizeilicher Zugriffsgewalt«, in: Freia Anders / Ingrid Gilcher-Holtey (Hg.), *Herausforderungen des staatlichen Gewaltmonopols. Recht und politisch motivierte Gewalt am Ende des 20. Jahrhunderts*, Frankfurt am Main: Campus Verlag 2006, S. 67-89.

Zum Zwangsbegriff gehört das »Monopol legitimer physischer Gewaltsamkeit«[56] wie es Max Weber im Zusammenhang mit der Typisierung von Herrschaft formulierte.[57] Dabei gehört das Gewaltmonopol zur grundlegenden Definition des Staates: »Das Gewaltmonopol ist folglich kein Attribut politischer Herrschaft überhaupt, sondern einer bestimmten Form von Herrschaft, nämlich der des Staates.«[58] Merten bestätigt dies, wenn er schreibt, dass jede Beeinträchtigung des Gewaltmonopols mit einer Gefährdung der Staatlichkeit verbunden wäre.[59] Rechtsstaat und Gewaltmonopol sind verschränkt. Auf letzteres kann nicht verzichtet werden, ohne dass der Staat unterminiert würde:

»Die Hoffnung, durch Einwirkung auf die menschliche Einsichtsfähigkeit einen allgemeinen freiwilligen Gesetzesgehorsam zu erzielen, muß auch in einer Zeit der Neo-Aufklärung blutleere Utopie bleiben. Daher ist der Rechtsstaat gehalten, die Gesetzesbefolgung notfalls durch staatliche Gewalt zu erzwingen.«[60]

Dabei ist die Zwangsgewalt gerade erzwungenes *Recht*.[61] Merten betont, dass Gewalt nicht Selbstzweck sei, sondern die Durchsetzung von Recht, das nicht willkürlich sei. Entscheidend ist, dass das Recht vom Gesetzgeber geboten wurde und seine Geltung durchsetzt: »Insoweit ist die Rechtsordnung zugleich Zwangsordnung.«[62] Eine Konsequenz daraus ist, dass es sich gemäß Merten eigentlich um Selbstgehorsam und Zwang gegen sich selbst handle.[63] Dabei wird entsprechend der Rechtsstaatlichkeit vorausgesetzt, dass sich die Bürger die Gesetze selber gegeben haben:

»Durch sie [die Gesetze; nc] legt sich der Bürger, durch Volksvertreter repräsentiert, die gesetzliche Ordnung selbst auf. Deshalb kann gerade der Rechtsstaat die Befolgung der

---

56 Heuer: Gewaltmonopol, S. 108.
57 Grimm: Das staatliche Gewaltmonopol, S. 20.
58 Ebd., S. 20f.
59 Merten: Rechtsstaat und Gewaltmonopol, S. 33.
60 Ebd., S. 29.
61 Vgl. dazu auch Wimmer, Hannes: *Gewalt und das Gewaltmonopol des Staates*, Band 5, Austria: Forschung und Wissenschaft Politikwissenschaft, Wien: Lit Verlag 2009, S. 228.
62 Merten: Rechtsstaat und Gewaltmonopol, S. 30.
63 Ebd., S. 36.

Gesetze verlangen, weil der willigste Gehorsam gegen die Gesetze von dem zu erwarten ist, der sie sich selbst gegeben hat.«[64]

Da durch die formale Repräsentation die Legitimität außer Frage steht, ist Mertens Folgerung kohärent. Trotzdem bleiben Vorbehalte – an diesem Punkt setzt Castoriadis' Kritik an jener Unübersichtlichkeit und Intransparenz heutiger gesetzlicher Ordnungen an, die auch in der Repräsentation als Arbeitsteilung zum Ausdruck kämen.[65] Dem kommt Merten soweit entgegen, wenn er festhält, dass »kein Parlament auf die Dauer am Rechtsbewußtsein des Volkes vorbeilegeferieren«[66] könne. Er verweist auf die Schwierigkeit von einer ständigen Übereinstimmung zwischen Gesetzgebung und Volkswillen auszugehen.[67] Diese sei nicht immer gegeben, könne und müsse auch nicht in jeder Hinsicht gegeben sein.[68] Er geht insofern von einer Art Sicherung aus, die der schwankenden Mehrheit des Volkes eine rechtliche Verbindlichkeit entgegenhalte. Grundsätzlich vertritt Merten die Auffassung, dass ein zivilisiertes Miteinander nur unter der Bedingung einer durchsetzungsfähigen Rechtsordnung möglich sei:

»Nur das sichere Fundament der Rechtsordnung, die im Rechtsstaat Gesetzesordnung ist, ermöglicht ein zivilisiertes Miteinander der Menschen, in dem nicht das Faustrecht des Stärkeren als Zeichen vorstaatlicher Primitivität, sondern das für alle gleiche Gesetzesrecht gilt, wobei mit dem Gesetz als generell-abstrakter Norm zugleich der Gleichheitsgedanke im Rechtsstaat anklingt.«[69]

Damit deutet Merten die Legitimation des Gewaltmonopols an. Diese hier vorausgesetzten Annahmen könnten auf den Kontraktualismus anspielen, der breite Anerkennung genießt. Zumindest scheint es, dass Merten damit grundlegende

---

64 Ebd., S. 36.
65 Vgl. Castoriadis, Cornelius: *Philosophie, Demokratie und Poiesis*, hg. v. Michael Halfbrodt / Harald Wolf, Ausgewählte Schriften, Band 4, Lich / Hessen: Verlag Edition AV 2011, S. 243f.
66 Merten: Rechtsstaat und Gewaltmonopol, S. 37; legeferieren / legiferieren: *gesetzlich verankern.*
67 Vgl. dazu auch Böckenfördes Unterscheidung zwischen formaler und inhaltlicher Repräsentation. Böckenförde, Ernst-Wolfgang: *Staat, Verfassung, Demokratie. Studie zur Verfassungstheorie und zum Verfassungsrecht*, Frankfurt am Main: Suhrkamp 1991, S. 391-394.
68 Merten: Rechtsstaat und Gewaltmonopol, 37f.
69 Ebd., S. 55.

Vorstellungen teilt. Kohler geht auf diese Problematik unmittelbar ein und verdeutlicht diese »vorstaatliche Primitivität«, wie sie Merten nennt mit Bezug auf Thomas Hobbes' Diktum: »Wenn die Strukturen öffentlicher Ordnung, die den Rechtsfrieden sichern, zerstört werden, dann herrscht jene Wirklichkeit ubiquitärer Gewalt, die den ›Krieg aller gegen alle‹ zur unausweichlichen Konsequenz hat.«[70] Dies wird ebenfalls explizit mit der folgenden Feststellung: »Wo eine Gesetz und Recht und die Unterscheidungen zwischen ›legal‹ und ›illegal‹, ›öffentlich‹ und ›privat‹ gewaltmonopolistisch behauptende Macht fehlt, löst sich die Gesellschaft in eine Vielzahl miteinander auf Leben und Tod kämpfender Gruppierungen auf.«[71]

Es wird nun zu zeigen sein, inwiefern diese von Merten und Kohler als rational notwendige und funktional gebotene Ordnung auch fundiert ist. Insofern wird in einem nächsten Abschnitt sehr grob auf den Kontraktualismus eingegangen. Damit soll deutlicher werden, welcher imaginäre Anteil auszumachen ist, da auch Castoriadis bei der Durchsetzung und dem Erhalt von Institutionen auf den Zwang verweist.[72] Bevor dies erarbeitet wird, soll ein historischer Abriss die Entstehung des Gewaltmonopols aufzeigen. Damit verdeutlicht sich, dass die Institutionalisierung kaum einem Bedürfnis nach Legitimation folgt, sondern sich durch gesellschaftlich-geschichtliche Umstände aufdrängt.

1.4 Entstehung des staatlichen Gewaltmonopols

Die Technik, das Recht und der Begriff der staatlichen Gewalt folgen ihrer historisch veränderten Bedeutung. Diese veränderte gesellschaftliche Bedeutung kann punktuell nachgezeichnet werden. Sie offenbart bereits in dieser reduzierten Form, dass die Technik der Macht historisch anderen als demokratischen Bedürfnissen folgt. Insofern gilt es allerdings und insbesondere eine Tendenz hervorzuheben, die in fast allen Werken über die Entstehung des Gewaltmonopols mehr oder weniger zum Ausdruck kommt. Bei allen zitierten Autoren, die sich spezifisch mit der historischen Entstehung des staatlichen Gewaltmonopols beschäftigen, wird dieses als Entwicklung und Station der Modernisierung bzw.

---

70 Kohler, Georg: *Bürgertugend und Willensnation. Über den Gemeinsinn und die Schweiz*, Zürich: Verlag Neue Züricher Zeitung 2010, S. 21.
71 Ebd., S. 22.
72 Castoriadis, Cornelius: *Das imaginäre Element und die menschliche Schöpfung*, hg. v. Michael Halfbrodt / Harald Wolf, *Ausgewählte Schriften*, Band 3, Lich / Hessen: Verlag Edition AV 2010, S. 29.

des Zivilisationsprozesses also als zivilisatorische Errungenschaft vorausgesetzt oder behauptet. Es gibt allerdings keine Notwendigkeit dies anzunehmen. Wenigstens müsste man zugestehen, dass die historischen Ereignisse in dieser Weise als Zivilisationsfortschritt interpretierbar sind, allerdings scheint diese Annahme systematisch nicht notwendig. Es gibt allenfalls Plausibilitätsgründe, vor allem was die historische Rekonstruktion betrifft. Diese werden aber – und um diesen Vorbehalt geht es an dieser Stelle – oft durch teleologische Voraussetzungen gesteuert.[73] Bei Creveld[74] eher implizit als Vorgang einer Verwirklichung menschlicher Eigenschaften wie Konkurrenz und Gewalt.[75] Bei Hannes

---

73 Vgl. dazu Duerr, Hans Peter: *Obszönität und Gewalt. Der Mythos vom Zivilisationsprozess*, Frankfurt am Main: Suhrkamp 1995, S. 9-31.

74 Creveld, Martin van: *Aufstieg und Untergang des Staates*, München: Gerling Akademie Verlag 1999, S. 179-194.

75 Creveld: Aufstieg und Untergang des Staates, S. 458f. Wobei van Creveld nicht für den Erhalt des »unsichtbaren Wesens« (S. 458) Staat eintritt, sondern der Geschichte – und damit dem von ihm prognostizierten Untergang des Staates – ihren Lauf lassen will. Seine Analyse vermeint ein Ende des Staates zu sichten, ahnt einen Kampf nicht mehr zwischen Staaten, sondern zwischen »künstlichen Wesen« (S. 458), also v.a. privaten Institutionen (Sicherheitsfirmen, Versicherungen etc.) voraus. Unter dem Deckmantel der unausdrücklich gleichgültigen Geschichte, die ihren Lauf nehme, behauptet Creveld also nicht, dass der Staat eine zivilisatorische Errungenschaft sei. Nichtsdestotrotz scheint er in seinen abschließenden Bemerkungen (seiner Vision) einer Welt ohne Staaten entgegenzuhoffen: »Weder ist der Rückzug der Staaten außerordentlich bedauerlich, noch wird die Welt von morgen viel besser oder schlechter sein als diejenige, die sich momentan in ihre Bestandteile auflöst.« (S. 463). Teleologie bei Creveld richtet sich weniger auf den Staat, denn auf eine diffuse Anthropologie, die dabei ständig den Hintergrund bildet, aber nie transparent wird. Dabei gehört Creveld sicher zu jenen schicksalhaft benachteiligten Individuen, die er beschreibend bedauert – vor allem im Hinblick auf die Welt von morgen, mit ihren drohenden Gefahren, die er, so scheint es, lediglich feststellt, während er sie vom Willen der gestaltenden Menschen losschneidet. Zuletzt bleibt zu bemerken, dass Creveld gegenüber dem Staat immer ein unverkennbares Unbehagen beschleicht. Dabei ist er sich nicht zu schade, sein dickes Buch *Aufstieg und Untergang des Staates* zu betiteln, um nach fast 500 Seiten den Staat als »unsichtbares Wesen« zu bezeichnen: »Im Gegensatz zu seinen Vorläufern an einem beliebigen Ort, zu einer beliebigen Zeit ist er weder mit dem Herrscher noch mit den Beherrschten identisch. Er ist weder ein Mensch noch eine Gemeinschaft, sondern ein unsichtbares Wesen, das als Körperschaft bezeichnet wird. Als Körperschaft hat er eine unabhängige Persönlichkeit. Diese wird von dem

Wimmer[76] durch seine systemtheoretischen Annahmen – durch welche man einfach von einer systemimmanenten Differenzierung spricht, was allerdings nichtsdestotrotz eine Teleologie beinhaltet – bei Freiburghaus / Buchli / Honegger[77] als Zivilisationserrungenschaft, was entsprechend einen Fortschritt der Menschen impliziert. Dieser Aspekt steht, so die allgemeine Tendenz, außer Frage. Er bildet zugleich, so die Annahme im Gegensatz dazu, eine Vorstellung, welche die Institution des Gewaltmonopols sichert und legitimiert. Sieht man von dieser Notwendigkeit einer Entwicklung ab, spricht das nicht gegen die Darstellung der Entstehung des staatlichen Gewaltmonopols. Das soll heißen, dass einige Stationen durchaus in dieser Darstellung aufgegriffen werden, um die Entstehung aufzuzeigen. Die groben Stationen oder Verläufe der Entstehung können wie folgt zusammengefasst werden:

Seit dem ausgehenden Mittelalter, im Übergang zur Neuzeit, vor allem mit dem Ende des 30-Jährigen Krieges verändert sich die Militärorganisation hin zu stehenden Heeren. Die Verfestigung und eigentliche Entstehung des staatlichen Gewaltmonopols nimmt gemäß Wimmer ihren Ausgang in einer veränderten Militärpolitik des Staates und wird von den Anfängen des 16. Jahrhunderts bis zum Westfälischen Frieden 1648 und darüber hinaus nachgezeichnet:[78] »*Im frühmodernen Staat ist das Militär zugleich eine Institution zur erfolgreichen Beanspruchung und Durchsetzung des Gewaltmonopols des Staates.*«[79] Mit der Etablierung des stehenden Heeres verschaffe sich der Staat ein Mittel des physischen Zwangs, das nicht nur Absicherung bzw. »Äußere Souveränität« garantiere, sondern auch »Innere Souveränität«[80]. Dabei hebt Wimmer die Letztinstanzlichkeit oder letzte Entscheidungskompetenz hervor. Diese innere Souveränität nach modernem bzw. noch heutigem Verständnis setze das Gewaltmonopol voraus, indem die Durchsetzung von Recht damit garantiert werde: »Überlegene Mittel

---

Gesetz anerkannt und kann sich so verhalten, *als ob* sie eine Person sei, kann beispielsweise Verträge schließen, Eigentum erwerben, sich verteidigen.« (S. 458; Herv. i.O.) Er hat also ein halbes Tausend Seiten verschrieben, ohne einen angemessenen Begriff des Staates fassen zu können. Es ist zu hoffen, dass dieser bedrohliche Geist Creveld bis in seine Träume verfolgt.

76 Wimmer: Gewalt und das Gewaltmonopol des Staates, S. 159-354.
77 Freiburghaus, Dieter / Buchli, Felix / Honegger, Edith: *Das Duopol der legitimen Gewalt im schweizerischen Bundesstaat. Zwei Fallstudien zu Armee und Polizei*, Chavannes-Lausanne: ID-HEAP 2005, Cahier de l'IDHEAP 223, S. 39-104.
78 Wimmer: Gewalt und das Gewaltmonopol des Staates, S. 184; 231.
79 Ebd., S. 188. [Herv. i.O.]
80 Ebd., S. 226f.

physischer Gewaltsamkeit sind eine *conditio sine qua non* für moderne Staatlichkeit [...].«[81] Damit verbunden sei eine fortschreitende Entwaffnung und Entmilitarisierung der Bevölkerung.[82] Dabei spiele, so Wimmer, die Einrichtung stehender Heere »*den* entscheidenden Aspekt«, wenn es um moderne Staatlichkeit gehe.[83]

Mit dem Höhepunkt des Absolutismus zu Beginn des 18. Jahrhunderts beginnen sich Aufgaben der »gute[n] Polizey«[84] zu bilden, die neue Anforderungen an die Befriedung der Gesellschaft stellen. Im Zuge dieser neuen Aufgabe der »Strafverfolgung« und der inneren Sicherheit zeigt sich, dass das Militär nicht in der Lage ist, allen diesen Erfordernissen gerecht zu werden. Es ist, kurz gesagt, nicht die angemessene Institution zur Erfüllung dieser Aufgaben.[85]

Es entstehen am Ende des 18. Jahrhunderts Vorläufer der ›modernen‹ Polizei, die im Verlaufe des 19. Jahrhunderts im eigentlichen Sinne institutionalisiert werden – in der Schweiz vor allem seit der Gründung des Bundesstaates 1848. Freiburghaus, Buchli und Honegger stellen in ihrer Studie allerdings fest, dass trotz aller Beschränkungen im Rahmen des Bundesstaates die Kantone die Attribute eines Staates erfüllen – dazu gehöre insbesondere auch die Sicherung des Rechts. Neben Institutionen wie einer Verfassung, Organen der Rechtsetzung, einer Regierung und der Justiz verfügen die Kantone über die Befugnis eine Polizei zur Erhaltung des Rechtsstaates einzusetzen, das *law enforcement*.[86] Die entsprechenden verfassungsrechtlichen und gesetzlichen Grundlagen wurden im vorhergehenden Abschnitt erwähnt: »Dazu dient der gesamte Staatsapparat inklusive Justiz, aber an vorderster Stelle, dort, wo es darum geht, *vor Ort* und *in concreto* das Gesetz auch gegen Widerstand durchzusetzen, dient ihnen die Polizei.«[87] Zu diesen Aufgaben gehört wie mehrfach erläutert die Durchsetzung von Recht – wesentlich unabhängig von jeweiligen Interessen der Beamt_innen. Dabei sind die Gewaltmittel wie Polizeistock, Gummischrot etc. lediglich der ›verlängerte‹ Arm des Staates, um das Funktionieren des Staates und die Ordnung im Herrschaftsgebiet im weitesten Sinn zu sichern.[88]

---

81 Ebd., S. 228. [Herv. i.O.]
82 Ebd., S. 191f.
83 Ebd., S. 177. [Herv. i.O.]
84 Seelmann: Crowd Control, S. 10.
85 Freiburghaus / Buchli / Honegger: Das Duopol der legitimen Gewalt im schweizerischen Bundesstaat, S. 45; 51.
86 Ebd., S. 46f.
87 Ebd. [Herv. i.O.]
88 Seelmann: Crowd Control, S. 10f.

Zu bemerken bleibt, dass diese Spaltung des Sicherheitsapparates zu Beginn der Neuzeit auch heute noch problematisiert wird, da die Aufgabenteilung zwischen Militär und Polizei immer virulent bleibt. Ein Beispiel sind die sogenannten ›subsidiären Einsätze‹ des Militärs, wenn die Polizei den Aufgaben aus Gründen wie beispielsweise der Größe eines Anlasses wie dem G8-Gipfel in Evian überfordert ist – nicht technisch, sondern personell.[89] Insgesamt werde die innere Sicherheit nicht nur von den Kantonen, sondern immer auch in Zusammenarbeit mit dem Bund garantiert und könne in Zukunft nur insofern gewährleistet werden.[90] Es gilt auch hier: »*Sicherheit* ist ein öffentliches Gut neben anderen, und sie darf nicht zu Lasten der Rechtsstaatlichkeit und der bürgerlichen Freiheiten gehen.«[91] Dennoch heißt es zugleich: »Das Monopol der legitimen Gewalt liegt in modernen Gesellschaften beim Staat.«[92] Und außerdem:

»Zwischen dem Staat und seinen Bürgern besteht ein Herrschaftsverhältnis, auch wenn die Bürger – fiktiv oder real – sich diesen Staat selber gegeben haben und ihn demokratisch kontrollieren. Sie haben diese Herrschaft akzeptiert, weil sie überzeugt sind, dass die Gesellschaft hierarchischer Koordination und einer allgemeinen Ordnung bedarf. *Law and order* (Ruhe und Ordnung) sind, richtig verstanden, für moderne Gesellschaften unverzichtbar [...]«[93]

Das letzte Zitat hat – um es mit einer Formulierung von Benjamin zu sagen – den »Vorzug der Deutlichkeit«[94]. Es handelt sich offenbar um eine Form von Mythos – mit Castoriadis: um eine gesellschaftliche imaginäre Bedeutung. Zugleich wird die Spannung in der Begründung sehr deutlich: Die Bürger_innen hätten die Herrschaftsverhältnisse akzeptiert. Sie seien sogar – erste Steigerung – überzeugt, dass es hierarchische Ordnung brauche. Zuletzt – zweite Steigerung – sei diese Ordnung unverzichtbar.

Dieser gesellschaftlichen imaginären Bedeutung wird im nächsten Abschnitt auf den Grund gegangen, um die Legitimität zu erproben.

---

89 Freiburghaus / Buchli / Honegger: Das Duopol der legitimen Gewalt im schweizerischen Bundesstaat, S. 56; 70-82; 84; 103f.
90 Ebd., S. 102.
91 Ebd., S. 56. [Herv. i.O.]
92 Ebd., S. 102.
93 Ebd., S. 42. [Herv. i.O.]
94 Benjamin, Walter: *Das Kunstwerk im Zeitalter seiner technischen Reproduzierbarkeit*, hg. v. Burkhardt Lindner, Stuttgart: Reclam 1989, S. 54.

1.5 Kontraktualistische Begründung

Bisher wurden – ohne auf den unmittelbaren Einsatz der Zwangsmittel einzugehen – die Erscheinungsweisen, begrifflichen und rechtlichen Gründe des Gewaltmonopols beschrieben. Letztere fokussierten vor allem den funktionalen Anteil des Begriffs des Gewaltmonopols. Vertieft man diesen Anteil weiter, kommt man zu seiner Legitimationsgrundlage. An dieser Stelle steht die vertragstheoretische Tradition, die hier als wirkmächtige Theorie referiert wird. Das Ziel des Abschnittes ist weniger die ausführliche Wiedergabe der verschiedenen philosophischen Vertreter, als die Bedingungen des kontraktualistischen Arguments und seiner Teile hervorzuheben. Diese soll imaginäre Anteile im Sinne von Castoriadis deutlich werden lassen. »Ohne den übermächtigen staatlichen Garanten des Gesellschaftsvertrages wird sich niemand dauerhaft seiner Vorzüge erfreuen können.«[95] Ein Ziel des Gesellschaftsvertrags ist Sicherheit. Kohler verweist nicht umsonst auf die Gefahr, wenn die »Strukturen öffentlicher Ordnung, die den Rechtsfrieden sichern, zerstört werden«[96]. Bezieht man sich auf die Begründung dieser Strukturen öffentlicher Ordnung, gelangt man zu den oben in den Abschnitten 1.2 und 1.3 referierten Rechtsgrundlagen. Diese sind durch die politische Herrschaft des Volkes in der Demokratie gesichert. Ein theoretisches Problem stellt deren Legitimation dar. Obwohl das Volk die Verfassung verabschiedet hat, ist dieses stimmberechtigte Volk ständiger Veränderung unterworfen. Das scheint zwar banal, ist aber für die Legitimation entscheidend. Daraus lässt sich das Problem ableiten, inwiefern rechtliche Grundlagen bindenden Charakter für alle ›Nachgekommenen‹ haben können. Der Kontraktualismus begegnet diesem Problem beispielsweise damit, dass er dem Gesellschaftsvertrag hypothetischen[97] und doch zugleich bindenden Charakter verleiht. Es müssten also alle wenigstens hypothetisch zustimmen können, dass es einen Staat mit sichernder Funktion gibt und geben soll. Wie Kersting einsichtig zeigt, kann der Kontraktualismus, solange er die Normativität des Vertrags als Vertrag, d.h. immanent, zu rechtfertigen versucht, weder in einer hypothetischen bzw. konsensapriorischen noch in einer wirklichen bzw. konsensempirischen Form überzeugen. Anders gesagt: Solange es nur um den Vertrag selbst geht, reichen die Rechtfer-

---

95 Kersting, Wolfgang: *Die politische Philosophie des Gesellschaftsvertrags*, Darmstadt: Wissenschaftliche Buchgesellschaft 1994, S. 53.
96 Kohler: Bürgertugend und Willensnation, S. 21.
97 »Der hier geschlossene Vertrag ist nur ein hypothetischer Vertrag, ein Vertrag, der nur in den Köpfen der Philosophen stattfindet, ein Gedankenexperiment am Schreibtisch.« Kersting: Die politische Philosophie des Gesellschaftsvertrags, S. 33.

tigungen nicht aus. Erstere Positionen, die einen hypothetischen Vertrag und eine entsprechende Selbstverpflichtung geltend machen, verfehlten die normative Wirkung: Was fehlt, sei gerade die einen Vertrag auszeichnende wirkliche individuelle Zustimmung.[98] Wenn das Versprechen, wie Kersting schreibt, der normative Kern des Vertrags ist, dann fehlt dieses ganz einfach bei einem hypothetischen Vertrag.[99] Bei Positionen der zweiten Form wiederum wird eine wirkliche Zustimmung und Autorisierung angenommen. Jedoch bestehen auch hier Probleme: Erstens, die Zustimmung, das ›Konsentieren‹, sei unklar bezeichnet. Kurz: Wann, mit welchem Zeichen, wird zugestimmt?[100] Zweitens, wenn die Zustimmung stillschweigend sein soll, das heißt unterstellt wird, muss begründet werden, warum diese angenommen werden kann. Als zustimmungskonkludent oder verhaltenskonkludent gilt eine Handlung, ein Verhalten unter folgender Voraussetzung:

»Wenn jemand ein Verhalten V an den Tag legt, dann darf V als ein eine autorisierende / legitimierende Zustimmung ausdrückendes / anzeigendes / bedeutendes Verhalten genau dann angesehen werden und folglich explizit in legitimationstheoretischen Argumenten einschlägig verwendet werden, wenn es für die betreffende Person eine zumutbare Alternative zu V gibt, V folglich als freiwilliges Verhalten gelten kann; [...]«[101]

Damit ist der Nachteil der konsensapriorischen Position zwar aufgehoben, da man von einer tatsächlichen Zustimmung ausgeht oder wenigstens glaubt darauf rückschließen zu können. Aber auch insofern eröffnet sich eine Schwierigkeit, die Kersting zusammenfasst: »Weil sie [Verträge; nc] offenkundig beliebig unterstellbar sind«[102]. Man könnte ebenso hervorheben, dass die von Kersting hervorgehobene Wahlmöglichkeit, die »zumutbare Alternative zu V« wohl eine verwegene Offenheit suggeriert, die er selber eingesteht: »Wer verfügt schon über die materiellen und immateriellen Mittel, um frei zwischen Hier und Dort entscheiden zu können?«[103] Zuletzt stellt er fest, dass auch bei dieser Position der Vertrag und seine Selbstverpflichtung nicht der Ort ist, mit dem die Legitimation der Herrschaft möglich ist.

---

98   Ebd., S. 33.
99   Ebd., S. 24.
100 Ebd., S. 35.
101 Ebd., S. 36. [Herv. i.O.]
102 Ebd., S. 37.
103 Ebd.

Dennoch werden in der gängigen Diskussion um die Legitimation der gegebenen Herrschaft, also den staatsphilosophischen Gesellschaftsvertrag, kontraktualistische Figuren bespielt.[104] Beispielsweise, wenn der hypothetischen Dimension eine deskriptive Form gegenüber steht, die Merten und Kohler prospektiv ins Feld führen. Beide beschwören die Gefährdung der Sicherheit der Gesellschaft ohne den Staat, der das Gewaltmonopol inne hat. Dabei bezieht sich Kohler vor allem auf die Naturzustandskonzeption von Hobbes, wobei er der hypothetischen Beschreibung des ›Krieges aller gegen alle‹ schon faktischen Charakter gibt. Dies ist zwar plausibel, aber konzeptuell fragwürdig. Damit wird nun auf eine *vertragsexterne* Bedingung verwiesen, die wichtig wird. Insofern zeigt Kersting, dass auch das philosophische Gedankenexperiment des Gesellschaftsvertrags nicht ohne »vertragsexterne Gültigkeitsvoraussetzungen«[105] auskommt. Zu diesen moralischen Voraussetzungen gehören die Freiwilligkeit (Freiwilligkeitsbedingung) und eine »hinreichend symmetrische Ausgangsposition der Vertragspartner« (Fairnessbedingung).[106] Nur wenn beide vertragsmoralischen Voraussetzungen erfüllt seien, könne der Gesellschaftsvertrag Anspruch auf Gültigkeit haben. Nur wenn diese erfüllt sind, kann von einer angemessenen Legitimation staatlicher Herrschaft gesprochen werden – wenigstens im Rahmen des Kontraktualismus. Die Beantwortung der Ausgangsbedingungen hängt entscheidend von der entsprechenden Naturzustandskonzeption ab (beispielsweise dem bereits referierten ›Krieg aller gegen alle‹ von Hobbes). Entsprechend verweisen diese Voraussetzungen auf die erhoffte und zu erzielende Ordnung durch den Vertrag[107], die bei Merten und Kohler schon faktischen Charakter hat.

Damit wird deutlich, dass die Normativität des Vertrags – also die interne obligationstheoretische Struktur – immer an vertragsexterne Bedingungen ge-

---

104 Eine andere auf Kant zurückgehende Form ist der rechtfertigungstheoretische Kontraktualismus. Bekanntermaßen überträgt Kant in seiner *Metaphysik der Sitten*, genauer dem ersten Teil, *Metaphysische Anfangsgründe der Rechtslehre*, mit dem allgemeinen Prinzip des Rechts § C den Kategorischen Imperativ ins Recht. Dabei ist dieses Prinzip allenfalls mit Castoriadis' Autonomie-Begriff vereinbar. Allerdings muss diese Verknüpfung mit Vorsicht gemacht werden, da sich die Freiheitsbegriffe konzeptuell deutlich unterscheiden. Virulent bleibt dabei das ahistorische Verständnis von Vernunft, dem Kant aufliegt. Vgl. dazu Kant, Immanuel: *Metaphysische Anfangsgründe der Rechtslehre. Metaphysik der Sitten*. Erster Teil, hg. v. Bernd Ludwig, Hamburg: Felix Meiner Verlag 1998, S. 39 [pag. 230f.].
105 Kersting: Die politische Philosophie des Gesellschaftsvertrags, S. 42.
106 Ebd., S. 44.
107 Ebd., S. 45f.

knüpft ist: einerseits die »Moralität des Vertrags«[108], andererseits die »Rationalität des Vertrags«[109]. Während also bei den hypothetischen und wirklichen Verträgen, welche die Legitimation von Herrschaft durch sich selbst erreichen wollen, gemäß Kersting nicht überzeugen, kann der Gesellschaftsvertrag durch gültige außervertragliche Bedingungen gestützt, Herrschaft legitimieren. Diese außervertraglichen Bereiche – Moralität und Rationalität – überprüft Kersting anhand der Analyse des »kontraktualistischen Arguments«[110]. Systematisch unterscheidet er bei diesem Argument Vertragsvoraussetzung, Vertragseinigung und Vertragsresultat:

»Aus dieser knappen Skizze des kontraktualistischen Arguments ist ersichtlich, daß die Naturzustandsbeschreibung für die politische Philosophie des Gesellschaftsvertrags von zentraler Bedeutung ist: sie liefert die Darstellung des Problems, für das das vertragliche Einigungsverfahren eine Lösung bieten soll; sie enthält die Bestimmungen, die den Verlauf, die Rahmenbedingungen und damit auch den Inhalt der vertraglichen Einigungsprozedur festlegen. In ihr ist in nuce immer schon das gesamte kontraktualistische Beweisprogramm enthalten.«[111]

Daraus ergibt sich der Fokus auf die Vertragsvoraussetzungen: »Die Ausgangssituation muß jedoch nicht nur die Rationalitätsbedingung des Vertrages erfüllen, sie hat auch die Einlösung der Moralitätsbedingung des Vertrages zu kontrollieren.«[112] Entsprechend fragt Kersting im »*Vertragssituationsargument oder Naturzustandsargument*«[113], ob die Ausgangsbedingungen des Vertrages, dessen Gültigkeit garantieren. Konzentriert man sich auf die Moralität des Vertrags – dem wird nun der Vorzug gegeben – tauchen entsprechend wieder die Voraussetzungen der Freiwilligkeit und Fairness auf. Diese müssen in irgendeiner Form in der Beschreibung des Naturzustandes erfüllt werden. Bei Hobbes beispielsweise ist die Bedrohungslage für alle gleich, egal wie stark ein einzelner ist, er kann sich seines Lebens nie ganz sicher sein. Womit auch er freiwillig aus dieser – für alle gleich gefährlichen – Ausgangsposition heraus will und auf die Durchsetzung der Vereinbarung zielt. Wenn aber diese Bedingungen in der Beschreibung der Vertragssituation überzeugend dargelegt sind, der folgende Vertrag

---

108 Ebd., S. 39.
109 Ebd., S. 46.
110 Ebd., S. 49.
111 Ebd., S. 50.
112 Ebd.
113 Ebd., S. 55. [Herv. i.O.]

gültig ist – ist die staatliche Herrschaft damit letztlich theoretisch gesichert? Was hat es in rechtsstaatlichen Breiten noch für eine Relevanz nach der Legitimation staatlicher Herrschaft zu fragen? Oder wie Kersting schreibt: »Die politische Philosophie der Gegenwart führt keinen souveränitätstheoretischen Diskurs mehr: die Souveränitätsfrage ist durch das positive Verfassungsrecht in Übereinstimmung mit der klassischen neuzeitlichen Philosophie entschieden.«[114] Ist die Frage der Legitimation also auch praktisch erledigt?[115]

1.6 DAS STAATLICHE GEWALTMONOPOL ALS IMAGINÄRES

Das Gewaltmonopol ist allgegenwärtig – und doch ist es nirgendwo. Es ist bei jedem, herrscht zwischen allen, wenigstens oft und öfters, wenigstens in gewissen Breitengraden. Wie kommt es zu seinem sehr speziellen Charakter? Wie kann es herrschen? Die Frage der Legitimation stellt sich erneut.

Von der kantonalen Vereidigung in heiligen Hallen ausgehend, kam auf der weltlich alltäglichen Straße der Knüppel zum Ausdruck – wenn auch nicht in Aktion. Zwangsmittel sind immer überzeugend, vor allem durch ihre Stummheit. Stumm sind sie, da das Wesentliche bereits gesagt wurde, im toten Buchstaben des Gesetzes, das gilt und dem man Geltung verschafft. Ins rechte Licht gerückt, zeigte sich der Begriff des Gewaltmonopols als eben jene Eigenschaft, ohne die der Staat gerade nicht zu begreifen sei. Ohne Zwang kein Recht. Ohne Recht keine Ordnung. Ohne Ordnung keine Gesellschaft. So lautet der zwanglose Zwang. Auch Begriffe werden geboren, nicht im Schoß – Kopfgeburten sind es allemal – aber in der Geschichte. Der Faden wurde zurückverfolgt und Spuren ausgemacht, welche der Entstehung nachgingen. Dabei zeigte sich, dass weniger die Entstehung und mit ihnen die historischen Ereignisse, als die Rekonstruktion dieser Ereignisse interessant ist. Diese Rekonstruktion bezeugt ständig den Zweck, das Ziel, kurz: eine Teleologie der Zivilisation.[116]

---

114 Ebd., S. 263.
115 Vgl. dazu auch: Gilcher-Holtey, Ingrid: »Transformation durch Subversion: Die Neue Linke und die Gewaltfrage«, in: Freia Anders / Ingrid Gilcher-Holtey (Hg.), *Herausforderungen des staatlichen Gewaltmonopols. Recht und politisch motivierte Gewalt am Ende des 20. Jahrhunderts*, Frankfurt am Main: Campus Verlag 2006, S. 198-220.
116 Duerr: Obszönität und Gewalt. Der Mythos vom Zivilisationsprozess, S. 9-31.

Das Gewaltmonopol ist ein junges Kind, zudem ein verständiges und gutes. Zuletzt sollte diesem Verständigen nachgegangen werden. Dabei richtete sich das Augenmerk auf den Kontraktualismus, der seit Thomas Hobbes ebenjene Gewaltherrschaft vernünftig legitimiert. Auch hier zeigte sich, dass das Gewaltmonopol eine gute Sache sei, vor allem aber dass es nicht mehr wegzudenken ist. Dabei fiel man aus dem beschaulichen Himmel auf die Erde, vom Denkbaren ins scheinbare Ungemach des Machbaren: Gegen das Gewaltmonopol zu sein, ist undenkbar, irrational und wird als Bedrohung bekämpft. Geht man vom kontraktualistischen Gedankenexperiment aus und einige Schritte zurück, die oben beschrieben wurden, so kann man Folgendes festhalten:

Zuerst sind die außervertraglichen und hypothetischen Vertragsbedingungen entscheidend. Dem Vertrag wird zwar eine funktionale und rationale Erklärung zugeschrieben, er selbst hat aber lediglich erfundenen Charakter. Gerade die außervertraglichen, seine Gültigkeit sichernden Bedingungen – Freiwilligkeit und Fairness – sind abhängig von einer den Vertrag bestimmenden Beschreibung, dem Naturzustand. Es soll eine einsichtige Ausgangslage durch das Gedankenexperiment anschaulich werden, die zeigt, warum es sittlich und rational ist, dass die Gewaltausübung monopolisiert ›wurde‹ – und bleibt. Insofern ruft dieses Schreibtischgespenst nicht nur die Phantasie, sondern auch Moral und Vernunft der Menschen an, die der Gewalt unterstehen. Die vertragsmoralischen Voraussetzungen der Freiwilligkeit und Symmetrie haben dabei – trotz ihrer Wichtigkeit – keinen effektiven Charakter, sondern gehören wie das gesamte Gedankenexperiment ins Land Oz. Falls nun diese Bedingungen erfüllt worden sind, was sie mit der angemessenen Beschreibung des Naturzustands sind, gilt der Vertrag. Unter den Bedingungen des Hobbes'schen Naturzustands beispielsweise ist die gegebene zweckrationale Einsicht die Erfüllung dieser vertragsmoralischen Voraussetzungen. Das heißt die Menschen einigten sich vernünftigerweise darauf, das vollumfängliche Recht der Herrschaft aufzugeben.[117] Unter den gegebenen – genauer: vorausgesetzten – Umständen drängt sich eine Entscheidung im Hinblick auf den optimalen Nutzen auf. Alles hängt also von der Beschreibung des Naturzustandes ab – aber das ist ein alter Hut. Daran anschließend sind also die Beschreibung des Naturzustands und sein Menschenbild entscheidend. Diese Beschreibung nährt sich vor allem – mindestens bei Hobbes – von einem bestimmten Menschenbild: »Menschen, die von Natur aus Freiheit und Herrschaft über andere lieben [...].«[118] Diesem Bild entspricht eine bestimmte festgelegte Vorstellung, was die Menschen ausmacht. Sei es eine Art von Machtstreben oder

---

117 Hobbes, Thomas: *Leviathan*, Frankfurt am Main: Suhrkamp 1984, S. 131-135.
118 Ebd., S. 131.

auch ihre Vernünftigkeit, die für ihre Entscheidungen handlungsbestimmend sei. Die vertragsexternen Gültigkeitsvoraussetzungen bzw. Vertragsbedingungen, eben jene Freiwilligkeit und eine symmetrische Ausgangsposition, gelten auch bei Hobbes. Diese werden – kurz gesagt – damit erreicht, dass die Einwilligung in den Vertrag rationalerweise die beste Entscheidung ist und zweitens, wenn es um die Fairnessbedingung geht, dass auch noch der Stärkste um sein Leben fürchten muss, die Unterschiede zwischen den Menschen also nicht so groß seien. Insofern bedeutet die symmetrische Ausgangsposition, die gleiche Gefährdung aller an Leib und Leben. Diese externen Bedingungen lassen sich produktiv machen, wenn man sich auf das Gedankenexperiment einlässt. Unter den entsprechenden Umständen, die Gültigkeitsbedingungen sind gesetzt, müsste man, das wäre folgerichtig, zustimmen. Gerade dass man zustimmen müsste, lässt sich umformulieren in die Vorstellung, dass alle stillschweigend mit dem herrschenden Gewaltmonopol (›vertraglich‹) einverstanden wären, *sein müssten* oder eben: *sind*.[119] Dieser konzeptuelle Sprung aus dem Gedankenexperiment in die Wirklichkeit ist entscheidend. Obwohl Kersting also betont, dass es in der politischen Philosophie des Gesellschaftsvertrages nicht um die angemessene Beschreibung sozialer Wirklichkeit gehe, sondern um die Probleme der Legitimation staatlicher Herrschaft, müsste man hier insistieren.[120] Wenn die Legitimation staatlicher Herrschaft auf dem Spiel steht, geht es immer um die soziale Wirklichkeit. Sartwell formuliert es wie folgt: »But the situation is much worse than that. It's not only that I do not (or do) consent, but that it is impossible for me either to consent or not to consent; the objective situation compromises the very possibility of voluntary action.«[121] Der Charakter der kontraktualistischen Legitimation geht über das Gedankenexperiment hinaus. Er nährt sich von der Einsichtigkeit, die darauf bauend von einer Einigung und Einigkeit ausgeht. Diese hat aber angesichts realer Herrschaft nicht nur keinen hypothetischen Charakter mehr, sie verkehrt die Legitimation in reine Spiegelfechterei. Die stillschweigende Zustimmung ist, so Sartwell, anmaßend, da sie unter diesen Umständen die Möglichkeit einer tatsächlichen freiwilligen Zustimmung untergräbt bzw. negiert. Ein daran anschließender Punkt kann wie folgt gefasst werden: Das Ziel des Gesellschaftsvertrags ist eine friedliche Gesellschaft – es gibt sie. Es gibt sie auch deshalb, weil sie normativen Charakter hat und – befolgt wird. Erst der Verzicht aller auf Gewalt – außer den eingesetzten Machthabenden im Staat –

---

119 Sartwell, Crispin: *Against The State. An Introduction to Anarchist Political Theory*, Albany, NY: State University of New York Press 2008, S. 50.
120 Kersting: Die politische Philosophie des Gesellschaftsvertrags, S. 41.
121 Sartwell: Against The State, S. 51.

ermögliche einen Zustand des Friedens. Die Normativität entfaltet ihren Einfluss durch die vorausgesetzte Vorstellung des Menschen und ist mit den Bedingungen einer moralisch korrekten und rationalen Entscheidung eng verbunden. Eine entscheidende Wendung nimmt nun diese hypothetische Form der Legitimation wie oben angedeutet, wenn sie bei den tatsächlichen Zuständen ankommt, folglich praktisch wird. Erst jetzt wirkt sich das kontraktualistische Argument in Überzeugung aus: Wir leben – könnte man anders sagen – bereits in dieser ›besseren‹ Gesellschaft. Gerade die Vorstellung, dass die bessere, das heißt friedliche, Gesellschaft ohne das staatliche Gewaltmonopol in Gefahr ist, sorgt für den Erhalt und die Verteidigung der Institution. Die Gewalt wird gleichermaßen doppelt gebändigt, indem ihre Zuschreibung nicht nur faktisch und praktisch einer Institution zugestanden und in ihr eingefriedet wird, sondern auch theoretisch, d.h. unter Gültigkeitsbedingungen rational, sittlich notwendig erscheint. Wenn der Zwang den Charakter eines wechselseitig notwendigen und rational gebotenen Selbstzwangs hat, also aus einer Selbstbestimmung sich nährt, wird eine Kritik möglicher Heteronomie hinfällig. Darin liegt nun auch das Bestreben, dass das Gewaltmonopol eine zivilisatorische Errungenschaft darstellt, dass die gesellschaftlich-geschichtliche Entstehung nicht bloß kontingent, sondern einen wesentlichen Sinn hat. Dieser Sinn ist konstruiert, er bestimmt eine Bedeutung, hinter die nicht zurückgegangen werden darf. Unter Strafe des Gefängnisses.

Versucht man die Frage zu beantworten, welche imaginären Anteile dem Gewaltmonopol zukommen[122], kann man Folgendes festhalten: Es wird vorausgesetzt, dass das staatliche Gewaltmonopol notwendige Bedingung eines Rechtsstaats und damit einer an Recht (und implizit Gerechtigkeit) orientierten Gesellschaft ist. Diese Voraussetzung gründet in Vorstellungen über die Verfasstheit der Menschen (Rationalität, Machtstreben, Nutzenorientierung). Diese Vorstellungen über die Menschen gelten weiterhin – und damit auch die Grundlage bzw. vertragsexternen Gültigkeitsvoraussetzungen. Staatlichen Zwang gibt es tatsächlich. Dieser Rechtszustand mag virtuelle Gerechtigkeitsauflagen erfüllen[123] und damit den Rechtsstaat gültig legitimieren. Dies ändert nichts am effektiven Zwang: Knüppel, Gummischrot, usw. Dies wird grundsätzlich nicht beanstandet, was mit der Akzeptanz gegenüber den Voraussetzungen zusammenhängt. Eine sichere Gesellschaft ist gemeinhin nur als Rechts*staat* überhaupt *denkbar*. Der imaginäre Anteil wirkt bzw. die gesellschaftlichen imaginären Bedeutungen wirken sich auch auf die Überzeugung aus, dass der Staat weiterhin eine rationale Funktion hat. Eine Gesellschaft ohne einen solchen Staat ist nicht

---

122 Castoriadis: Gesellschaft als imaginäre Institution, S. 226.
123 Kersting: Die politische Philosophie des Gesellschaftsvertrags, S. 44.

vorstellbar. Die Notwendigkeit des staatlichen Gewaltmonopols scheint so selbstverständlich, dass Gesellschaft ohne diese Monopolisierung gar nicht mehr vorstellbar und denkbar ist. Die Bedeutung des Gewaltmonopols in der Geschichte und für die vernünftige Einrichtung unserer Welt hat also Sinn. Castoriadis nennt es einen imaginären Sinn, genauer eine gesellschaftliche imaginäre Bedeutung. Um diese herum wird unser Leben gestaltet bzw. diese gibt den Rahmen sinnvoller Handlungen vor. Insofern ist das Gewaltmonopol sinnhaft, unsichtbar und sichtbar zugleich. Als Praxis bestimmt dieser Sinn, seine Bedeutsamkeit, das Handeln und Behandelt-Werden in und durch die Institution des Staates perpetuiert als Praxis wiederum den Sinn. Insofern kann man von der »Vormachtstellung der Institution gegenüber der Gesellschaft« und damit von Heteronomie sprechen.[124] Darauf wird zurückzukommen sein.[125]

1.7 Staatliches Gewaltmonopol und Autonomie

Die bisherigen Ausführungen verweisen auf das Kernproblem der Autonomie bei Castoriadis: Die Frage, wie Heteronomie bzw. Fremdherrschaft der imaginären Institutionen gegenüber der Gesellschaft aufgelöst werden kann. Damit wird – neben der konzeptuellen Beschreibung einer bestimmten Institution der Gesellschaft als Imaginäres – der normative Charakter des politischen Entwurfs wichtig. Dabei kann auf die konzeptionelle bzw. institutionelle wie auch die kontraktualistische Seite verwiesen werden. Die Begriffe um das Imaginäre, die Heteronomie und Autonomie werden in den nächsten Kapiteln eingeführt.

Im Weiteren wird auf die von Castoriadis vorgestellte Lösung der Frage nach Gewalt und Zwang in einer autonomen Gesellschaft eingegangen, um einen Gegenentwurf vorauszuschicken – ohne auf die Realisierbarkeit weiter einzugehen. Castoriadis geht nicht davon aus, dass die gesellschaftliche Organisation des Zusammenlebens gänzlich ohne Zwangsmaßnahmen auskommt. Er lehnt allerdings die bisherige Form durch Behörden ab.

»Der Restbestand der Staatsfunktionen lässt sich in drei Rubriken unterteilen: die materiellen Grundlagen von Gewalt und Zwang, die ›besonderen Formationen bewaffneter Menschen, Gefängnisse u.a.‹ – mit anderen Worten, Armee und Justiz [...] Was die Armee angeht, werden die ›besonderen Formationen bewaffneter Menschen‹ selbstverständlich aufgelöst und durch die bewaffnete Bevölkerung ersetzt. Anstelle eines stehenden Heeres

---

124 Castoriadis: Gesellschaft als imaginäre Institution, S. 226.
125 Vgl. Kap. 2.1.

werden aus Arbeitern der Fabriken und Gemeinden bestehende Einheiten eine Territorialarmee bilden, wobei jeder Rat in seiner Region Polizeigewalt ausübt.«[126]

Castoriadis beschreibt hier im Rahmen seines Sozialismus-Entwurfs bereits Mitte der 1950er Jahre die Konsequenzen aus der Machtübernahme des damals von ihm noch bezeichneten revolutionären Subjekts, dem Proletariat. Auch wenn er das Proletariat in *Fait et a Faire* bzw. *Getan und zu tun* nicht mehr als die revolutionäre Kraft sieht, hält er darin doch am grundlegenden Inhalt des Sozialismus fest wie er ihn in *Sur le contenu du socialisme* beschreibt.[127] Dazu gehört auch die Ausgestaltung der Ordnungsmacht, die hier die erste Rubrik der überkommenen Staatsfunktionen bedeutet. Zu dieser Ausgestaltung gehört die radikal demokratisch und insofern nicht delegierte Ausübung der Kontrollmacht der gesetzten Institutionen. Es würde, so Castoriadis, die bewaffnete Bevölkerung die Sicherheit gewährleisten. Der von ihm im Zitat erwähnte Rat bedeutet die Arbeiterselbstverwaltung. Der Rat besteht aus jederzeit abwählbaren Delegierten aus den regionalen Produktionsbetrieben.[128] Die Heteronomie wird aufgelöst, indem die Basisorgane der Betriebe bzw. Landgemeinden gleichzeitige Souveränität ausüben und ihre Durchsetzung kontrollieren. Die Gewaltenteilung ist damit relativiert, wenn auch nicht ganz aufgelöst. Dies verdeutlicht Castoriadis mit der Erläuterung der Gerichtsbarkeit:

»Die Rechtsprechung wird den Basisorganen anvertraut, wobei jeder Rat als erstinstanzliches Gericht für die in seinem Zuständigkeitsbereich begangenen Delikte fungiert. Eine von allen Räten verabschiedete Prozessordnung sowie das Recht, vor dem Regionalrat oder der Zentralversammlung in Berufung zu gehen, garantieren die Persönlichkeitsrechte. [...] Freiheitsentzug ist nur gerechtfertigt, wenn der Betroffene als permanente Gefahr für seine Umwelt eingeschätzt wird [...].«[129]

Wenngleich die exekutive wie legislative Macht von diesen Basisorganen ausgeübt wird, differenziert sich die gerichtliche Macht, indem mehrere Ebenen der Berufung – wie heute – eingesetzt würden. Dennoch hält Castoriadis fest, dass ihm

---

126 Castoriadis: Vom Sozialismus zur autonomen Gesellschaft, Bd. 2.1, S. 162f.
127 Castoriadis: Philosophie, Demokratie, Poiesis, S. 253.
128 Castoriadis: Vom Sozialismus zur autonomen Gesellschaft, Bd. 2.1, S. 165.
129 Ebd., S. 163.

»die ›Teilung‹ (schlechtes Wort) der Gewalten ebenfalls unverzichtbar [erscheint]. Auch sie geht auf die antike Demokratie zurück: Die durch das Los ermittelten athenischen Geschworenengerichte waren keine Befehlsempfänger der Volksversammlung, sondern konnten sogar deren Entscheidungen revidieren. In den liberalen Systemen der Moderne ist dieses Prinzip in der Theorie höher entwickelt, in der Realität jedoch weniger ausgeprägt.«[130]

Nach heutigem Verständnis wäre damit die Gewaltenteilung formal zwar aufgeweicht, aber nicht aufgehoben. Castoriadis wird damit einem Anspruch von Merten konsequenterweise gerecht:[131] Die Zwangsausübung wird effektiver Selbstzwang. Es wird deutlich, dass Castoriadis damit die Erwartungen an den Einzelnen hoch ansetzt.

1.8 Fazit

In diesem Kapitel wurde der Begriff des staatlichen Gewaltmonopols untersucht. Man wird vereidigt. Die Vereidigung, der Schwur ist feierlich und vor Leuten (auch Gott scheint dabei zu sein). Dazu gehörte weiter eine Beschreibung des Ausdrucks, den sich diese Gewalt verschafft. Dieser Ausdruck findet sich in Zwangsmitteln, die von einer Behörde wie der Polizei angewandt werden dürfen – oder sogar müssen. Es wurde ein Einblick in den symbolischen Charakter von Polizeiknüppel und Gummischrot gegeben. Dabei wurde durch die Aufnahme der von Michael Sturm erarbeiteten Geschichte des Polizeiknüppels in Deutschland deutlich, dass diesem neben seiner Funktion auch ein symbolischer Gehalt zukommt. Beide Aspekte – Funktionalität wie auch Symbolcharakter – wurden mit flüchtigem Blick auch beim Gummischrot betrachtet, einem in der Schweiz häufig angewandten Zwangsmittel. Es sollte deutlich werden, dass neben der Funktion, neben der symbolischen Bedeutung auch noch eine weitere Grundlage zu diesem phänomenalen Ausdruck gehört, der bedeutsame Anteil der Institution, die legitimerweise Gewalt anwendet. Um diesem bedeutsamen Anteil näher zu kommen, wurden die begrifflichen und rechtlichen Grundlagen des Gewaltmonopols, wenn auch nur sehr kurz, aufgearbeitet. Es zeigte sich, dass staatliche Gewaltausübung nur in Form von rechtsstaatlicher Durchsetzung von Recht und Ordnung verstanden oder wenigstens legitimiert wird. Dazu wurden die rechtlichen Rahmenbedingungen nicht nur der Zwangsmittel, sondern auch der souve-

---

130 Castoriadis: Philosophie, Demokratie, Poiesis, S. 245.
131 Merten: Rechtsstaat und Gewaltmonopol, S. 36.

ränen Rechte auf das Gewaltmonopol in der Schweiz ausgebreitet. Die Notwendigkeit einer Zwangsgewalt wurde durch Gründe der Sicherheit erklärt. Wenn es keine sichernde Instanz gäbe, welche die Interessen der Gemeinschaft bewahre, müsste sich die Gemeinschaft notwendig in Gruppenkämpfen und Chaos auflösen. Darauf verwiesen Merten und Kohler – beide mehr oder weniger ausdrücklich mit Bezug auf Hobbes. Nicht zuletzt beruft man sich insofern auf die Geschichte und die vermeintliche Entwicklung des Gewaltmonopols als einer Zivilisationserrungenschaft. Es wurden Etappen der Entstehung des Gewaltmonopols aufgezeigt und vor allem der Charakter der Beschreibung dieser Entstehung hervorgehoben. Abgesehen von den bedrohlichen Naturzustandsszenarien wurde in diesem Zusammenhang die Legitimation staatlicher bzw. souveräner Herrschaft mit dem Kontraktualismus aufgegriffen. Es wurde versucht, die Bedingungen der Gesellschaftsvertragstheorie soweit aufzurollen, als es nötig wurde, staatliche Herrschaft zu begründen. Es zeigte sich, dass der Kontraktualismus wenigstens rational beweist, dass es für alle unter der Bedingung eines konstruierten Naturzustands besser ist, in einen Vertrag einzuwilligen, der zur Folge hat, dass die Gewaltausübung innerhalb des Staates monopolisiert wird. In einem demokratisch verfassten Staat kommt dieses Monopol rechtlich begründet einer Behörde wie der Polizei zu. Da alle Behörden im Auftrag des Souveräns handeln, und der Souverän mittel- oder unmittelbar die stimm- und wahlberechtigte Bevölkerung ist, handeln die Behörden im Auftrag eben dieser Bevölkerung. Dieser Auftrag im allgemeinen Interesse ist selbstauferlegt – und dies, so wird es vom Kontraktualismus angenommen – reiflich überlegt. Es wurde zuletzt versucht zu erklären, in welcher Weise Vorstellungen diese Grundlegung des Gewaltmonopols stützen. Dazu gehörte die Anlage des Gedankenexperiments, das die Rationalität und damit Notwendigkeit des Gesellschaftsvertrags untermauert, indem ein nicht wünschenswerter Naturzustand angenommen wird. Das Gedankenexperiment erhält damit auf zweierlei Weise faktisches Gewicht: Einerseits, sofern man in einer befriedeten durch das Gewaltmonopol gesicherten Gesellschaft lebt, andererseits als der hypothetische Charakter der Zustimmung sich in eine faktische wendet, sobald die Zwangsmittel effektiv eingesetzt werden. Dazu gehörten auch die externen Bedingungen der Gültigkeit des Gesellschaftsvertrags, die Freiwilligkeit und symmetrische Ausgangsposition. Beide sind fragwürdig, die Freiwilligkeit wird durch die rationale und faktische Notwendigkeit ad absurdum geführt, die symmetrische Ausgangsposition hat demgegenüber keinen faktischen Charakter, sondern lediglich hypothetischen. Zuletzt wurde ein reflexiver Anteil der Grundlegung staatlicher Herrschaft ausgemacht, der darin besteht, dass diese selbst legitimiert sein muss, was mit dem Rationalitätsanspruch deutlich werden sollte. Es wurde zuletzt versucht, aufzuzeigen, inwiefern Castoriadis demgegenüber die Legitimität von Zwang versteht.

2. Imaginäres

> *American*: How the fuck did you get in here?
> *Lone Man*: I used my imagination.[1]
> THE LIMITS OF CONTROL; JIM JARMUSCH

Es ist der Anspruch dieser Arbeit, das Imaginäre konzeptuell zu klären. Um dieses Ziel zu erreichen, ist es notwendig die entsprechenden Grundlagen der politischen Philosophie von Castoriadis zu untersuchen. Von Anfang an drängte und drängt sich also die Frage auf, was Castoriadis mit dem Imaginären meint, dem er einen – in der bisherigen Philosophiegeschichte – einmaligen Stellenwert gibt. Entsprechend ist die imaginäre Institution der Gesellschaft gerade durch das Imaginäre als Bedingung gekennzeichnet. Die Institutionen erfahren durch das Imaginäre ihre vielfache Gestaltbarkeit. Es wurde mit einem Beispiel, dem staatlichen Gewaltmonopol, *eine* bestimmte Institution bezeichnet; dies allerdings mit der Absicht ihre imaginären Anteile herauszuarbeiten. Methodisch wird diese Frage – was ist das Imaginäre? – in den Vordergrund gestellt. Zugleich führt sie als roter Faden durch die Arbeit. Insofern wurde mit der Spurensuche bereits im ersten Kapitel begonnen. Daraus ergibt und ergab sich im Verlaufe der Untersuchung zweierlei: einerseits die enge Verknüpfung an Begriffe wie das Symbolische und die Institution, womit wiederum die entsprechenden konzeptuellen Verbindungen zu klären sind; andererseits der Ausgang aus diesem Labyrinth, der zu den gesellschaftlichen imaginären Bedeutungen und dem radikal Imaginären führt, wobei man zuletzt bei der Autonomie ankommt. Folgt man dem Imaginären zuerst und immer wieder, so die Annahme der Arbeit, kommt man unweigerlich zum Begriff der Autonomie. Damit aber zeigt sich eine innere Ver-

---

1 THE LIMITS OF CONTROL (USA 2009, R: Jim Jarmusch).

wandtschaft, die dem Anspruch dieser Arbeit folgend die konzeptuelle Kohärenz von Castoriadis' politischer Philosophie beurteilt.

Damit werden wiederum drei Aspekte wichtig, die es zu untersuchen gilt, sobald man den Begriff des Imaginären anspricht: Erstens die Psyche, zweitens die Gesellschaft-Geschichte,[2] drittens die Institutionen. Wie Psyche und Gesellschaft vermittelt werden, erklärt Castoriadis anhand des Begriffs des Imaginären. Dieser gesellschaftliche Kitt oder »unsichtbare Zement«[3] ist hintergründiger Sinn, der in den Institutionen zum Ausdruck kommt. Die Beschreibung des Gewaltmonopols ist ein Beispiel, welches das Bestreben von Castoriadis einleiten, illustrieren und begrifflich fassbar machen sollte. Das Imaginäre hat entsprechend dieser Ebenen eine begriffliche Unterscheidung erfahren. Castoriadis nennt das schöpferische Moment der Menschen das *radikal Imaginäre*. Das, was geschöpft werde, zeige sich in Symbolen und ihren Bedeutungen, die institutionalisiert das *aktual Imaginäre* umfassten. Insgesamt bilden diese geschöpften *gesellschaftlichen imaginären Bedeutungen* jenen transindividuellen Kitt, durch den eine Gesellschaft erst zusammenhält. Allen drei Ebenen wird im Folgenden nachgegangen. Im Verlauf dieser Auslegung wird sich ein transzendentaler Sinn und normativer Anspruch verdeutlichen, der im folgenden Kapitel zum Thema Entfremdung aufgenommen wird. Dabei geht es um die von Castoriadis angestrebte Autonomie gegenüber heteronomen Institutionen. Was das bedeutet, wird sich erweisen.

2.1 Imaginäres I – Gesellschaft und Institution

Ein erster Schritt führt zur Begriffsklärung des *Imaginären*. Dazu gehören die konzeptuellen Verstrickungen mit anderen Begriffen. Man kann eine Triade ausmachen: Das Imaginäre ist mit dem Symbol und der Institution verbunden. Diese Verknüpfung wird in einem Zusammenhang mit der Funktionalität von Institutionen dargestellt. Erst diese zeigt, wie eine Gesellschaft Probleme löst. Diese Funktionalität zeigt aber nicht, warum eine Gesellschaft Probleme genauso und nicht anders löst. Dazu bedarf es des Imaginären, das durch ein Symbolsystem den Institutionen einen Sinn verleiht. Dieser Sinn verweist auf jene gesellschaftlichen imaginären Bedeutungen, die alles zusammenhalten. Entsprechend

---

2 Castoriadis spricht von Gesellschaft-Geschichte, um zu verdeutlichen, dass Gesellschaft ohne Geschichte nicht denkbar ist. Wenn an dieser Stelle von Gesellschaft die Rede ist, wird entsprechend auf Gesellschaft-Geschichte referiert.
3 Castoriadis: Gesellschaft als imaginäre Institution, S. 246.

wird nach einer ersten Annäherung an das, was das Imaginäre anzeigt, die Verbindung zum Symbolischen und weiter zur Institution untersucht. In einem weiteren Schritt wird dann der Bezug auf die gesellschaftlichen imaginären Bedeutungen, den grundlegenden Sinn, den sich eine Gesellschaft gibt, erläutert. Zuletzt werden die damit eng zusammenhängenden Begriffe Autonomie, Praxis und Magma mit Bezug zur instituierten und instituierenden Gesellschaft aufgenommen und erklärt.

2.1.1 Imaginäres und Symbole

»›Imaginär‹ sagen wir, wenn wir etwas ›Erfundenes‹ meinen«[4]. Dieses Erfundene, das Imaginäre, ist vorerst sehr verallgemeinert zu verstehen: etwas *bloß Vorgestelltes*. Dieses Vorgestellte ist von der Realität, dem was ist, unterschieden. Dieses Vorgestellte bzw. *Imaginäre* werde erst wirklich, so Castoriadis, durch das Symbolische. Es drücke sich symbolisch aus, um »existieren« zu können. Dies geschehe in »Bildern«[5]. Unter dem Symbolischen oder Symbolismus versteht Castoriadis »Bedeutungen im weitesten Sinne«[6], das heißt ein gesellschaftlich anerkanntes Symbolsystem wie z.b. ein juridisches System oder eine instituierte Macht (wie bspw. eine Diktatur, Kirche, das Gewaltmonopol etc.).[7] Das Symbolische oder der Symbolismus sei aber umgekehrt, durch die Fähigkeit zu Imaginieren (capacité imaginaire)[8] bedingt.[9] Diese Fähigkeit oder Möglichkeits-

---

4 Ebd., S. 217.
5 Naheliegender ist der französische Ausdruck »images«, da er auch Vorstellung bedeutet und den Bezug zur »imago« verdeutlicht. Castoriadis schreibt: »Der Rückgriff auf den Term ›Imagination‹ scheint mir aufgrund zweier Konnotationen des Wortes geboten: dem Bezug zur *imago*, zum Bild im weitesten (und keineswegs nur ›visuellen‹) Sinne des Wortes, d.h. zur *Form* (Bildung, Einbildung usw.); und dem Bezug zum Gedanken der Erfindung oder besser und genauer gesagt, zur *Schöpfung*.« Castoriadis: Das imaginäre Element und die menschliche Schöpfung, S. 293. [Herv. i.O.] Vgl. auch Castoriadis: L'Institution imaginaire de la société, S. 177 bzw. Castoriadis: Gesellschaft als imaginäre Institution, S. 218.
6 Castoriadis: Gesellschaft als imaginäre Institution, S. 200.
7 Ebd.
8 Castoriadis: L'institution imaginaire de la société, S. 177.
9 Es wird mit Absicht nicht der Kant'sche Begriff der Einbildungskraft benutzt. Obwohl Castoriadis Kant zuschreibt, Aspekte des Imaginären in der Kritik der Urteilskraft entdeckt zu haben, weicht er doch in entscheidenden Punkten von Kant ab. Vgl. dazu

bedingung nennt Castoriadis das *radikal Imaginäre*. Es sei vorausgesetzt, *dass* wir etwas, ein Bild, das nicht real oder vorhanden sei, vorstellen könnten:

»In dem Maße jedoch, wie das Imaginäre letztlich auf eine ursprüngliche Fähigkeit zurückgeht, sich mit Hilfe der Vorstellung ein Ding oder eine Beziehung zu vergegenwärtigen, die nicht gegenwärtig sind (die in der Wahrnehmung nicht gegeben sind oder es niemals waren), werden wir von einem letzten oder *radikalen Imaginären* als der gemeinsamen Wurzel des *aktual Imaginären* und des *Symbolischen* sprechen.«[10]

Was meint Castoriadis mit dem Begriff »radikal«? Oder anders gefragt: Was ist Schöpfung?

»Ich benutze den Begriff ›radikal‹ zunächst, um das, worum es mir geht, von der ›sekundären‹ Imagination abzugrenzen, der einzigen, von der man normalerweise spricht, der rein reproduktiven und / oder kombinatorischen Imagination, und dann, um den Gedanken zu betonen, dass diese Imagination der Unterscheidung zwischen ›Realem‹ und ›Imaginärem‹ oder ›Fiktivem‹ *voraus*geht. Um es ganz direkt zu sagen: Nur weil es radikale Imagination und instituierendes Imaginäres gibt, existiert für uns ›Realität‹, als solche und als je bestimmte.«[11]

Dieses Imaginäre ist als schöpfendes Tun selbst Gründendes.[12] Dieses radikal Imaginäre ist also nicht zu verwechseln mit einer Fähigkeit wie der sogenannten Einbildungskraft, Phantasie oder Imagination, welche Castoriadis *sekundäre Imagination* nennt. Diese gehört zum Vermögen, ist aber nur ein Teil davon. Das radikal Imaginäre sei im Gegensatz dazu – um hier den Unterschied zum sekundären Imaginären zu verdeutlichen – Bedingung der Trennung von Realität und Fiktion.[13] Es gibt ein reales *Ding* in der Welt, z.B. das Land Schweiz. Damit es

---

Castoriadis: Das imaginäre Element und die menschliche Schöpfung, S. 298-309 u. Castoriadis: Philosophie, Demokratie, Poiesis, S. 23-35.
10 Castoriadis: Gesellschaft als imaginäre Institution, S. 218. [Herv. i.O.]
11 Castoriadis: Das imaginäre Element und die menschliche Schöpfung, S. 293. [Herv. i.O.]
12 Hier wird der Praxisbegriff von Castoriadis deutlich, der später nochmals aufgenommen wird (Vgl. Abs. 2.3). Castoriadis sträubt sich dabei gegen eine Aufteilung der Arbeit als Techné wie sie Platon vorstellte, dass etwa die Idee als Vorstellung im Werk abgebildet wird.
13 Zentral ist an dieser Stelle, dass Castoriadis unausgesprochen einen Bezug zu Aristoteles' *Über die Seele* herstellt, wenn er von der schöpferischen Fähigkeit spricht, sich

dieses *Ding* geben kann, muss es als Vorstellung, als Bild zur Darstellung kommen, im Symbol. Dass Symbol und Bild zusammenkommen, dass *Schweiz* als Zeichen und *Schweiz / Nation* als Bedeutungen verknüpfbar sind, verdankt sich bei Castoriadis sich dem radikal Imaginären. Dass Symbol und Bild zusammengehören, begründet sich zugleich aus ihrer möglichen Verschiebung und Variabilität. Wenn man z.b. sagte »dies ist die Schweizer Flagge«, ist durch dieses Symbol eines weißen Kreuzes auf rotem Grund das Imaginäre der Nation *Schweiz* als Bedeutung bezeichnet (und gewissermaßen geronnen). Das Imaginäre verwirklicht sich in der Vorstellung Schweiz und weiter in Begriffen wie – etwas plakativ – Neutralität, Unabhängigkeit, Käse etc. Genauer gesagt: dem Wort *Schweiz* als Signifikant, d.h. als Bezeichnung oder Wort, kommt eine bestimmte Bedeutung (Signifikat) zu. Der Signifikant ist das Symbol, ein sprachlicher Ausdruck. Die Fähigkeit und Möglichkeit der Vorstellung bezeugt etwas Entscheidendes:[14] Wir stellen uns etwas vor, das nicht anwesend ist. Dies wird erst durch das *radikal Imaginäre* ermöglicht. Erst dieses Imaginäre, das als Wurzel der Grund aller Vorstellung sei, bringt dann das Vorgestellte – das *aktual Imaginäre* – hervor: »Es handelt sich dabei um die elementare und nicht weiter zurückführbare Fähigkeit, ein Bild hervorzurufen.«[15] Obwohl Castoriadis im Symbolischen eine notwendige Bedingung für die Ausdruckskraft des radikal Imaginären vorstellt, betont er, dass erst die Vorstellungskraft als schöpferischer Akt des radikal Imaginären das Symbolische ermöglicht.[16] Erst durch diese Fähigkeit könnten ein »zentrales Imaginäres« (z.B. Nation[17]) und seine »elementaren Symbole« entstehen bzw. bestehen.[18] Darüber hinaus und damit verbunden entstünde *peripheres Imaginäres*, wie z.B. eine Flagge bzw. ein Wort wie

---

etwas vorzustellen. Vorstellen wird als Bedingungen nicht nur des Denkens, sondern auch des Wahrnehmens dargestellt. Im Aufsatz *La découverte de l'imagination* setzt sich Castoriadis eingehend mit Aristoteles' *De Anima* auseinander, wo er glaubt aufzeigen zu können, dass bereits Aristoteles dem radikal Imaginären auf der Spur gewesen sei. Vgl. dazu Castoriadis, Cornelius: *Domaines de l'homme. Les carrefours du labyrinthe 2*, Paris: Édition du Seuil 1986, S. 327-363 bzw. Castoriadis: Das imaginäre Element und die menschliche Schöpfung, S. 47-86.

14 Vgl. Castoriadis: Domaines de l'homme. Les carrefours du labyrinthe 2, S. 327-363; vgl. dazu auch Castoriadis: Das imaginäre Element und die menschliche Schöpfung, S. 47-86.
15 Castoriadis: Gesellschaft als imaginäre Institution, S. 218.
16 Castoriadis: Das imaginäre Element und die menschliche Schöpfung, S. 293f; 326f.
17 Ebd., S. 30f.
18 Castoriadis: Gesellschaft als imaginäre Institution, S. 224.

Schweiz mit der Bedeutung *Schweiz* und im Weiteren die Verknüpfung mit bestimmten Bedeutungen.[19] Deutlich wird dabei, dass diese Gruppierung ›willkürlich‹ ist, zumindest teilweise. Dass es sich um eine bewusste Verbindung des Wortes Schweiz und der Bedeutung *Schweiz* handelt, stimmt dann, wenn man sich seiner Beweglichkeit bewusst wird. Schweiz kann und muss andere Bedeutungen aufnehmen und sich verändern. Allerdings lässt sich dies rational nur bedingt steuern, da es sich bei diesem aktual Imaginären um ein *gesellschaftlich Imaginäres* handelt, das nicht einfach so von einem Einzelwillen umgeformt werden kann, sondern eine eben – gesellschaftliche – und hergebrachte, historische Bedeutung ist.[20] Die grundlegende Frage bei Castoriadis ist: Wie es möglich sein kann, dass etwas Imaginäres, ein Begriff wie eben *Schweiz* oder beispielsweise *Gott*, begleitet von weiteren sekundären imaginären Bedeutungen (allmächtig, allweise, etc.) von uns als von uns unabhängige Vorstellung betrachtet wird? Anders gefragt: Wie kommt es, dass solche *gesellschaftlichen imaginären Bedeutungen*, wie sie Castoriadis nennt, als von uns unabhängige Entitäten bzw. Dinge im weitesten Sinne begriffen werden? Castoriadis antwortet mit einem Stufenmodell seines Begriffes des Imaginären. Im Kern stehen unverfügbare Symbole. Sie sind als erste Symbole des radikal Imaginären zu betrachten. Verbindungen dieser ersten symbolischen Elemente bildeten die Struktur der Gesellschaft (Zeremonien, Religion, Formen der Autorität wie das Gewaltmonopol, etc.). Diese Ebene ist nicht nur funktional. Um diese primären Symbole, die auf eine zentrale gesellschaftliche imaginäre Bedeutung hinweisen, gruppiert sich das *periphere Imaginäre*, bereits bekannt als aktual Imaginäres:

»Eine Fahne ist ein Symbol mit rationaler Funktion, Erkennungszeichen und Sammelpunkt, wird aber bald zu einem Gegenstand, um dessentwillen man imstande ist, in den Tod zu gehen, und der den Patrioten einen Schauer über den Rücken jagt, wenn sie eine Militärkolonne vorbeimarschieren sehen.«[21]

Dasselbe gilt für die Vereidigung der Kantonspolizist_innen. Die Fahne stand Pate, hing mit dem Eid bestickt über dem Eidesschwur der Polizist_innen. Wie der gewichtige Fingerzeig einer Gesellschaft, die sich auf die Gesetzeshüter_innen verlässt. Nicht umsonst verwiesen der Regierungsrat Fehr und Polizeikommandant Würgler auf ihre gesellschaftliche Aufgabe: die Sicherheit zu wah-

---

19 Was heißt es beispielsweise neben dem Bürgerrecht Schweizer_in zu sein? Was bedeutet es damit das Gewaltmonopol zu befürworten?
20 Ebd., S. 225.
21 Ebd., S. 224.

ren.²² Ausgehend von einem verfügbaren Zweck, verselbständigt sich der Sinn bzw. das Symbol und seine Bedeutung, was mit dem Beispiel der Fahne deutlich wird. Die bloß rationale Funktion wird überschritten, ist nicht der eigentliche Sinn. Irreführend könnte bei diesem Beispiel bloß sein, dass die Fahne eine Funktion hat. Diese hat sie auch, aber nicht nur. Man kann behaupten, dass diese Funktion nur einen Teil der Bedeutsamkeit der Flagge erklärt. Die mögliche Aufopferung für dieses Symbol kann nur dann verstanden werden, wenn sich dessen Funktion einem vorausgesetzten gesellschaftlichen Gesamtsinn unterordnet. Dieser Gesamtsinn bestimmt das individuelle Selbstverständnis entscheidend mit. Man opfert sich nicht für die Flagge als Flagge, als Stofffetzen. Das wäre lächerlich. Man opfert sich dafür, wofür sie steht. Aber wer bestimmt dies? Castoriadis fragt also, wie die institutionalisierten Symbole zusammenhängen, was ihr Sinn oder Zweck sei.

2.1.2 Institutionen und Sinn

Was hält neben dem »unsichtbaren Zement«[23], den imaginären Bedeutungen, die noch zu präzisieren sind, eine Gesellschaft zusammen?[24] »Was eine Gesellschaft zusammenhält, ist natürlich ihre Institution, der Gesamtkomplex ihrer Einzelinstitutionen [...] Normen, Werte, Sprache, Werkzeuge, Verfahren und Methoden des Umgangs mit Dingen und ihrer Herstellung, und natürlich das Individuum selbst [...].«[25] Was heißt Institution? Castoriadis erfasst mit diesem Begriff alle möglichen Aspekte: Normen, Werte, Sprache, Werkzeuge, Herstellungsprozesse oder -methoden, Individuen, etc. Alle in einer Gesellschaft diese auszeichnenden, feststellbaren Verfahren und Vorstellungen werden im Begriff Institution zusammengedrängt. Die Institution selbst ist als Komplex gedacht, der durch diese verschiedensten *partikularen Institutionen* und ihre Bedeutungen strukturiert wird, Institutionen wie die Polizeibehörde. Hier drängt sich die Frage auf, wie sich Institutionen behaupten können: »Oberflächlich, und eher in Ausnahmefällen, durch Zwang und Sanktionen. Weniger oberflächlich, und auf breiterer Basis, durch Zustimmung, Unterstützung, Konsens, Legitimität, Glaube.«[26] Weniger Gummischrot und Knüppel, als die Zustimmung, dass es diese brauche, sei entscheidend. Castoriadis deutet damit seinen Begriff der Heteronomie bzw. Ent-

---

22 Vgl. dazu 1.1.
23 Ebd., S. 246.
24 Castoriadis: Das imaginäre Element und die menschliche Schöpfung, S. 27f.
25 Ebd., S. 28f.
26 Ebd., S. 29.

fremdung an, der später im Zusammenhang mit der Autonomie nochmals aufzugreifen ist. Zumindest verrät er, dass die Institution Zwangsmaßnahmen brauche, seien es nun physische oder psychische, Gefängnis, Gummischrot, schlechtes Gewissen oder – entscheidend – die Rationalisierung des Gewaltmonopols, wie sie im Kapitel 1 aufgezeigt wurde. Castoriadis verweist in einem weiteren Schritt auf die Subjektgenese:[27] »Doch in letzter Instanz: durch und mittels Formung (Fabrikation) eines gesellschaftlichen Individuums aus menschlichem Rohmaterial, eines Individuums, in dem sowohl die Institutionen selbst als auch die ›Mechanismen‹ ihres Fortbestands verankert sind.«[28] Castoriadis bezeichnet damit eine grundlegende Prägung oder Erziehung. Er meint, dass jede und jeder Einzelne selbst Gesellschaft *ist*. Das heißt, indem wir die Gesellschaft verkörpern und als Individuen, die in einem sozialen Gefüge herrschenden Normen reproduzieren, besteht dieses Gefüge überhaupt. Das verweist auf zweierlei: Erstens können wir den Institutionen und ihren instituierten gesellschaftlichen imaginären Bedeutungen nicht entkommen. Das jeweilige einfachste individuelle Selbstverständnis ist gesellschaftlich-geschichtlich. Zweitens entkommen wir der Gesellschaft-Geschichte ständig, da Institutionen veränderbar, verfügbar bleiben. Das heißt, die einst eingeführten Institutionen (z.B. Papa arbeitet, Mama kocht...) können aufgebrochen werden, sind zu ändern möglich. Man kann durch eine andere geschöpfte und vorgestellte imaginäre Bedeutung neue Institutionen einführen. Dass dies nicht einfach ist, versteht sich von selbst. Die Kohärenz verdanke sich den Bedeutungen. Die Institution wiederum ist nur eine Äußerung der Bedeutungen. Nochmals: Der Schweizer Reisepass als Dokument der Institution *Schweizer_in*. Dieses Papier verweist als Symbol oder Zeichen auf die Institution Schweiz, die mit Bedeutungen verbunden ist oder eher: aus ihnen hervorging und -geht. Wenn man aber am Schweizer Grenzposten steht, dabei denkt: »Ich bin Schweizer!« und mit dem roten Pass wedelt – worin unterscheidet man sich dann von jemandem, die oder der während der Kulturrevolution eine Mao-Bibel in die Luft streckt und damit wedelt?

Bisher wurde die genauere Klärung der imaginären Bedeutungen, genauer der gesellschaftlichen imaginären Bedeutungen aufgeschoben. Was sind nun diese gesellschaftlichen imaginären Bedeutungen? Gehen wir einen Umweg. Bisher wurde deutlich, dass Symbole Ausdruck imaginärer Bedeutungen sind. Es wurde angedeutet, dass diesem Imaginären auch funktionale Aspekte zukommen. Es bleibt ein Rest, eher ein Überschuss, dem man nun nachgehen muss.

---

27 Vgl. Abs. 2.2.
28 Ebd.

»Jenseits der bewußten Tätigkeit der Institutionalisierung finden die Institutionen ihren Ursprung im *gesellschaftlichen Imaginären*. Dieses Imaginäre muß sich mit dem Symbolischen verschränken, weil sich die Gesellschaft sonst nicht hätte ›sammeln‹ können, muß aber auch mit dem Ökonomisch-Funktionalen verbunden sein, weil sie sonst nicht hätte überleben können.«[29]

Das gesellschaftliche Imaginäre hält das Symbolische in der einen Hand. Der Zweck einer Gesellschaft wird damit überhaupt denkbar. In der anderen Hand hält es den Maßstab der Funktion, damit sie sich reproduzieren kann. Die Schweizer Flagge als Symbol, die zugleich einer Funktion gerecht wird, veranschaulicht beide Aspekte. Willensnation im Sinne eines (bloß vermeintlichen) funktionalen Zusammenschlusses, der aber immer wieder als gesellschaftlich imaginärer Zusammenhalt aufgeladen wurde und wird, man könnte sagen: aufgeladen werden muss.[30] Was den Funktionalismus[31] betrifft: Institutionen sind Ausdruck einer Funktion, die gesellschaftliche Zwecke erfüllt. Castoriadis lehnt diese Auffassung vollständig ab. Im Gegensatz dazu schreibt er:

»Eine bestimmte Organisation der Ökonomie, ein juridisches System, eine instituierte Macht oder eine Religion existieren als gesellschaftliche anerkannte Symbolsysteme. Ihre Leistung besteht darin, Symbole (Signifikanten) mit Signifikaten (Vorstellungen, Ordnungen, Geboten oder Anreizen, etwas zu tun oder zu lassen, Konsequenzen – also Bedeutungen im weitesten Sinne) zu verknüpfen und ihnen als solchen Geltung zu verschaffen, das heißt diese Verknüpfung innerhalb der jeweiligen Gesellschaft oder Gruppe mehr oder weniger obligatorisch zu machen.«[32]

Nicht nur, dass in einer Institution bestimmte Bedeutungen festgemacht werden, ist wichtig, sondern entscheidend ist, dass sie gesetzt und Gesetz sind, dass sie

---

29 Castoriadis: Gesellschaft als imaginäre Institution, S. 225. [Herv. i.O.]
30 Beispielsweise die Erfindung des Schweizer Nationalfeiertages Ende des 19. Jahrhunderts oder die geistige Landesverteidigung in den 1930er Jahren geben ambivalente Anhaltspunkte. Aufgeladen ist insofern auch die Vorstellung einer ›Willensnation‹. Die Funktionalität der jeweiligen Absichten wird deutlich nur durch ein vorausgesetztes Imaginäres, das angesichts einer Bedrohung hervortritt oder erfunden wird. Zu beachten ist, dass es einen ›reinen‹ Funktionalismus bei Castoriadis nicht gibt.
31 Castoriadis setzt sich vor allem mit der Unterscheidung zwischen Funktionalismus – etwas verkürzend: Institutionen gibt es, weil sie eine bestimmte Funktion erfüllen – und Symbolismus – Institutionen sind bloß Symbole – auseinander.
32 Ebd., S. 200.

etwas ›zurecht‹ richten. Entsprechend geben Institutionen Halt und machen gesellschaftliches Leben möglich. Der Vergleich mit der Sprache oder genauer dem Erlernen einer Sprache (d.h. Muttersprache) verdeutlicht dies nochmals. Man entgeht der vorgefundenen Bedeutung der Sprache nicht. Castoriadis geht davon aus, dass Bedingungen, an die sich ein Symbolsystem *anlehnt*, gegeben sind. Wesentlich sind für das Verständnis im Folgenden zwei Seiten einer Medaille: einerseits, dass eine Gesellschaft einen Symbolismus konstituiert, jedoch – wie die Sprache – nicht völlig frei, und andererseits, dass sie diesen Symbolismus auf etwas außerhalb Liegendes bezieht. Das macht eine Implikation deutlich: Obwohl der Symbolismus unfrei ist, insofern er auf etwas Außersymbolisches bezogen ist, bleibt eine historisch bedingte Gestaltbarkeit. Auf die Sprache bezogen: »Zwar können wir niemals aus der Sprache heraustreten, aber unsere Beweglichkeit in der Sprache kennt keine Grenzen [...].«[33] Castoriadis begründet damit, dass die Gestaltung und Gestaltbarkeit in der Geschichte der gesellschaftlichen Organisationen so verschieden war und ist. Alle Gesellschaften oder Kulturen brauchen Zeichen und bestimmte Bedeutungen, die in einer symbolischen Ordnung und ihren Institutionen *Sinn* machen. Dieser Gesamtsinn als gesellschaftliches Imaginäres sei jenes *zentral Imaginäre*, der nicht erklärbare ›Rest‹, um welchen die symbolische Ordnung und ihre Institutionen angeordnet seien. Symbolsystem und Funktion erklären Institutionen entsprechend nicht zureichend. Es bleibt immer die Frage, warum die Gesellschaft gerade in dieser Weise organisiert wurde. Dass in der Geschichte der Gesellschaften die verschiedensten Ordnungen eingeführt wurden, kann, so Castoriadis, nicht anders erklärt werden. Damit lässt sich bereits aufnehmen, was im 3. Kapitel nochmals systematisch untersucht wird, was Castoriadis unter Heteronomie bzw. Entfremdung versteht:

»Die Institution ist ein symbolisches, gesellschaftlich sanktioniertes Netz, in dem sich ein funktionaler und ein imaginärer Anteil in wechselnden Proportionen miteinander verbinden. Entfremdung ist die Verselbständigung und Vorherrschaft des imaginären Moments der Institution, deren Folge wiederum die Verselbständigung und Vormachtstellung der Institution gegenüber der Gesellschaft ist.«[34]

Wenn es sich bei der Institution um ein Netz handelt und dieses Netz geknüpft ist aus funktionalen und imaginären Fäden, dann ist die Frage wie wir ins Netz gehen. Dieses symbolische Netz ist beweglich. Wieviel funktional, wieviel ima-

---

33 Ebd., S. 216.
34 Ebd., S. 226.

ginär ist, bleibt im Fluss. Entfremdung finde dann statt, wenn sich die imaginären Fäden von den funktionalen lösten. Dabei gilt es zu bedenken, dass dieses Netz gesellschaftlich ›erwünscht‹ ist und verteidigt wird.[35] Es fänden zwei Loslösungen statt, einerseits löse sich das Imaginäre vom Funktionalen *und dadurch* andererseits die Institution von der Gesellschaft. Castoriadis denkt sich dabei eine ursprüngliche Einheit insofern, als sich die Gesellschaft um einen Gesamtsinn, ein zentrales Imaginäres, gruppiert. Aus der Gesellschaft muss eine bestimmte Institution entstehen, bzw. wird von ihr für ihr Funktionieren instituiert oder gesetzt. Sinn macht eine Einrichtung, die etwas organisiert, nur, wenn sie auf einen Zweck bezogen bleibt. Dieser Zweck wird als imaginärer Anteil in einer Institution bedeutsam. Werde dieses Imaginäre als unabänderliche, unverfügbare Bedeutung betrachtet, entfremde sich die Gesellschaft von ihren, das heißt ›selbst‹ eingerichteten, Institutionen.

Bei dieser gesellschaftlichen Einrichtung, stellt sich nun die Frage, wie sich die Gesellschaft einrichtet, wie sie sich organisieren kann. Dabei verschiebt sich der Fokus vom Instituierten zum Instituierenden. Das radikal Imaginäre sei die Voraussetzung dafür, dass etwas Neues entstehen könne, es sei »schöpferisches Tun«[36]. Die Athener hätten in der Antike – um ein für Castoriadis wichtiges Thema aufzugreifen – die Demokratie nicht entdeckt[37], sondern in ursprünglicher Weise erfunden.[38] Zwei Aspekte gilt es jeweils zu beachten: Erstens ist dieses gesellschaftliche Einrichten oder Tun, diese schaffende Praxis, nicht ungebunden – wie weiter oben erwähnt. Dies wird durch die geschichtlichen Hintergründe, die Natur und ein Mindestmaß an funktionaler Kohärenz begründet, denn »[k]eine Gesellschaft könnte existieren, ohne die Produktion ihres materiellen Lebens und ihre Reproduktion als Gesellschaft zu organisieren«[39]. In diesem Rahmen aber seien die Menschen frei: »Der Mensch überschreitet seine Definitionen stets wieder, weil er sie selbst *schafft*, indem er etwas schafft und damit auch *sich selbst* erschafft [...].«[40] Das bedeutet hier nichts weniger als *den* Menschen und die Menschen in der Gesellschaft.[41] Was hält nun eine Gesellschaft

---

35 Ebd., S. 186.
36 Ebd., S. 229.
37 Castoriadis: Philosophie, Demokratie, Poiesis, S. 19; 37.
38 Castoriadis: Gesellschaft als imaginäre Institution, S. 229.
39 Ebd., S. 250.
40 Ebd., S. 233.
41 Allerdings ist dies als Sammlung aller Bedeutungen in der Gesellschaft-Geschichte zu verstehen, die den Menschen bezeichnen und nicht als Substanzialisierung.

wie »unsichtbarer Zement«[42] zusammen? Castoriadis gelangt zu diesem Kitt über drei Fragen, die bisher angedeutet wurden:

1. Warum wurde gerade das aktuale oder auch vergangene Symbolsystem gewählt?
2. Welcher Sinn steckt hinter den Symbolen?[43]
3. Wie kann sich das Symbolsystem verselbständigen?

Die Antworten lassen sich kurz zusammenfassen. Sie führen unmittelbar zum Problemkern des Begriffes des Imaginären bei Castoriadis, zumindest die Beantwortung der ersten beiden. Auf die dritte Antwort wird im nächsten Kapitel genauer eingegangen.[44]

Erstens: Die Wahl eines bestimmten Symbolsystems einer Gesellschaft könne nicht erschöpfend geklärt werden. Es sei z.b. unklar, warum ein Stamm zwei Clans in ein »homologes Verhältnis zu dem Paar Falke / Krähe« setze.[45] Warum gerade diese zwei Vögel, um eine Verwandtschaftsbeziehung zu bezeichnen? Warum überhaupt diese zwei Arten? Dass aber in der Geschichte der Menschheit eine Unmenge von verschiedenen Ordnungen und insofern Symbolsystemen institutionalisiert wurde, um die Gesellschaft zu organisieren, ist unbestritten, warum aber ein bestimmtes Symbolsystem instituiert wurde, kann man nicht abschließend klären. An dieser Klippe bricht nicht nur unser Wille die Geschichte vollständig zu klären, sondern auch die Möglichkeit einen bestimmten Anfang einer Gesellschaft auszumachen.

Zweitens: Damit Bedeutungen mit Symbolen verbunden sein könnten, müssten sie sich auf »bedeutungstragende Strukturen« stützen.[46] Was ist diese Struktur, die laut Castoriadis Bedeutungen zwar stützt, aber nicht determiniert? Castoriadis antwortet mit zwei Beispielen: einerseits dem Ödipus-Mythos (Inzest-Verbot) und andererseits der von Claude Lévi-Strauss herausgearbeiteten Struktur des Rohen und Gekochten (Natur-Kultur-Dualismus). Diese Strukturmomente der Symbole verwiesen auf einen grundlegenden Sinn. Sei es nun, dass es um ein Verhältnis des Begehrens gehe, und damit verbunden das Inzestverbot, oder die Aneignung der Natur durch Garen oder Kochen. Eine Annäherung an eine

---

42 Ebd., S. 246.
43 Castoriadis spricht für gewöhnlich von Signifikaten und ihren Signifikanten, bzw. ihrer Verbindung. Er verwendet die Begriffe allgemein als Bedeutung / Sinn und Zeichen / Symbol, vgl. ebd., S. 200.
44 Vgl. 2.3 bzw. Kap. 3.
45 Ebd., S. 235.
46 Ebd., S. 236.

Institution, die auf einen solchen Sinn verweist, bildet das im 1. Kapitel beschriebene staatliche Gewaltmonopol. Gewalt ist nicht mehr gleich bezeichnet oder vorstellbar ohne diese gesellschaftliche imaginäre Bedeutung, sondern staatliche Gewalt erhält eine Bedeutung, die Erlaubtes von Unerlaubtem sondert und das Handeln entsprechend organisiert. Castoriadis verweist auf dieses organisierende Moment:

»Doch das Inzestverbot ist keine Geschmacksfrage, sondern ein Gesetz, das heißt eine Institution mit einer Bedeutung, ein Symbol, ein Mythos und eine normative Aussage mit einem Sinn, der eine Unzahl menschlicher Handlungen organisiert, eine Vorschrift, die mitten im Bereich des Möglichen eine Mauer zwischen Erlaubtem und Verbotenem zieht, einen Wert schafft und das gesamte Bedeutungssystem neu anordnet, insofern sie beispielsweise der Blutsverwandtschaft einen Bedeutungsinhalt zuweist, den sie ›zuvor‹ nicht hatte.«[47]

Insofern haben Institutionen des Inzestverbots eine strukturierende Wirkung. Aber nur als Ausdruck einer gesellschaftlichen imaginären Bedeutung wird das Ganze organisierbar: »Wir behaupten also, dass es Bedeutungen gibt, die von ihren Trägern – den Signifikanten – relativ unabhängig sind und die bei der Wahl und Anordnung dieser Signifikanten eine Rolle spielen. Diese Bedeutungen können sich auf *Wahrgenommenes*, *Rationales* und *Imaginäres* beziehen.«[48] Am Beispiel der Vorstellung von Gott, das Castoriadis aufgreift: Dieser sei mehr als ein Symbol, als dieses referiert der Name auf eine Bedeutung, die nicht auf etwas Wirkliches zugreift. Gott sei eine »zentrale *Bedeutung*«, auf die eine Unmenge von anderen Bedeutungen sich bezögen, die wiederum das Handeln und Denken der Menschen organisierten (Rituale, Gebete etc.).[49] Entsprechend ist diese Vorstellung *Gott* aber durchaus wirklich. Das Gewaltmonopol verdeutlicht dies ebenfalls – gerade indem es sehr wirksam ist: Es organisiert real das Handeln: »[W]ir brauchen wohl kaum hervorzuheben, daß das gesellschaftliche Imaginäre in unserem Sinne realer ist als das ›Reale‹.«[50] Es ist vermittelt durch Symbole bzw. ein Symbolsystem fassbar – vom Gummischrot zum Gesetzestext und zurück. Inwiefern dies mit der fraglichen Verselbständigung des Symbolsystems und damit der Heteronomie zu tun hat, wird noch aufzugreifen sein.[51]

---

47 Ebd., S. 239.
48 Ebd., S. 241. [Herv. i.O.]
49 Ebd. [Herv. i.O.]
50 Ebd., S. 242.
51 Vgl. dazu Abs. 3.1.

Bisher wurden die konzeptuellen Verstrickungen zwischen Symbol, Institution und Imaginärem erläutert. Castoriadis verwies immer wieder auf die Notwendigkeit, ein solches Imaginäres anzunehmen. Zuletzt stellt sich aber die Frage, wie es überhaupt zu diesem Sinn, diesem gesellschaftlichen Imaginären, kommt. Jede Gemeinschaft stelle sich Fragen, Fragen über sich. Wer sind wir? Was sind wir? Was wollen wir? etc.»Die Rolle der imaginären Bedeutungen liegt darin, eine Antwort auf solche Fragen zu liefern [...].«[52] Dass es sich hier nicht einfach um eine bewusste Entscheidung handelt oder handeln kann, sollte daraus klar geworden sein, dass sich die gesellschaftlichen imaginären Bedeutungen nicht einfach bestimmen lassen, sondern nur indirekt deutlich würden. Die imaginären Bedeutungen sind insofern keine Entscheidung für eine bestimmte Struktur – oder sehr selten –, sondern die Fragen ergeben sich viel eher, wenn bestimmte Antworten schon gegeben sind oder waren und wieder auftauchen: »Erst im *Tun* einer Gesellschaft erscheint die Antwort auf solche Fragen als verkörperter Sinn.«[53] Man ist Schweizer_in *und* das heißt ...? Man handelt – müsste es entsprechend eher heißen – schweizerisch. Was bedeutet der Begriff Nation oder Schweizer Nation? Wie erfüllt der Begriff Nation diese Aufgabe? Dieser Begriff ist in dreierlei Sinne imaginär: die gemeinsame Geschichte ist erstens vorbei, also *unwiederholbar*, zweitens, eine Ansammlung von wenigen Gemeinsamkeiten oder *Eigenschaften* (auch stereotyp: Schweizer_innen sind... neutral, tüchtig, sparsam, höflich, fremdenfeindlich, opportunistisch, stur etc.) und drittens, Nation werde als *real* akzeptiert, obwohl sie eigentlich mythisch sei.[54] Wenn dies imaginär ist, was ist dann wirklich? Gibt es eine Wirklichkeit hinter dem Realen? Castoriadis weist auf zwei Dimensionen hin: einerseits die Anlehnung [*étayage*][55] an Begebenheiten, die er »primäre natürliche Schicht«[56] bzw. »la première strate naturelle«[57] nennt, andererseits die »gesellschaftliche ›Realität‹«.[58] Die Anlehnung sei hier nur kurz angedeutet: Es geht darum, dass instituierte imaginäre Bedeutungen nicht jenseits jeglicher Bezugnahme sind. Sie lehnen sich an eine natürliche Schicht an, die jeweils eine identitätslogische und mengentheoretische Strukturierung nahelegte. Trotz dieser Anlehnung an eine natürliche Schicht wird diese wiederum durch die Instituierung historisch kon-

---

52 Ebd., S. 252.
53 Ebd. [Herv. i.O.]
54 Ebd., S. 254.
55 Castoriadis: Domaines de l'homme, S. 228. [Herv. i.O.]
56 Castoriadis: Gesellschaft als imaginäre Institution, S. 580.
57 Castoriadis : L'Institution imaginaire de la société, S. 474.
58 Castoriadis: Gesellschaft als imaginäre Institution, S. 582.

tingenter Bedeutungen ausgelegt und erst sichtbar. Man kann sagen, dass sich Institutionen und gesellschaftliche imaginäre Bedeutungen aus zwei Dimensionen zusammenfügen, die wie zwei Seiten derselben Münze nicht getrennt werden können. Einerseits das, was als logisch Fassbares zur Welt zählt und andererseits jenes, was diese Welt als Imaginäres bedeutet.

»Die Institution der Gesellschaft und die sich in ihr verkörpernden gesellschaftlichen imaginären Bedeutungen entfalten sich immer entlang zweier untrennbarer Dimensionen: der Mengen- und Identitäts(›logischen‹) Dimension und der im eigentlichen Sinne imaginären Dimension. In der mengen- und identitätslogischen Dimension operiert (›handelt‹ und ›denkt‹) die Gesellschaft mit (Hilfe von) ›Elementen‹, ›Klassen‹, ›Eigenschaften‹ und ›Relationen‹, die als *bestimmt* und *wohlunterschieden* gesetzt sind. [...] Aus Sicht dieser Dimension gilt: Sein *ist* Bestimmt-sein. In der eigentlich imaginären Dimension gilt: Sein *ist* Bedeutung. Bedeutungen können *identifiziert* werden, sind aber nicht bestimmt.«[59]

Während die Gesellschaft logisch betrachtet, sich ordnen und definieren lasse, bleibt ihre Bedeutung Sache des Imaginären. Alle Ordnung hat Sinn. Der Sinn wird ihr vorausgehen müssen, um überhaupt zur Ordnung zu kommen – in Ordnung zu *sein*. Wie die Welt geordnet werden soll, legt sich mit Bezug auf die Anlehnung vielleicht nahe, aber warum gerade – ein bereits genanntes Beispiel – Falke und Krähe ein Clan-Verhältnis anzeigen, ist damit nicht erklärt. Erst durch die Sphäre des Imaginären, kommt etwas *zur* Welt. Castoriadis erläutert eine wechselseitige Verweisung: gesellschaftliche Tatsachen oder Dinge *sind* durch ihre Bedeutung, die Bedeutung selbst verwirklicht sich nur in den Dingen oder Tatsachen, Taten (Objekten, Individuen, Verhältnissen, etc., wobei es nicht bloß um Referenz geht). »Die Individuen und Dinge, in denen sie [die gesellschaftlichen imaginären Bedeutungen; nc] sich ›äußern‹, sind dabei konkrete Entitäten *und zugleich* Fälle oder Exemplare von Typen (*eide*); daß sie überhaupt sind und das sind, was sie sind, verdanken sie erst jenen Bedeutungen.«[60] Oder auch: »Daß gesellschaftliche imaginäre Bedeutungen instituiert sind [...], heißt auch, daß diese Bedeutungen in der und durch die Wirklichkeit der Individuen, Handlungen und Gegenstände, in denen sie sich ›äußern‹, gegenwärtig werden und

---

59 Castoriadis: Das imaginäre Element und die menschliche Schöpfung, S. 34. [Herv. i.O.]
60 Castoriadis: Gesellschaft als imaginäre Institution, S. 582. [Herv. i.O.]

Gestalt annehmen.«[61] Ein diesbezüglich bereits genanntes Beispiel: Der Reisepass hat als Papier keinen Sinn, referiert als Symbol aber auf einen ›physischen‹ politischen Sinn; erst dann werden es Pap*ier*e. Er hat somit auch eine identifikatorische Relevanz, die mit Anerkennung von Rechten, d.h. Handlungsmöglichkeiten und Handeln, unmittelbar verbunden ist. Die Wechselseitigkeit ist dabei zentral für das Verständnis dessen, was Castoriadis gesellschaftliche imaginäre Bedeutung nennt. Jede und jeder wird insofern nicht nur als einzelner Mensch bzw. Bürger_in bezeichnet, sondern als bestimmtes Exemplar eines Typus: ein positiv konnotierter Stereotyp wäre ›ein_e fleissige_r Schweizer_in‹ oder umgekehrt pejorativ ›nur ein_e Papierli-Schwiizer_in‹.[62] Diese Vorstellung einer Bedeutung *gerinnt* erst in jeder und jedem zur Wirklichkeit. Es geht insofern nicht nur um eine Performanz. Castoriadis geht weiter, indem er die Verwirklichung nicht nur vom Tun, sondern selbst wieder von der Bedeutung dieses Tuns – oder vielmehr seinen imaginären Implikationen, die realiter werden – abhängig macht. Bedeutung im Sinne nicht nur einer Interpretation, sondern indem das Tun selbst Bedeutung *ist* und *produziert* bzw. reproduziert. Es trägt nicht nur im Sinne einer Performancetheorie Bedeutungen, sondern Handlungen gebären sich aus einer imaginären Bedeutung und schlagen zurück in diese, ohne dass sie jemals von diesen gelöst erscheinen. Also sind Handlungen imaginär bedeutsam, stellen realiter erst imaginäre Bedeutungen dar und her. Castoriadis verdeutlicht das folgendermaßen: »Die Schwierigkeit und sogar Unmöglichkeit liegt vielmehr darin, daß sich nicht von einem Tag auf den anderen und auch nicht im Zeitraum einiger Jahre ›kapitalistische Menschen‹ – Kapitalisten ebenso wie Proletarier – gesellschaftlich *hervorbringen* lassen.«[63] Gesellschaftliche imaginäre Bedeutungen sind träge, sind durch die Institutionalisierung gar persistent. Es lassen sich eben keine Menschen produzieren, die aus der Revolutionsmaschine fertig gestampft bereit sind für eine neue Institution. Damit ist auch die Möglichkeit historischer Veränderung bereits angesprochen.[64] Gesellschaftliche Ver-

---

61 Ebd., S. 583.
62 Womit eingebürgerte ›unechte‹ Schweizer_innen gemeint sind; eben nur auf dem Papier.
63 Ebd., S. 586. [Herv. i.O.]
64 Von einem *Primat der Praxis* zu sprechen, macht überhaupt keinen Sinn, genauso wenig wie die Auffassung Theorie und Praxis voneinander zu scheiden. Die begriffliche Verschränkung von Praxis als permanente Verwirklichung der imaginären Bedeutungen bedeutet, dass von einer einfachen Autonomie eines Subjekts gar nicht die Rede sein kann. Diese Autonomie ist zwar nicht verloren, aber sie muss immer wieder entgegen der jeweils einverleibten (d.h. instituierten) gesellschaftlichen imaginären

änderung im Sinne von Castoriadis vollzieht sich also nicht nur äußerlich anhand der Institutionen, sondern in jedem Individuum, das durch sich eine andere Institution denkbar werden lässt.[65]

2.1.3 Instituierte und instituierende Gesellschaft

»Das Innere der Gesellschaft wird ihr selbst äußerlich, und insofern das eine Selbstrelativierung der Gesellschaft bedeutet, ist die faktische und praktische Distanzierung und Kritik des Instituierten ein erster Schritt zur Autonomie, ein erster Riß im (instituierten) Imaginären.«[66]

Damit können wir auf den Anfang des Abschnitts zurückkommen: Das Imaginäre heißt gerade nicht mehr bloß etwas Erfundenes, Eingebildetes oder etwas Vorgestelltes – ein Bild. Hinter den Symbolen stehen imaginäre Bedeutungen, die als gesellschaftliche, das heißt gemeinsame Referenz, dem Handeln Bedeutung verleihen und das Zusammenleben organisieren. »Denn in der Praxis und im Tun der betreffenden Gesellschaft wirkt diese Schöpfung als sinnstiftende Organisation des menschlichen Verhaltens und der gesellschaftlichen Beziehungen [...].«[67] Obwohl die Praxis bzw. das Tun darauf deuten, steht eine wirkende Schöpfung hinter den Kulissen. Eine bestimmte Vorstellung organisiere das menschliche Handeln. Insofern muss man den Begriff der Gesellschaft-

---

Bedeutungen und damit der gegenwärtigen Institution zurückgewonnen werden. Dieses Zurückgewinnen ist allerdings ein nicht abschließbares Verfahren. Autonomes Handeln ist zudem kein individuell erreichbares Tun, sondern lediglich als gesellschaftlich *sinnvolles* Unterfangen denkbar. Inwiefern gemeinsames Handeln noch möglich ist, zeigt Castoriadis aber nur in Ansätzen. Vgl. dazu Castoriadis: Vom Sozialismus zur autonomen Gesellschaft bzw. Abs. 3.2 und Kap. 5 dieser Arbeit.

65 Das könnte man mit Kants Antwort auf die Frage »Was ist Aufklärung?« formulieren: »Daher kann ein Publikum nur langsam zur Aufklärung gelangen. Durch eine Revolution wird vielleicht wohl ein Abfall von persönlichem Despotismus und gewinnsüchtiger oder herrschsüchtiger Bedrückung, aber niemals wahre Reform der Denkungsart zustande kommen; sondern neue Vorurteile werden ebensowohl als die alten zum Leitbande des gedankenlosen großen Haufens dienen.« Kant, Immanuel: »Was ist Aufklärung?« in: Erhard Bahr (Hg.), *Was ist Aufklärung? Kant, Erhard, Hamann, Herder, Lessing, Mendelssohn, Riem, Schiller, Wieland*, Stuttgart: Reclam 1996, S. 9-17, hier S. 10f.
66 Castoriadis: Gesellschaft als imaginäre Institution, S. 267.
67 Ebd., S. 243.

Geschichte noch präzisieren. Er bezeichnet als hergekommenes instituiertes Imaginäres jenes intersubjektive Netz, das alle bindet und verbindet. Castoriadis nennt es »das anonyme Kollektiv, das Unpersönlich-Menschliche, das jede Gesellschaftsformation ausfüllt und umfaßt [...]«[68]. Gesellschaft-Geschichte bedeutet Strukturen, Institutionen, Werke und ihre ständige Verwirklichung, das was Castoriadis auf gesellschaftlicher Ebene die *instituierende und instituierte Gesellschaft* nennt.[69]

»Wer oder was gibt die Zielrichtung vor, ohne die die Funktionalität der Institutionen und der gesellschaftlichen Prozesse im Unbestimmten bliebe? Wer oder was wählt unter den unendlich vielen Möglichkeiten symbolischer Strukturen *dasjenige* Symbolsystem aus, das in einer Gesellschaft gilt? [...] Eine Gesellschaft ohne einen einigenden Faktor, der ihr einen Bedeutungsgehalt liefert und diesen mit den symbolischen Strukturen verknüpft, ist für uns undenkbar.«[70]

Was hat *Sinn* in einer Gesellschaft? Ein Sinn, der historisch mehr oder minder kontingent für eine Gesellschaft teilweise von ihr selbst gesetzt wurde. Das radikal Imaginäre brachte und bringt verschiedenste Antworten auf diese Fragen hervor. Die Schwierigkeit aus der auch Castoriadis nicht entkommt, ist seine Geschichtlichkeit. Er nennt sie ein Paradox, eine Antinomie. Bei der Untersuchung werde aus der historisch, geografisch, kulturell relativen Position beschrieben. Und dennoch:

»Was der spekulativen Vernunft als unüberwindliche Antinomie erscheint, bekommt gleich einen anderen Sinn, wenn man die Geschichtsbetrachtung in den Rahmen *unseres* Entwurfs einer theoretischen Aufklärung der Welt, insbesondere der menschlichen, stellt; wenn man darin einen Teil unseres Versuchs sieht, die Welt zu interpretieren, *um* sie zu verändern.«[71]

Gerade deshalb: die Gesellschaft-Geschichte bleibt im Fluss und muss es bleiben: »Es gibt keinen ›eigentlichen Sinn‹.«[72] Sinn als Bezeichnetes deutet auf einen unsichtbaren, jedoch niemals trocknenden Zement: das *Magma*, aus dem gesellschaftliche imaginäre Bedeutungen geschöpft werden. Dieses Magma als un-

---

68 Ebd., S. 184.
69 Ebd., S. 184f.
70 Ebd., S. 274f. [Herv. i.O.]
71 Ebd., S. 281. [Herv. i.O.]
72 Ebd., S. 571.

versiegbarer Quell neuer Bedeutungen, die institutionalisiert werden können, bleibt allerdings dunkel. Es drängt als Residuum, ohne genauer bezeichnet werden zu können, da die Bezeichnung durch Symbole und einen geronnenen Sinn dem, was Magma ›ist‹, entgegensteht. Aus diesem Magma von möglichen (einzelnen) Bedeutungen schöpft das radikal Imaginäre jeweils Sinn – sei es als radikale Imagination einer Psyche oder viel eher als anonymes Kollektiv der instituierenden Gesellschaft-Geschichte.[73]

»Ein Magma ist etwas, dem sich mengenlogische Organisationen unbegrenzt entnehmen lassen (oder: worin sich solche Organisationen unbegrenzt konstruieren lassen), das sich aber niemals durch eine endliche oder unendliche Folge mengentheoretischer Zusammenfassungen (ideell) zurückgewinnen läßt.«[74]

Entsprechend hat dieses Magma auch eine transzendentale Bedeutung. Das heißt, es bezeichnet eine Bedingung gesellschaftlicher Sinnstiftung wie auch das radikal Imaginäre. Insofern ist das Magma Residuum / Reservoir, während das radikal Imaginäre die schaffende Kraft ist, die aus dem Magma schöpft, zugleich aber ebenso transzendental zu verstehen ist. Auf letzteren Aspekt wird noch eingegangen.[75]

Was steckt dahinter? Luhmann antwortete darauf: »Gar nichts!«[76] Castoriadis meint, dass es etwas dahinter gibt: die gesellschaftlichen imaginären Bedeutungen, die aus dem Magma geschöpft, in den Institutionen das soziale Gefüge hervorbringen und verkörpern. Was bedeuten, um diese Frage zu wiederholen, imaginäre Institutionen in diesem Horizont? Sie bedeuten für Castoriadis einerseits, dass diese imaginären Institutionen nicht bestimmten (rationalen oder realen) Elementen entsprechen und andererseits, dass diese geschöpft sind.[77] Sozial

---

73 Dieses Magma trägt die Muttermale des Castoriad'schen Werdegangs: Erstens eine Bedeutung eines Seins, das unverfügbar bleibt, dem das Denken nicht abschließend beikommt. Dies wiederum verdeutlicht psychoanalytische Anleihen: ein *Es* oder Unbewusstes seit Freud.

74 Castoriadis: Gesellschaft als imaginäre Institution, S. 564.

75 Vgl. 3.2.

76 Luhmann, Niklas: »›Was ist der Fall?‹ und ›Was steckt dahinter?‹ Die zwei Soziologien und die Gesellschaftstheorie«, in: *Zeitschrift für Soziologie* 22.4 (August 1993), S. 245-260, hier S. 259.

77 »Die Idee hingegen, dass es ›Stätten‹ schöpferischen Vermögens in jedem menschlichen Kollektiv gibt, genauer gesagt, dass jedes menschliche Kollektiv eine solche

sind diese imaginären Bedeutungen deshalb, da sie als instituierte und im Kollektiv geteilte, d.h. vorausgesetzte, *unpersönlich* und *anonym* sind. Das verdeutlicht der Begriff Magma. Keine Einzelperson, keine Gruppe bringt die Bedeutungen einer Gesellschaft einfach hervor bzw. nur in seltenen Ausnahmefällen.[78]

»Wir müssen erkennen, dass das gesellschaftlich-geschichtliche Feld nicht auf die traditionellen Seinsarten reduzierbar ist und dass wir hier die Werke, die Schöpfung dessen sehen, was ich das *gesellschaftliche Imaginäre* oder die *instituierende Gesellschaft* (im Gegensatz zur instituierten Gesellschaft) nenne [...]«[79]

Diese schöpfende ›Instanz‹ ist eigentlich nicht zu benennen oder zu bezeichnen. Es handelt sich um eine Bedingung der Möglichkeit. Damit hängt wiederum die Schließung oder Kohärenz einer Gesellschaft zusammen. Jede Gesellschaft schöpfe ihre eigene Welt. Diese Welt sei auf eine bestimmte Weise organisiert, die als richtig und wahr empfunden wird. Diese Organisationsweise orientiert sich daran, was richtig ist, was nicht und was überhaupt nennenswert ist. Wie die Welt gesehen wird, äußert sich in den jeweiligen Institutionen: »Jede Gesellschaft [...] *errichtet, schöpft ihre eigene Welt*, in die sie natürlich ›sich selbst‹ einschließt [...]. Jede Gesellschaft *ist* ein System der Weltinterpretation [...]. Jede Gesellschaft ist der Aufbau, die Gestaltung, die Schöpfung einer Welt, ihrer eigenen Welt.«[80] Diese eigene, die im Original »*propre monde*«[81] nicht nur eigen, als Eigenschaft, sondern auch sauber, richtig, korrekt andeutet, bringt zum Ausdruck, wie die Welt ›eigentlich‹ ist. Die Interpretation geht in ihrem Anspruch weiter. Sie ist nicht nur eine Interpretation, sie ist für die jeweilige Gesellschaft Wahrheit, die Interpretation.[82] Was bringt aber neue Formen oder Institutionen in einer Gesellschaft hervor?[83] Die Antwort auf die Frage ist einfach, bleibt aber

---

Stätte ist [...].« Castoriadis: Das imaginäre Element und die menschliche Schöpfung, S. 329.
78 Castoriadis: Gesellschaft als imaginäre Institution, S. 248f.
79 Castoriadis: Das imaginäre Element und die menschliche Schöpfung, S. 31. [Herv. i.O.]
80 Ebd., S. 31f. [Herv. i.O.]
81 Castoriadis: Domaines de l'homme, S. 226. [Herv. i.O.]
82 Insofern wird zu zeigen sein, wieso Castoriadis' Konzept nicht bloß als weitere Interpretation der Welt zu verstehen ist. Vgl. Abs. 3.2.
83 Dass Castoriadis hier eine fundamentale Differenz einführt zwischen Code und Langue (Sprache) überrascht insofern nicht, als diese Aufteilung sich am Konzept der Mengen- und Identitätslogik einerseits und dem Imaginären andererseits orientiert.

dennoch undeutlich allgemein: Die Gesellschaft bringt sich selbst hervor und entwickelt sich in der Geschichte. Castoriadis nennt es »autocréation«[84] bzw. »Selbstschöpfung«[85]. Was bringt sie aus sich hervor? Einerseits neue ontologische Typen und Entitäten einer bestimmten Ordnung und andererseits eine Materialisierung in Formen, die eine eigene Kreation hin zu einer andere Institution angibt (»ein neues *eidos* von Gesellschaft«[86]). Welche Rolle spielt die Interpretation? Da jede Gesellschaft und ihre Bedeutungen geschlossen sind bzw. einer Schließung oder Geschlossenheit[87] [clôture][88] folgen, stellt sich die Frage, wie überhaupt verstanden werden kann, was gesellschaftliche imaginäre Bedeutung in vergangenen Gesellschaften für einen Sinn machten? Es kann – ganz einfach – im strikten Sinne nicht verstanden werden. Interpretation meint bei Castoriadis Auslegung aus dem eigenen Erfahrungshorizont: »*[D]as Alte geht in der Bedeutung in das Neue ein, die das Neue ihm gibt und könnte es auf keinem anderen Wege.*«[89] Das bedeutet, dass natürlich kein Sinn als ursprünglicher Sinn zugänglich ist. Bedingt durch die veränderten gesellschaftlichen imaginären Bedeutungen können wir eine solche ursprüngliche Bedeutung nicht erreichen. Insofern handelt es sich bei einer vergangenen Gesellschaft um eine ebenso fremde wie bei einer zeitgleich existierenden, (nicht notwendig) geografisch anderswo liegenden Gesellschaft.

Wo reißt das instituierte Imaginäre auf, wo wird eine andere Institution, ein anderes Imaginäres einsetzbar? Anders gefragt: Wie kommt Castoriadis von der instituierten zur instituierenden Gesellschaft? Den vermeintlichen Selbstwiderspruch, der eigenen Geschichtlichkeit, bricht Castoriadis, indem er die eigene Position relativ betrachtet, ohne sich in einem Selbstwiderspruch zu verfangen. Indem man diese Relativität durch Geschichte, Psychoanalyse und Ethnologie beispielhaft vor Augen hat, werde die eigene Position nicht nur relativ, sie werde veränderbar. Wenn er sich also in die Erhellung der Geschichte und anderer Kulturen oder Ethnien begibt, ist es ein Projekt einer dreifachen Aufhebung. Die eigene Position wird reflektiert, relativiert und dadurch verändert bzw. veränderbar. Castoriadis will also aufklären, auch in einem psychoanalytischen Verständnis: eine Kur, Erkenntnis als Ausgang aus der Neurose und – Unmündigkeit. Es

---

84 Castoriadis: Domaines de l'homme, S. 232.
85 Castoriadis: Das imaginäre Element und die menschliche Schöpfung, S. 37.
86 Ebd., S. 36.
87 Ebd., S. 31.
88 Castoriadis: Domaines de l'homme, S. 226.
89 Castoriadis: Das imaginäre Element und die menschliche Schöpfung, S. 38. [Herv. i.O.]

geht dabei aber nicht um eine Invasion der Vernunft. Es geht um eine andere Art der *Dialektik der Aufklärung*. Castoriadis sucht eine Aufklärung, die reflexiv und autonom, nicht autoritär oder gar totalitär ist.[90] Darauf wird mit Bezug auf die Autonomie zurückgekommen.[91] Pate stehen ihm zwei Erfindungen, zwei außergewöhnliche Schöpfungen in der Gesellschaft-Geschichte: Einerseits sei das die griechische *polis* und mit ihr die Demokratie und andererseits die *Philosophie*. Außergewöhnlich deshalb, da sie dieser gesellschaftlichen Schließung ihres jeweiligen Bedeutungshorizontes eine Öffnung durch Autonomie entgegensetzt:

»[D]ie Autonomie nicht als *Schließung*, sondern als *Öffnung*. [...] Erstmals in der Geschichte der Menschheit, des Lebens und, soweit wir wissen, des Universums, haben wir es mit einem Sein zu tun, das offen sein eigenes Existenzgesetz, seine eigene bestehende Ordnung in Frage stellt.«[92]

Das heißt, es geht um die explizite Selbstsetzung oder auch: sich der eigenen Kontingenz bewusst zu werden. Nicht mehr eine Schließung der Gesellschaft, die sich für die einzig wahre hält, sondern eine Gesellschaft, die sich als selbstgesetzte reflektiert, rückt damit in den Vordergrund. Eine Gesellschaft, die es schafft, sich in den eigenen kontingenten Institutionen zu reflektieren, wird einem bestimmten Anspruch der Aufklärung im Sinne Castoriadis' gerecht.[93] Sie

---

90 Adorno, Theodor W. / Horkheimer, Max: *Dialektik der Aufklärung*. Philosophische Fragmente, Frankfurt am Main: S. Fischer 1988, S. 12.
91 Vgl. Abs. 3.2.
92 Castoriadis: Das imaginäre Element und die menschliche Schöpfung, S. 42. [Herv. i.O.]
93 Obwohl die gewissermaßen öffentliche Reflexion bei Castoriadis eine griechisch-abendländische Besonderheit darstellt, bleibt diese Reflexivität nicht daran und zudem an die Schriftlichkeit gebunden: »In dieses kühle Bad gehören auch die fixen Ideen zur Verbindlichkeit kollektiver, religiöser Vorstellungen bei den Eingeborenen. Daß es sie gibt und daß sie in weitem Sinne verbindlich sind, bleibt unbestritten. Doch selbst die verbindlichsten kollektiven Vorstellungen werden einer vielgestaltigen, individuellen ad-hoc-Exegese unterworfen. Ein jeder legt sich den Glauben auf seine Weise aus, und es ist für die Wahrhaftigkeit von Nutzen, wenn der Forscher dieses Spektrum in seine Deskriptionen hinüberrettet. So erlebte ich einmal, daß ein führender Kopf unter den Schamanen der Magar, nachdem er mir über Stunden das Reinkarnationsprinzip seiner Zunft mit viel Überzeugungswillen dargelegt hatte, seine Ausführungen mit dem Satz beendete: ›Alles Quatsch! Wenn ich tot bin, bin ich tot, und

gewinnt eine Macht zurück, die ihr auf- oder eingeprägten gesellschaftlichen imaginären Bedeutungen neu zu ordnen. Kurz: Sie gewinnt den Zugang zur Autonomie.[94] Damit hängt nun auch der Begriff der Praxis zusammen. Diese Praxis sei mit der Theorie vereinigt oder zumindest verbunden. Praxis sei jenes Handeln, worin jeweils die anderen als autonome Wesen anerkannt würden und zwar insofern sie notwendig seien für die Entfaltung der eigenen Autonomie.[95] »Praxis nennen wir dasjenige Handeln, worin der oder die anderen als autonome Wesen angesehen und als wesentlicher Faktor bei der Entfaltung ihrer eigenen Autonomie betrachtet werden.«[96] Zentrum dieses Tuns ist also die Beförderung der Autonomie der anderen. Praxis ist nicht bloß eine Wirkungsweise von Zweck und dem entsprechenden Mittel wie ihn eine Technik gebietet. Die Autonomie wirkt in der Praxis und durch ihr Tun auf sich zurück. Folglich sind beide miteinander verquickt. Das Ziel ist die Veränderung der Gesellschaft in eine andere, die ihrer Organisation nach auf die Autonomie aller gerichtet ist.[97] Und dabei wird deutlich: Praxis hat durch die angestrebte Autonomie einen normativen Gehalt. Natürlich geht diese Veränderung vom autonomen Handeln der gegenwärtigen von dieser Gesellschaft ausgebildeten und geprägten Menschen aus. Das Ziel ist aber, aus dieser symbolischen Ordnung heraus die Abhängigkeit von einem fremden Gesetz zu reflektieren und zu verändern. Castoriadis erläuterte dies bereits beispielhaft in Aufsätzen der Zeitschrift *Socialisme ou Barbarie* anhand der Arbeiterkontrolle – oder wie er es später nennt, der *kollektiven Verwaltung*[98] bzw. *Kollektivverwaltung*.[99] Die Praxis setzt, Castoriadis deutet mit seinem Begriff des revolutionären Entwurfs darauf hin, beim Bestehenden an, soll aber darüber hinausgehen, indem damit ein Ausgangspunkt für strukturelle Verände-

---

damit basta««, Oppitz, Michael: *Wohin treibt die Ethnologie einen, der sie ausübt?* Zürich: Völkerkundemuseum Zürich 1993, S. 30f.

94 Castoriadis, Cornelius: »Die griechische *polis* und die Schaffung der Demokratie«, in: Ulrich Rödel (Hg.), *Autonome Gesellschaft und libertäre Demokratie*, Frankfurt am Main: Suhrkamp 1990, S. 298-328; auch Castoriadis: Philosophie, Demokratie, Poiesis, S. 17-68.

95 Castoriadis: Gesellschaft als imaginäre Institution, S. 128.

96 Ebd.

97 Ebd., S. 134.

98 Castoriadis, Cornelius: »Sozialismus und autonome Gesellschaft«, in: Ulrich Rödel (Hg.), *Autonome Gesellschaft und libertäre Demokratie*, Frankfurt am Main: Suhrkamp 1990, S. 329-257, hier S. 340. [Herv. i.O.]

99 Castoriadis: Vom Sozialismus zur autonomen Gesellschaft, Bd. 2.2, S. 200. [Herv. i.O.]

rungen der Gesellschaft angegeben ist – und insofern neue Institutionen denk- und praktizierbar werden. »Praxis hingegen gibt es nur, wenn ihr Gegenstand seinem Wesen nach jeden Abschluß überschreitet und wenn sie selbst in einem ständigen sich wandelnden Verhältnis zu diesem Objekt steht.«[100] Dass Castoriadis die antike *polis* ideal setze, scheint insofern übertrieben.[101] Sie ist für ihn zwar ein außergewöhnliches Beispiel der ersten dokumentierten selbstsetzenden Gesellschaft. Das bedeutet allerdings nicht, dass sie ideal im eigentlichen Wortsinne ist oder auch nur als Vorbild fungiert.[102] Es ist nicht zu leugnen, dass mit der antiken *polis* eine Institution auftauchte, die offenbar ein Novum war. Sie ist kein Ideal, sondern historisches Faktum. Sie lässt das Konzept von Castoriadis – das allerdings ist richtig – überhaupt erst denkbar werden, wenn er von Autonomie spricht. Denn nur die reflexive Institution einer kritischen Selbstgesetzgebung lässt dies zu. Damit ist der von Kelbel behauptete Charakter eines transhistorischen Ideals bloß seine konzeptuelle Kurzsichtigkeit.[103] Castoriadis deshalb ein transhistorischen Ideal vorzuwerfen, wenn er Beispiele in der Geschichte für seinen Entwurf einer politischen Philosophie aufsucht, verkürzt den Blick und beachtet zu wenig das Konzept. Dies scheint nur deshalb als Vorwurf aufzutauchen, weil Castoriadis eine vermeintlich relativistische Position einnimmt, wenn er eine Gesellschaft als historisch kontingent bezeichnet. Ihm ein transhistorisches Ideal vorzuwerfen, wirkt dann wie Gift. Jedoch verfehlt es seine Wirkung, da Castoriadis' Konzept als Theorie der Gesellschaft eine Reflexion über die Bedingungen der Möglichkeiten Gesellschaft – oder genauer: Gesellschaftlichkeit – zu (über)denken, einschließt. Kritik an Castoriadis' Konzept müsste viel eher da ansetzen und den transzendentalen Charakter des von ihm angenommenen Imaginären aufgreifen. Zuletzt stellt sich darüber hinaus die Frage, die Castoriadis ständig beschäftigt, welche Bedingungen gegeben sein müssten, damit so etwas wie Autonomie denkbar und normativ notwendig wird. Dieser aufklärerische Anspruch bleibt allerdings. Zuletzt kommt ein wenigstens erwähnenswerter Bezug hinzu: das zeitgleiche Auftauchen der Philosophie in der antiken *polis*. Diese Zweisamkeit sei kein Zufall. Es handelt sich um eine strukturelle Gemeinsamkeit der damals – wenn man sich der Terminologie von Castoriadis bedient –

---

100 Castoriadis: Gesellschaft als imaginäre Institution, S. 153.
101 Kelbel, Peter: *Praxis und Versachlichung. Konzeptionen kritischer Sozialphilosophie bei Jürgen Habermas, Cornelius Castoriadis und Jean-Paul Sartre*, Hamburg: Philo & Philo Fine Arts / EVA Europäische Verlagsanstalt 2005, S. 270.
102 Castoriadis: Autonomie oder Barbarei, S. 70.
103 Kelbel: Praxis und Versachlichung, S. 270.

gesellschaftlich instituierten imaginären Bedeutungen. Insofern sind die historischen Beispiele allerdings heuristisch.

Rückblick – staatliches Gewaltmonopol

Es zeigte sich bereits zu Beginn des 1. Kapitels, dass mit dem Eid unter der Fahne eine Bedeutung zeichenhaft vorstellig wird, die über das bloß funktionale einer Fahne – ein Sammelpunkt zu sein – hinausgeht. Das Symbol auf Stoff, blauweiß und mit Eidesschwur in gestickten Lettern, verweist auf einen Sinn, ein zunächst peripheres Imaginäres (»Wir geloben der Regierung des Kantons Zürich Treue und Gehorsam zu leisten«), weiter einen gesellschaftlich relevanten Sinn. Dieser Sinn ist die Aufgabe der Kantonspolizei, die Sicherheit, allgemeiner: der Frieden, die Friedenssicherung. Eine sehr einsichtige, hehre – vielleicht allzu trocken formulierte, sehr funktionale Aufgabe: den Erhalt der Gesellschaft. Um diese Aufgabe erfüllen zu können, darf geschossen werden: meist nur Gummi (im Jargon der Polizei: Gömmer go Gümmele!), manchmal scharf. Auch der Stock hält, was er verspricht: Unter ihm wird alles weich. Wie im wahren Märchen heißt es da: Knüppel aus dem Sack! Und die unsichtbare Hand, die den Knüppel führt, ist real, wenn sie auch nicht Kraft ihrer selbst schwingt, sondern wie von Geisterhand, Imaginäres herbeizitiert. Dieses Zitat ist der Ruf des Rechts, einem Symbolsystem, einem aktual Imaginären. Es ist zunächst festgeschrieben im Gesetz – der Ruf ist lauter, da rechtens. Wer nicht hört, gehorcht, ist im Unrecht. So steht es geschrieben und es wurde deutlich, dass dies Recht ist, weil es so vom Souverän gesetzte Institution wurde. Der Souverän – meistens das Volk – hat sich die Verfassung, die Gesetze oder wenigstens die Repräsentant_innen gegeben. Und es hat damit ein Gesicht, einen Staat und seine Gewalt erhalten und erhält sie immer wieder. Aber nicht mehr nur. Viel eher verwirklicht der Staat nun den Sinn: sich selber. Der Staat ist keine Institution einer autonomen Praxis – als Gesamtkomplex der instituierten Gesetze kann er nicht wieder in Frage gestellt werden. Dies zeigte die historische Entstehung des Staates, der sich seit dem ausgehenden Spätmittelalter, der Entwicklung der Waffentechnik, dem 30-Jährigen Krieg und den stehenden Heeren ergab. Günstig, dass die Tradition des Gesellschaftsvertrages eine Begründung des staatlichen Gewaltmonopols bereitstellte, die so einsichtig, so zweckrational ist, dass sie alle, die einigermaßen bei Verstand sind, überzeugen muss. Günstig auch, dass damit die Institution des herrschenden Gewaltmonopols nicht nur die Gesellschaft schützt, sondern sich qua Institution sichert. Wer aber gegenüber dieser Institution aufmuckt, dem droht – fast noch schlimmer als der Zeigefinger des Knüppels, der gepfefferten Ladung Gummi – das einsichtige, das disziplinierende Wort: Wer es nicht versteht, der muss von Sinnen sein.

2.2 Imaginäres II – Institution und Subjekt

Um die Bedeutung des Imaginären ermessen zu können, ist eine bestimmte Beziehung wichtig, nämlich zwischen radikal Imaginärem als Vermögen und den gesellschaftlichen imaginären Bedeutungen. Das Vermögen des radikalen Imaginären, das, wie erläutert wurde, die Instituierung von Bedeutungen in der Gesellschaft ermöglicht, ist zugleich von Beginn weg konfrontiert mit einer institutionellen Beschränkung: den vorhandenen gesellschaftlichen imaginären Bedeutungen. Subjekt als Begriff ist selbst eine gesellschaftliche imaginäre Bedeutung. Worum es geht, ist, wie handlungsfähige Individuen aus gesellschaftlichen institutionalisierten Bedeutungen hervorgehen, welche die gesellschaftlichen imaginären Bedeutungen wiederum ändern können. Es wird deutlicher gezeigt werden müssen, dass hier eine Verschränkung hervortritt: dank der imaginären Institution der Gesellschaft ist das Individuum erst denkbar – ist es sich selbst erst denkbar. Wie soll es aus dieser Verstrickung herausfinden? Das radikal Imaginäre drücke sich auf zwei Ebenen aus: der Psyche als radikale Imagination und als gesellschaftlich Imaginäres in der Gesellschaft-Geschichte. Diese Verschränkung wird im Folgenden fokussiert.

2.2.1 Von der radikalen Imagination zur Sozialisation

Im nächsten Abschnitt wird der Vorgang der Sozialisation, der Entstehung von gesellschaftlichen Individuen im Sinne von Castoriadis untersucht. Der Ausgangspunkt ist die Psyche: »Diese psychische Realität besteht wesenhaft aus Vorstellungen.«[104] Vorstellung sei überhaupt das Primat, noch vor einem Denkprozess, der mit Wortvorstellungen verknüpft wäre.[105] Castoriadis geht wesentlich von einer Psyche aus, die im Gegensatz zur Gesellschaft bzw. dem Gesellschaftlich-Geschichtlichen steht. Wobei Psyche nicht gleich Subjekt ist. Wie sich ein Subjekt aus den Vorstellungen bzw. dem Strom von Vorstellungen konstituiert, ist bei Castoriadis mit der Frage verbunden, wie es den Anderen und damit eine Realität konstituiert. Genauer: Wie wird Psyche als Subjekt bzw. gesell-

---

104 Castoriadis: Gesellschaft als imaginäre Institution, S. 484.
105 Vgl. dazu Castoriadis: Domaines de l'homme, S. 327-363 bzw. Castoriadis: Das imaginäre Element und die menschliche Schöpfung, S. 47-86.

schaftliches Individuum realisiert? Die Frage lässt sich allerdings ebenfalls in einer Frage nach Vermittlung formulieren: Wie wird bei ihm zwischen Subjekt und, sagen wir, Nicht-Subjekt vermittelt? Die Antwort: durch die imaginäre Institution der Bedeutung. Dabei durchläuft die Psyche drei Phasen: Erstens »alles = selbst«[106] oder »Ich bin die Brust«[107], zweitens die durch die Abwesenheit der Brust ausgelöste Phase, in der zwischen »Ich / Welt / Sinn / Lust«[108] und »böse[r] Brust«[109], die abwesend ist, unterschieden wird. Die böse Brust wird als Unlust, als Außen projiziert. Die dritte Phase ist die Zuschreibung des »Objekts« der zweiten Phase zu einer Person, das die gute und böse Brust besitzt.[110] Castoriadis nennt diesen Ablauf die »triadische Phase«[111]. Für eine nähere Erläuterung ist die Bedingung einer solchen Möglichkeit zu untersuchen. Die Psyche sei ursprünglich »Vorstellen / Vorstellung, der nichts ›mangelt‹«[112], oder auch das »Sein der Psyche, die nichts anderes *ist* als Entstehung von Vorstellungen«[113]. Wie und wieso bricht die Psyche, die Castoriadis ein Alles-Selbst oder eine Monade[114] nennt, auf? Der Bruch sei die Trennung in eine private und öffentliche, sprich gesellschaftliche Welt, die geschöpft und instituiert wird. Der Bruch werde durch den gesellschaftlichen Zwang herbeigeführt, der die Ungeschiedenheit von Aktivität und Passivität, von dem »Alles-Selbst«, durchschlage. Dabei verliert die Monade ihre geschlossene Einheit mit sich selbst.[115] Allerdings müsse

---

106 Castoriadis: Gesellschaft als imaginäre Institution, S. 498.
107 Ebd., S. 501.
108 Ebd.
109 Ebd., S. 502.
110 Ebd., S. 503.
111 Ebd., S. 497-509.
112 Ebd., S. 483.
113 Ebd., S. 459f.
114 In Bezug auf den von Leibniz geprägten Begriff ist die Monade als in sich geschlossen zu verstehen: »Die Monade, von der wir im folgenden sprechen werden, ist nichts anderes als eine einfache Substanz, welche in die Zusammengesetzten eingeht; einfach, das heißt ohne Teile. [...] Die Monaden haben keine Fenster, durch die etwas in sie hineintreten oder sie verlassen könnte.« Leibniz, Gottfried Wilhelm: *Monadologie und andere metaphysische Schriften. Discours de métaphysique. La monadologie. Principes de la nature et de la grâce fondés en raison*, Hamburg: Felix Meiner Verlag 2002, S. 111; 113. Allerdings wird damit schon deutlich, dass Castoriadis bei der Psyche, die sozialisiert wird, nicht dasselbe wie Leibniz meinen kann.
115 Castoriadis: Gesellschaft als imaginäre Institution, S. 492.

die Psyche diese Spaltung leisten, um ein gesellschaftliches Subjekt zu werden. Es handelt sich um die Bedingung der Sozialisation und ist der Einlass in die öffentliche Welt als jene Sphäre des Gesellschaftlich-Geschichtlichen, die instituierte Bedeutungen umfasst. Der Zwang geschehe zu einem Teil in dem somatischen, also leiblichen, Bedürfnis, das sich melde. Der Hunger, der nicht einfach ignoriert werden könne. Das ursprüngliche Schema des sich Vorstellens sei aber noch gültig, es bedeute noch immer Lust / Unlust, Da-Sein / Weg-Sein und Identität / Andersheit. Vorstellen und Wahrnehmung seien noch identisch.[116] Die Brust als vermisstes, amputiertes Selbst werde zuerst nach außen verlegt. Das heißt für Castoriadis, ein Außen wird erstmals geschöpft bzw. projiziert, um Lust von Unlust zu trennen. Der negative Sinn der Brust werde vorerst aus dem vermeintlichen Selbst vertrieben. Mit dieser Vorstellung des Außen als Projektion sei aber noch nicht die Konstitution eines realen Objekts erreicht. Das wäre ein Objekt, das sich dem Zugriff des Selbst entzieht. Es sei noch Projektion der Psyche, wenn es um Unlust gehe, Introjektion, insofern Lust entstehe. Es kommt zu einer erstmals geschöpften Gegensätzlichkeit als Grenzziehung. Erlebe nun das »Prä-Subjekt« den Verlust der Einheit dieser Welt und seiner selbst durch den Einbruch eines getrennten Objekts und des Anderen, so stelle es diese Einheit im Phantasma zunächst wieder her. Bevor also dem Getrennten überhaupt Existenz als Eigenständiges zugewiesen würde, werde es wieder als zum eigenen Phantasma gehörig identifiziert: als Selbst.[117] Mit diesem Bruch, der sich in der Phantasmenbildung sofort zu neutralisieren suche, gehe der Verlust der ursprünglichen Einheit als Monade einher. Dieser Verlust sei es, der das Begehren als Suche beherrsche. Begehren, wenn man so will, nach dem Zustand, in dem Begehren zugleich auch Befriedigung ist. Dies sei der erste Selbstverlust, der für die Sozialisation aber notwendig sei. Reitter interpretiert diesen fundamentalen Bruch als die erste Institutionalisierung, welche die eigentliche Ur-Teilung bedeute. Die psychische Monade genügt sich nicht mehr selber. Jedoch ist es zunächst nicht entscheidend, dass die ursprüngliche Monade durch den Hunger und die Abwesenheit der Brust den Einbruch der Realität nicht verzeichnet. Wesentlich ist, dass dies ein Phantasma hervorruft, das ein *Innen und Außen* verlangt: »Die erste, entscheidende Leistung, die die Psyche vollbringen muß, ist die Institutionalisierung eines Innen und Außen, ist im Grunde die Selbstaufgabe, das

---

116 Ebd., S. 487.
117 Ebd., S. 502-505.

Zerbrechen des Universums, das die Psyche war [...].«[118] In dieser radikal imaginären Setzung des Selbst liegt die erste Prä-Identifikation. Die Nötigung der Objekte, der anderen und des eigenen Körpers bildet die Psyche nun um, da es selbst noch diese ist.[119] Erst wenn negativer mit positivem Sinn des Objekts (der Brust) in einem Dritten sich verknüpften, könne die Subjektbildung erreicht werden, wobei sie damit noch nicht vollendet sei. Dies bedeute nun, dass die Psyche erkenne, dass dieses Dritte eigentlicher Machthaber des Objekts sei. Dieser Machthaber als Außer-Mir bleibe in der Ambivalenz des Objekts von gut / böse (an- / abwesende Brust) verhaftet. Das (der / die) andere werde nun als allmächtig gesetzt, die aber als eigene Allmacht verstanden auf sie projiziert wird. Wir sind also noch immer nicht in einer Realität angelangt. Castoriadis sieht wohl, dass in dieser Gegenüberstellung von »Prä-Subjekt« und anderem oder anderer (vermittelt im Objekt) ein Zerstörungskampf zu entbrennen vermag, der ein neues Schema generiert (im Gegensatz zum ersten von Selbst / Lust und Nicht-Selbst / Unlust), in dem *das* andere erste und notwendige Verkörperung einer von der Psyche getrennten Ursache wird. Das Selbst sei von diesem anderen abhängig, projiziere die Einheit der Macht auf dieses. Diese Interaktionsperson sei ein gesellschaftliches Individuum: »Er spricht, spricht zum Kinde und von sich. [...] Er [dieser andere; nc] bezeichnet *sich* und bedeutet *sich*, er bezeichnet und bedeutet *das Kind*, er bezeichnet und bedeutet *dem Kinde* die ›Gegenstände‹ und die ›Beziehungen‹ zwischen ihnen.«[120] Damit sei die Bezugsperson zwar noch nicht als real konstituiert und deshalb auch nicht die Realität, aber das Seiende erfahre für die Psyche eine wichtige Umarbeitung. Auch hier können die Zerstörungswünsche als Beispiel dienen: Sie lösten imaginär die Furcht vor Vergeltung des allmächtigen Anderen aus – daraus schöpfe das Subjekt ein Aktions- und Reaktionsschema (Schuldgefühl): »Die Wirkung schlägt auf die

---

118 Reitter, Karl: »Perspektiven der Freud-Rezeption«, in: Cornélius Castoriadis / Agnes Heller et. al. (Hg.), *Die Institution des Imaginären. Zur Philosophie von Cornélius Castoriadis*, Wien / Berlin: Turia und Kant 1991, S. 103-128, hier S. 122.

119 Dieser Vorgang ist nicht mit dem Spiegelstadium bei Lacan zu verwechseln, wenngleich eine Ähnlichkeit besteht. Im Unterschied zu Lacan entsteht bei Castoriadis das Selbstverhältnis nicht – gewissermaßen – autotelisch, sondern als Auseinandersetzung mit Anderen (obwohl auch bei Lacan eine Person dabei ist und zusieht). Entscheidend ist dies insofern, als nicht ein Ideal-Ich als spiegelhafte Identität gesetzt wird, sondern die monadische Einheit aufbricht. Vgl. dazu auch Ruhs, August: *Lacan. Eine Einführung in die strukturelle Psychoanalyse*, Wien: Erhard Löcker 2010, S. 25-31.

120 Castoriadis: Gesellschaft als imaginäre Institution, S. 506. [Herv. i.O.]

Ursache zurück, der Wunsch nach Zerstörung des anderen kann die Zerstörung des Subjekts durch den anderen nach sich ziehen.«[121] Die Einheit der Macht des Anderen verliere sich für das Subjekt, indem letzteres Bewusstsein gewinne. Von einer autistischen Identifikation geht das ›Subjekt‹ in dieser Phase zu einer transitiven Identifikation mit etwas oder jemandem (oder beidem) über. Wie wird nun zuletzt das (der / die) andere als eigenständig erkannt? Erst durch die imaginäre Institution der Bedeutung, welche zwischen Psyche und ›Realität‹ als Bedeutungsträger stehe, vermittle sich die endgültige Trennung vom Selbst zu einem Anderen. Des Anderen Allmacht werde aufgelöst, mit etwas verbunden, das auch dem Anderen fremd sei: die gesellschaftlichen imaginären Bedeutungen. Dies geschehe durch die Institution der Bedeutung, da in ihr dem Kind durch seine Bezugsperson bedeutet werde, dass niemand absoluter Herr von und über Bedeutung sein könne. Reitter übersetzt dies wie folgt: »Das Kind erfährt durch die anderen, und nur durch sie, daß die Objekte des Begehrens in der öffentlichen Welt Dinge mit Bedeutung und gesellschaftliche Individuen sind.«[122] Anders gesagt: Durch die Bedeutung gehe das Subjekt als gesellschaftliches Individuum erst auf, insofern mit dieser auch die Institution vermittelt werde. Dass es andere Subjekte gebe, werde erst in und mit der Tatsache der gesellschaftlichen imaginären Bedeutung und ihrer Institution einer bestimmenden Reziprozität und damit Individualität deutlich. Das gesellschaftliche Individuum werde, so Castoriadis, von der Gesellschaft geschöpft / fabriziert.[123] Der Bruch in der Psyche wird durch die gesellschaftlich instituierten imaginären Bedeutungen vermittelt. Ein Bruch der zwischen hergestelltem Subjekt und Welt zugleich Vermittlung ist. Denn erst diese Vermittlung setzt das reale Subjekt, ein gesellschaftliches Individuum, über das bzw. mit dem zu sprechen möglich wird. »Der Weg zur Bedeutung verläuft also über den absoluten Gegenpol der Psyche (der Vorstellung / der Intention / des Affekts), nämlich über die reale oder rationale *Tatsache*, und wird vermittelt durch die Institution.«[124] Die Sozialisation vollzieht sich für Castoriadis unter zwei Voraussetzungen: *innerlich*, indem die Psyche mit der radikalen Imagination den gesellschaftlichen Vorstellungen ein Einfließen ermöglicht, und damit eine Identität gegenüber einem Anderen als Subjekt ausbilden kann, *äußerlich*, da diese gesellschaftlichen imaginären Bedeutungen erst ein bestimmtes Subjekt und die Individualisierung möglich machen. Hier ist der Anschluss an die oben ausgeführte Institution der Bedeutung zu suchen. Die

---

121 Ebd.
122 Reitter: Perspektiven der Freud-Rezeption, S. 125.
123 Im Sinne von Faber: herstellen.
124 Castoriadis: Gesellschaft als imaginäre Institution, S. 513. [Herv. i.O.]

Psyche absorbiere die gesellschaftlich instituierten Formen als Tun der anderen oder *legein* und *teukein* bzw. Sprache und Technik im weitesten Sinne und die mit ihnen einhergehenden Bedeutungen.[125] Castoriadis glaubt darin die Genese einer Berührungsfläche zwischen der privaten und der öffentlichen Welt zu entdecken oder besser, die Differenz wird mit oder in der Sozialisation eines jeden Kindes ›wiederholt‹ bzw. erst geschöpft. Die Schöpfung des gesellschaftlichen Individuums vollzieht sich also in einem psychogenetischen und einem soziogenetischen Aspekt: Die Psyche übernimmt die Seinsweise der Gesellschaft in ihren Institutionen, die sie selber nie hätte hervorbringen können, muss dazu aber allererst die Trennung als Innen / Außen einführen[126], die allerdings niemals gänzlich selbstgesetzt sein kann: »Die Sozialisation der Psyche besteht wesentlich darin, ihr die Trennung aufzuerlegen.«[127] Oder: Dass die Psyche aus der je eigenen hin zur gemeinschaftlichen Welt gelange, werde durch die Gesellschaft als Trennung instituiert. Dies vollzieht sich vor allem auch durch die Aneignung der Sprache:

»*Immer* wird es nötig sein, ihm [dem Neugeborenen; nc] beizubringen, daß es die Wörter der Sprache nicht das bedeuten lassen kann, was es sie bedeuten lassen möchte, damit es in die Welt eintreten kann, in die Welt der Gesellschaft und der Bedeutungen, die allen und keinem gehört.«[128]

Dieser Bruch, der der psychischen Monade zugemutet werde, bilde dem Subjekt eine Realität, die erstmals unabhängig sei, aber zugänglich und änderbar bleibe. Die Zumutungen der Gesellschaft bildeten das Subjekt erst, differenzierten es aus, ohne ihm den monadischen Kern, den Pol, absprechen zu können. Dieser aber bleibt verloren sobald eine Sozialisierung eine Absonderung gebiert: das Subjekt, das ›Unterworfene‹. Die letzte Stufe der psychischen Sozialisation bringe die Intention mit sich, ein Streben nach..., das dem künftigen Tun des Individuums zugrunde liege. Dieses Intendieren und seine lustvolle Befriedigung im Verändern hätten ihre Wurzeln in der Vorstellung. Das gesellschaftliche Individuum wird vermittelt durch die Institution der gesellschaftlich imaginären Bedeutung und besitzt keine Allmacht mehr. Die Verbindung allerdings zur vorausgesetzten radikalen Imagination als Bedingung der Möglichkeit einer instituierten Gesellschaft werde verschleiert:

---

125 Ebd., S. 493; 498.
126 Reitter: Perspektiven der Freud-Rezeption, S. 122.
127 Castoriadis: Gesellschaft als imaginäre Institution, S. 498f.
128 Ebd., S. 514.

»Durch diese gesellschaftliche Fabrikation des Individuums unterwirft sich die Institution die Einzelimagination des Subjekts und lässt diese in der Regel nur noch im und durch den Traum, das Phantasieren, Überschreitung und Krankheit zum Ausdruck kommen. Insbesondere sieht es ganz so aus, als würde es der Institution gelingen, die Kommunikation zwischen der radikalen Imagination des Subjekts und seinem ›Denken‹ zu kappen.«[129]

Dieses vom kreativen Kern abgeschiedene oder abgeschnittene Wesen, ist gewissermaßen Fluchtpunkt des Subjekts – im ursprünglichen Sinne noch Psyche. Das, was den gesamten Prozess der Individuierung ermöglichte, sei, so Castoriadis, eine Anlage, nämlich die sogenannte radikale Imagination. Es bildet die Bedingung der Möglichkeit von Vorstellungen, ohne selbst eine zu sein. Das Vermögen Neues zu bilden sei mit der Sozialisation zwar nicht verloren. Aber es bleibe gleichsam stillgelegt oder unbewusst. Solange das radikal Imaginäre sich nicht wieder aus dem Dunkel aufdrängen könne (ein seltsamer Traum, eine Psychose), kann es sich kaum Gehör verschaffen. Das radikal Imaginäre spricht zwar auch eine Sprache, diese äußert sich aber immer im identitätslogischen Sinne einer bestimmten Sprache, die ihr aufgesetzt ist. Diesen Symbolen folgend sucht die Kommunikation andere Wege – verdichtet und verschiebt sich.[130]

Im Prozess der Sozialisation eines Subjekts bleibt die Quelle offen. Das Imaginäre sei der von der wahrgenommenen realen Welt und dem Rationalen (als Begrifflichem) geschiedene Bereich. Er gehe ihnen als Sphäre der Vorstellung voraus. »Psychisch verstanden ist Wahrheit dasjenige, was sich in der Vorstellung beständig als das Andere der Vorstellung ankündigt. Auch dieses Andere der Vorstellung muß sich aber als Vorstellung realisieren.«[131] Es gibt also keine Denotation, die dem Imaginären eine bestimmte Seinsweise zuordnete; trotzdem konnotierten die gesellschaftlich imaginären Bedeutungen alles.[132] Sie bildeten die »Organisationsschemata, die den Rahmen möglicher Vorstellungen abste-

---

129 Castoriadis: Das imaginäre Element und die menschliche Schöpfung, S. 327.
130 Heute wird im Anschluss an Lacan von Metapher und Metonymie gesprochen. Castoriadis hält dies für verkehrt: »Diese Terminologie, die die Vorgänge des Unbewußten den *sekundären* Funktionsweisen der Wachsprache angleicht, verflacht Freuds geniale Entdeckung [...].« Castoriadis, Gesellschaft als imaginäre Institution, S. 458-459. [Herv. i.O.]
131 Castoriadis, Cornelius: *Durchs Labyrinth. Seele Vernunft Gesellschaft*, Frankfurt am Main: Suhrkamp 1983, S. 55.
132 Castoriadis: Gesellschaft als imaginäre Institution, S. 254.

cken, die sich diese Gesellschaft zu geben vermag.«[133] Dieses System von Bedeutungen, das dem gesellschaftlichen Tun innewohne, setze Aufbau und Gliederung der Gesellschaft fest. Zu einem bereits erwähnten Beispiel: die Identifikation mit der Nation setze eine imaginäre Bedeutung als Faktum ein.[134] Aber diese Festsetzung sei gerade änderbar in ihrer Genese aus dem radikal Imaginären. Das instituierte Imaginäre müsse fragwürdig werden, sobald es als Schöpfung einer bestimmten Gesellschaft erkannt werde. Mit der Kritik an der Institution eröffne sich die Möglichkeit einer Autonomie, die sich der Gestaltung dieser imaginären Institution ausgesetzt wisse, sich aber zugleich bewusst werde, dass diese gestaltbar bleibe.

»Zu dieser Institution [der Gesellschaft; nc] müssen sich gesellschaftliche Individuen herausgebildet haben, die als solche nur existieren und funktionieren können, wenn ihre radikale Imagination von ihrer Sozialisation *geprägt*, jedoch nicht zerstört wird. Zwar ist die jeweils gesetzte Institution notwendigerweise immer Norm ihrer eigenen Identität, Trägheit und Mechanismus der Selbstverewigung; andererseits kann aber die instituierte Bedeutung – der die Identität mit sich ja zukommen müßte – nur als sich verändernde sein und verändert sich durch das gesellschaftliche Tun und Vorstellen / Sagen. Es verändert sich also die Norm gleichzeitig mit dem, was sie normieren sollte, bis sie durch die ausdrückliche Setzung einer anderen Norm gebrochen wird.«[135]

Castoriadis begreift das Individuum als von den gesellschaftlichen imaginären Bedeutungen gebildet und geprägt – durch die bereits geprägten Individuen, die die Sprache oder Sprachlichkeit vermitteln. Es sei aber ebenso notwendig, dass die radikale Imagination, dem diese Bedeutungen auferlegt würden, weiter wirke, um die instituierte imaginäre Bedeutung zu erhalten. Man könnte verkürzt sagen, die radikale Imagination muss sich gegen die Institutionen behaupten, die sich perpetuieren ›wollen‹. Das radikal Imaginäre als Imagination kann insofern nicht ausgeschaltet werden, sondern höchstens exiliert, es schafft aber weiter und meldet sich aus dem Exil, der Verbannung, dem Unbewussten.

2.2.2 Der Diskurs des anderen / Anderen

Parallel zur bisher beschriebenen Genese des Subjekts kann jetzt auf das autonome Individuum im Sinne von Castoriadis eingegangen werden. Mit Freuds

---

133 Ebd., S. 245f.
134 Vgl. dazu auch Kap. 1 und Abs. 2.1.1.
135 Castoriadis: Gesellschaft als imaginäre Institution, S. 607. [Herv. i.O.]

Satz: »Wo Es war, soll Ich werden«[136] bzw. der darauf basierenden Formulierung von Lacan »Dort, wo es war, soll ich ankommen«[137] versucht Castoriadis den Prozess zu verdeutlichen, den das Bewusste in einer Art ›Landgewinnung‹ im Unbewussten zu erreichen hat. Die Autonomie sei als Selbstgesetzgebung zu verstehen, welche die Heteronomie der ›äußerlichen‹ Gesetzgebung ablösen soll: »Autonomie wäre die Herrschaft des Bewußten über das Unbewußte.« Und: »Stellt man Autonomie, Selbstgesetzgebung oder Selbstregulation in einen Gegensatz zu Heteronomie, Gesetzgebung oder Regulation durch das Unbewußte, das ein anderes Gesetz ist, das Gesetz eines anderen als mir.«[138] Diese Fremdbestimmung als der Diskurs des anderen[139] soll durch meinen eigenen Diskurs abgelöst werden. Das bedeute, aufzudecken, was an Absichten, Wünschen, Besetzungen und vor allem eigentlich Bedeutungen mir von anderen ›auferlegt‹ worden sei. Was ist aber der Diskurs der anderen? Das Hauptmerkmal dieses Diskurses sei der Bezug zum Imaginären. Die gesellschaftlichen imaginären Bedeutungen und ihre Institution, die der ursprünglichen Monade den Bruch aufdrängten, sie als Subjekt bildeten, sind zugleich die Welt von anderen. Die Lösung dieser »Herrschaft eines verselbständigten Imaginären«[140] bedeutet, dass das Subjekt sich bewusst werden soll, dass die aktual imaginären Institutionen und mit ihnen die gesellschaftlichen imaginären Bedeutungen als fremde durchschaut und eingeholt werden müssen. Die Welt der anderen bilde dem Subjekt die Realität. Es sei aber damit von einer Heteronomie eingenommen, von der es sich loszulösen gelte, sofern dies als Bewusstwerden der Kontingenz dieser Bedeutung und ihrer Institutionalisierung möglich sei. »Wo also diese Funktion [das Es besetzt das Imaginäre mit Realität; nc] des Unbewußten (und der Diskurs des Anderen als dessen Nahrung) war, da soll Ich werden.«[141] Was ist mein Diskurs?

---

136 Freud, Sigmund: »Vorlesung: Die Zerlegung der psychischen Persönlichkeit«, in: Ders., *Neue Folgen der Vorlesungen zur Einführung in die Psychoanalyse*, Band XXXI, Frankfurt am Main: Fischer Taschenbuch Verlag 2003, S. 60-81, hier S. 81.
137 Lacan, Jacques: »Das Drängen des Buchstabens im Unbewussten oder die Vernunft seit Freud«, in: Ders., *Schriften II*, Olten, Freiburg i. Br.: Walter-Verlag 1975, S. 7-55, hier S. 50.
138 Castoriadis: Gesellschaft als imaginäre Institution, S. 173f.
139 Castoriadis hält sich bei der Schreibweise *Diskurs des anderen / Anderen* nicht an eine einheitliche Ausdrucksweise. Ich verwende die Form *Diskurs des anderen*, um bei Castoriadis im Gegensatz zu Lacan die Veränderbarkeit der Institutionen anzudeuten.
140 Ebd., S. 175.
141 Ebd., S. 176.

Anders formuliert: Was, der ›einverleibten‹ gesellschaftlichen imaginären Bedeutungen, damit auch der Sprache, meinem Denken, ist Mein? Es gehe darum, die Herkunft dieses Diskurses zu entdecken, ihn als Fremden zu entlarven. Und es gehe weiter darum, seinen Sinn zu klären, soweit dies im Horizont des Einzelnen möglich sei. Da das Individuum in die gesellschaftliche Institution und ihre imaginären Bedeutungen eingelassen sei, müsse dies ein fortdauernder Prozess bleiben. Darin liege die Selbstbestimmung als einer ständigen Gewinnung von Unabhängigkeit von den gegebenen Bedeutungen der Gesellschaft und ihrer Geschichte. Es bleibt noch zu fragen, was dieses Subjekt sei, wenn es überhaupt Subjekt sein könne, das sich den Diskurs des anderen bewusst aneignen möchte. Das Subjekt sei nur dann, wenn es sich in seiner Tätigkeit auf etwas richten könne. Was aber als Objekt auftauche, sei von der Gesellschaft bestimmt. Der Diskurs des anderen ist damit immer akut. Diese Aktualität ist im *Zwischenbereich* der imaginären gesellschaftlichen Bedeutung begriffen. Es ist nun so, dass das Sprechen wesentlich für die Subjektkonstitution ist.[142] Autonomie ist für Castoriadis immer eine Frage des Verhältnisses zwischen Subjekt und anderen, denn letztere sind für ersteres konstitutiv. Wenn Castoriadis also von Autonomie spricht, dann meint er das Herausarbeiten der Bedeutsamkeit des Diskurses des anderen und damit die gesellschaftliche imaginäre Institution der Bedeutung. Wenn er vorderhand damit den rationalistischen Anspruch des ›Landgewinns‹ des Bewusstseins festigt, so gilt es die späteren Präzisierungen dazu zu bedenken. Insofern beschreibt er, dass der Freud'sche Anspruch »Wo Es war, soll Ich werden«[143] eher so lauten müsste: »*Wo Ich bin, soll auch Es auftauchen*«.[144] Womit Castoriadis meint, dass es nicht um ein Austilgen des Es gehe, sondern ein Zulassen jenes unbewussten Stroms: »Das *Ich* verändert sich, wenn es die Inhalte des Unbewussten aufnimmt und zulässt, wenn es sie reflektiert und lernt, hellsichtig zwischen den Impulsen und Ideen zu wählen, die es in die Tat umsetzen möchte.«[145] Worum es Castoriadis also geht, ist Aufklärung. Der Rahmen, in dem dies vonstattengehen kann, bedeutet, dass dem Subjekt eine denkende Ei-

---

142 Der Körper bildet die erste Verschränkung von Selbst und Anderem: »Der Körper konstituiert eine erste Form des Bedeutungsuniversums, und zwar noch vor allem reflexiven Denken.« Vgl. ebd., S. 180.
143 Freud: Neue Folgen der Vorlesungen zur Einführung in die Psychoanalyse, S. 81.
144 Castoriadis, Cornelius: »Psychoanalyse und Politik«, in: Michael Halfbrodt / Harald Wolf (Hg.), *Psychische Monade und autonomes Subjekt. Ausgewählte Schriften*, Band 5, Lich / Hessen: Verlag Edition AV 2012, S. 113-129, hier S. 116. [Herv. i.O.]
145 Ebd. [Herv. i.O.]

genständigkeit zukommt, diese ›Aktivität‹ aber an die Inhalte, als gesellschaftlichen Bedeutungen, gebunden bleiben. Indem es diese Inhalte bearbeitet, sei es überhaupt Subjekt – das schließt an das Aufbrechen der psychischen Monade an, die durch das instituierte Innen / Außen, durch das einlassen gesellschaftlicher imaginärer Bedeutungen Subjekt wird, was Castoriadis folgendermaßen beschreibt: »Denn was ist dieses aktive Subjekt [...] es ist Blick *und* Träger des Blicks, Denken *und* Träger des Denkens, Handeln *und* handelnder Körper – Körper im materiellen wie im metaphorischen Sinne.«[146] Zum Subjekt gehörten also ein Denken, das aber als cartesianisches *cogito* abstrakt und leer bleibt – es bedürfe des instituierten Materials der Bedeutungen, das Denken, *legein*, bildet. Bedingung, dass dieses Material angesiedelt werden kann, ist jener transzendentale »Strom« der radikalen Imagination, welche die Vorstellungen trägt. Das »Ich der Autonomie« wiederum sei eine »tätige und hellsichtige Instanz«[147], die jene Inhalte, als imaginäre gesellschaftliche Bedeutungen neu organisiere. Zuletzt müsse der Körper als »Scharnier« von Selbst und Anderem verstanden werden.[148] Auf die Sozialisation zurückbezogen, bedeutet das jenen Moment des Aufbrechens der Monade durch das Bedürfnis, Castoriadis spricht beispielhaft vom Hunger oder der abwesenden Brust. Damit drängt sich auch die Frage nach der Möglichkeit von Autonomie auf. Für das Subjekt ist Autonomie nicht als Einzelnes erreichbar. Autonomie sei nur als kollektives Unternehmen denkbar.[149] Wenn Autonomie ein verändertes Verhältnis zwischen den Menschen darstellt, die sich wechselseitig als Bedingung für Autonomie erkennen, dann ist Autonomie ein »gesellschaftliches Problem«[150]:

»Wenn intersubjektives Handeln möglich [...] ist, [...] dann liegt das daran, daß Autonomie nicht einfach auf die Aufhebung des Diskurses des anderen hinarbeitet, sondern ihn in der Weise verarbeitet, daß der andere für den Inhalt der eigenen Rede bedeutsam wird und nicht bloß als gleichgültiges Material dient.«[151]

Autonomie als gemeinsame Sache erreicht insofern die Bedeutung des Diskurses des anderen, macht ihn bewusst, bemerkt ihn. Denken ist in die gesellschaftlichen imaginären Bedeutungen und ihre Sprache eingelassen, was zugleich be-

---

146 Castoriadis: Gesellschaft als imaginäre Institution, S. 179. [Herv. i.O.]
147 Ebd., S. 181.
148 Ebd., S. 180.
149 Ebd., S. 183.
150 Ebd.
151 Ebd., S. 182.

deutet, dass die Menschen in der Rede, im Tun an diesen gesellschaftlichen imaginären Bedeutungen zu arbeiten vermögen. Wo der Diskurs des anderen im Unbewussten bleibt (aber nicht bleiben müsste), wirkt sich Heteronomie als Herrschaft einer fremden Institution auf unser Tun aus, richtet sich in ihm ein »und nun wird der ›andere‹ auch nicht mehr von einem Diskurs repräsentiert, sondern einer Maschinenpistole«[152]. Auf diesen Aspekt gilt es im folgenden Kapitel zurückzukommen, wenn weiter von der Heteronomie auf dem Weg zur Autonomie auch von der Anerkennung die Rede sein wird.[153]

In einer späteren Auseinandersetzung mit der Psychoanalyse verdeutlicht sich bei Castoriadis nicht nur seine Auffassung der Subjektgenese. Es zeigt sich darin ein grundlegendes Anliegen: Was ist mit der Psychoanalyse heute noch anzufangen?[154] Eine Eigenart der Psychoanalyse sei, dass sie in ihrer Praxis erst eine Verwirklichung finde. Diese Praxis ist das Gespräch oder allgemeiner das zur Sprache bringen – »und in diesem Sinne ist die Analyse *praktisch-poietische Tätigkeit*.«[155] Darin liegen mehrere Aspekte: Die Analyse hat einen Anspruch auf Aufklärung und dadurch Änderung. Diese Änderung geschieht nicht als bloße Methode oder Technik, die durch eine Theorie bedingt ist, sondern als Praxis und das heißt je eigene Praxis – wie er es nennt: praktisch-poietische Tätigkeit – des Sprechens. Dies berge einen fundamentalen Widerspruch in sich, indem das Besondere durch eine gemeinschaftliche Sprache (allgemein) ergründet werden soll. Das je eigene verflüchtigt sich zwischen den Zeilen, Worten, Buchstaben. »Das Auftauchen des Ich in der Sprache folgt aus der Notwendigkeit, den Ort zu bezeichnen, von dem die Äußerung ausgeht (und den man nicht Subjekt nennen kann, weil das Subjekt nichts ist und nicht spricht, sondern gesprochen wird).«[156] Damit stellt sich die Frage nochmals, wie ein Ich überhaupt als Subjekt autonom werden kann. Wie es, sobald es spricht und etwas, das ihm eigen ist zur Sprache bringen will, überhaupt Subjekt sein kann. Hier stellt sich ein grundlegendes Problem ein, das eng mit der Subjekttheorie von Castoriadis verbunden ist und der unerreichbaren Bestimmung dessen, was das radikal Imaginäre bzw. die radikale Imagination sein soll: »Sobald aber all das zur Sprache kommt, erleidet es schon der sprachlichen Form wegen eine Verfälschung, denn wenn es wahr ist,

---

152 Ebd., S. 186.
153 Vgl. Kap. 3, v.a. Abs. 3.1.4 und 3.2.
154 Dabei geht es um eine klärende Abgrenzung gegenüber Jacques Lacan. In der Rede vom Diskurs des Anderen bleibt Lacan noch virulent.
155 Castoriadis: Durchs Labyrinth, S. 35 [Herv. i.O.]; vgl. auch Castoriadis, Cornelius: *Les carrefours du labyrinthe*, Paris: Édition du Seuil 1978, S. 39.
156 Ebd., S. 38f.

kann jeder sich darin wiedererkennen und hat folglich seine wesentliche Wahrheit bereits verfehlt.«[157] Castoriadis behauptet, dass eine Gefahr der Psychoanalyse darin liege, dass sie nicht sehe, dass der Beginn eines Ichs in einer Selbstschöpfung des Individuums liege: »Gerade weil die Geschichte des Individuums auch eine Geschichte der Selbstschöpfung ist, läßt sich nicht alles in der Gegenwart vorfinden.«[158] Er bemängelt, dass die Psychoanalyse[159] einen Erklärungsversuch startet, der eher verdunkelnd als erhellend wirke. Es gehe nicht bloß um eine Übersetzung von unbewusstem in bewussten Sinn. Viel eher müsste man fragen, ob die beiden Sinndimensionen überhaupt vermittelbar seien oder nicht. »Das nämlich, was Freud nicht als zwei verschiedene Sprachen, sondern als die Sprache und ihr Anderes betrachtete, versucht man heute als einen einzigen Text zu sehen, dessen Druckfehler von der Analyse berichtigt werden und zu dem sie die fehlenden Wörter liefert.«[160] Dieser universale Anspruch der Aufklärung verkennt, so Castoriadis, ein grundlegend unverfügbares Moment in der psychischen Landschaft.

2.2.3 Exkurs: Das Imaginäre bei Lacan

Es wird im Folgenden nötig sein, einen weiteren Umweg zu gehen. Castoriadis wurde in seiner Annäherung an die Psychoanalyse entscheidend von Lacan geprägt. Dennoch hat er sich radikal davon abgegrenzt, vor allem, was den Begriff des Imaginären betrifft. Darauf wird im Folgenden eingegangen, um wenigstens zusammenfassend Unterschiede zwischen dem Begriff des Imaginären bei Castoriadis und jenem von Lacan aufzuzeigen. Folgende Aspekte werden sehr flüchtig und nur resümierend geklärt: Die Begriffe symbolisch-imaginär-real und das Spiegelstadium als Ich-Bildner, das damit zusammenhängt.

Das Symbolische, das Imaginäre, das Reale und der Spiegel
Was unterscheidet den Begriff des Imaginären bei Castoriadis gegenüber demjenigen von Jacques Lacan? Karl Reitter beschreibt dies kurz und bündig in einer Fußnote: »Lacan verwendet diesen Begriff völlig anders als Castoriadis. Lacans Begriff ist mit Täuschung, Verstellung und Verfehlung konnotiert.«[161] Damit ist wenigstens eine erste Abgrenzung vorausgeschickt, die aber im Folgenden zu

---

157 Castoriadis: Durchs Labyrinth, S. 40.
158 Ebd., S. 45.
159 Castoriadis bezieht sich insofern vor allem auf Jacques Lacan und dessen Schule.
160 Ebd., S. 47.
161 Reitter: Perspektiven der Freud-Rezeption, S. 112.

präzisieren ist, da noch unklar ist, was diese Konnotation, wenn es sie effektiv gibt, bedeutet. – Der Begriff des Imaginären steht bei Lacan ähnlich wie auch bei Castoriadis in einer Triade mit den Begriffen des Symbolischen und Realen. In einem eingängigen Beispiel weiß Žižek diese wie folgt auseinanderzuhalten:

»Für Lacan wird die Realität menschlicher Wesen durch drei miteinander verbundene Ebenen konstituiert: das Symbolische, das Imaginäre und das Reale. Diese Triade kann ganz hübsch durch das Schachspiel illustriert werden. Die Regeln, denen man folgen muß, um Schach zu spielen, sind seine symbolische Dimension: Vom rein symbolischen Standpunkt aus ist der ›Springer‹ nur durch die Züge definiert, die diese Figur ausführen kann. Diese Ebene unterscheide sich deutlich von der imaginären, nämlich der Art, in welcher die verschiedenen Figuren geformt sind und durch ihre Namen charakterisiert werden (König, Dame, Springer), und es ist leicht, sich ein Spiel mit den gleichen Regeln vorzustellen, aber mit einem andern Imaginären, in welchem diese Figuren ›Bote‹ oder ›Spaziergänger‹ oder wie auch immer heißen. Schließlich ist die gesamte Anordnung von kontingenten Begleitumständen, welche den Verlauf des Spiels berühren, real: die Intelligenz der Spieler, die unvorhersehbaren Eingriffe, die einen Spieler aus der Fassung bringen oder das Spiel unmittelbar abbrechen können.«[162]

Dem Imaginären kommt in dieser Schilderung eine untergeordnete Rolle zu. Angezeigt wird dies durch die bloße Form der Figuren und ihre Namen (z.B. Springer), während das Spiel durch die Regeln definiert wird, ohne dass die Veränderung der Figuren, d.h. beispielsweise das Bild eines Pferdekopfes und dessen Bezeichnung *Springer*, eine Relevanz hätte. Der symbolischen Ebene scheint in diesem Beispiel also ein Primat zuzukommen. Überreste dieses Begriffs des Imaginären finden sich bei Castoriadis wenigstens in dem, was er mit dem Diskurs des anderen als Hauptmerkmal beschreibt. Unter dessen Herrschaft halte sich das Subjekt für etwas, was es nicht sein muss. Die Welt trete »in verkleideter Gestalt auf«[163]. Das wird deutlich, wenn man bei Lacan die Beschreibung des Spiegelstadiums aufsucht:

»Das [Auge; nc] soll bedeuten, daß in der Beziehung zwischen dem Imaginären und dem Realen und in der Konstitution der Welt, wie sie daraus resultiert, alles von der Stellung

---

162 Žižek, Slavoj: *Lacan. Eine Einführung*, Frankfurt am Main: Fischer Taschenbuch Verlag 2008, S. 18f.
163 Castoriadis: Gesellschaft als imaginäre Institution, S. 174.

des Subjekts abhängt. Und die Stellung des Subjekts [...] ist wesentlich durch seinen Platz in der symbolischen Welt charakterisiert, anders gesagt in der Welt des Sprechens.«[164]

Mit dem Auge ist die richtige Position einer Blickrichtung im Bild des umgekehrten Blumenstraußes gemeint (Spiegelstadium).[165] Es bedeutet kurz gesagt, dass das Subjekt, damit es sich kohärent bilden kann, also überhaupt erst Subjekt wird, an der richtigen Stelle in die richtige Richtung blicken muss, um sich als imaginäre Totalität zu erfassen. Was hat die Ich-Bildung mit der Triade zu tun? Lacan versucht durch das Spiel mit der Optik oder einer optischen Täuschung zu zeigen, dass das Subjekt durch dieses perspektivische Täuschungsmanöver hindurch muss oder in die Sprache als fremde Sprache hinein muss: »Das Symbolische habe ich Sie mit der Sprache zu identifizieren gelehrt [...].«[166] Es muss hindurch / hinein, um sich als Ich (bzw. Ich-Ideal) gewahr zu werden. Geht man den ersten zitierten Text von Lacan rückwärts, ergibt sich folgendes: Diese Welt der Sprache, des Sprechens zeigt den symbolischen Horizont einer bestimmten Welt an. In dieser Welt findet das Subjekt durch die sprachliche Beheimatung seinen Platz, die richtige Perspektive. Wenn es diese eingenommen hat, hat es eine eigentliche objektive Welt konstituiert. Objektiv bedeutet hier als Begriff bloß objektiv innerhalb einer symbolischen Ordnung, die wiederum gesellschaftlich-geschichtlich ist, um einen Begriff von Castoriadis aufzunehmen. Damit diese Welt gebildet werden kann, müssen das Imaginäre und das Reale in einem entsprechenden Verhältnis sein. Das Experiment mit dem umgekehrten Blumenstrauß verdeutlicht das: Durch einen sphärischen Spiegel wird ein unsichtbares, aber reales Objekt (Blumenstrauß), gespiegelt und sichtbar. Dieses virtuelle Objekt oder reale Bild ist das sichtbare Imaginäre, während das ›reale‹ Objekt das unsichtbare bleibt: »So also können wir uns das Subjekt vor der Geburt des Ich vorstellen und das Auftauchen dieses Ich.«[167] Dieses Auftauchen ist ein vorgestelltes Ich, kein reales. Indem es sich gespiegelt als ganzes wahrnimmt, setzt es eine imaginäre Beherrschung des Körpers, die allerdings der realen nicht entspricht. Das jetzige Ich (Je), das sich ganz imaginiert, ist noch partikulär, wenn

---

164 Lacan, Jacques: »Die Topik des Imaginären«, in: Ders., *Das Seminar*, Buch I (1953-1954): Freuds technische Schriften, Olten, Freiburg i. Br.: Walter 1978, S. 97-116 ,hier S. 106f.

165 Vgl. auch Lacan, Jacques: Kap. »Das Spiegelstadium als Bildner der Ichfunktion, wie sie uns in der psychoanalytischen Erfahrung erscheint«, in: Ders., *Schriften* I, Olten, Freiburg i. Br.: Walter 1973, S. 61-70, hier S. 63.

166 Lacan: Das Seminar, S. 98.

167 Ebd., S. 105.

es um seine Möglichkeiten geht, es stellt sich als Identität bloß vor. »Das Menschenjunge erkennt auf einer Altersstufe von kurzer, aber durchaus merklicher Dauer [...] im Spiegel bereits sein eigenes Bild als solches.«[168] Und:

»[V]or dem Spiegel ein Säugling, der noch nicht gehen, ja nicht einmal aufrecht stehen kann, der aber, von einem Menschen oder einem Apparat [...] umfangen, in einer Art jubilatorischer Geschäftigkeit aus den Fesseln eben dieser Stütze aussteigen, sich in eine mehr oder weniger labile Position bringen und einen momentanen Aspekt des Bildes noch einmal erhaschen will, um ihn zu fixieren.«[169]

Was Lacan hier andeutet, ist, dass das Kind sich selbst *identifiziert*. Aber diese Identifikation ist durch einen Mangel behaftet. Das Ich (Je) wird jeweils diesem Spiegel-Ich als (Moi) nacheifern, so Lacan, ohne dass es dieses erreichen könnte. Indem dieses Spiegelbild als ursprüngliches Bild gesetzt wird, geschehen zwei Dinge vor einer Bezugnahme auf die Welt: erstens vor einem eigentlichen Anerkennungsverhältnis mit anderen und zweitens vor der Funktion der Sprache: »Aber von besonderer Wichtigkeit ist gerade, daß diese Form vor jeder gesellschaftlichen Determinierung die Instanz des *Ich* (moi) auf einer fiktiven Linie situiert [...].«[170] Die Erkenntnis, dass dieses Bild im Spiegel gerade das eigene Spiegelbild ist, bedeutet, dass sich das Kind als ein Körper klar wird. Dieses Klarwerden bedeutet aber – trotz »jubilatorischer Geschäftigkeit« – dass das Kind mit diesem Selbstbild einer Täuschung unterliegt. Was ist diese Täuschung? Lacan meint, dass damit das Selbstbild generiert wird, dem das Ich (Lacan nennt es Je; man könnte sagen, das blickende Ich) unterliegt, indem es sich als jenes Bild-Ich (Moi) identifiziert, das es nicht ist: eine Einheit. Was das blickende Ich (Je) also meint, ist mit dem Blumenstrauß-Beispiel erklärt, dass es dieses selbst unsichtbare Objekt ist, das bloß eine Täuschung des Spiegels ist: eine Fiktion. Oder umgekehrt formuliert: Das Kind denkt es *sei* die Projektion, während es selbst das unsichtbare Objekt ist. D.h. auch, dass sich das Ich unzugänglich bleiben muss. Es bleibt sich als bloß vorgestelltes Abbild unerreichbar und leitet gar fehl, da es niemals so ist, wie es sich vorstellt. Es gibt kein Ich als identisches Ich, als Identität. Trotzdem ist dieses Imaginäre eine notwendige Bedingung für die Ich-Bildung – ein Ich, das Kohärenz suggeriert. Natürlich handelt es sich beim Spiegelbild aber nicht um eine Fiktion, sondern um eine verkehrte Selbstwiedergabe. Worauf Lacan hinaus will, ist, dass die perspektivische

---

168 Lacan: Schriften I, S. 63.
169 Ebd., S. 63.
170 Ebd., S. 64. [Herv. i.O.]

Täuschung nicht im Spiegel, sondern im Ich (Je) geschieht, indem es sich spaltet in ein Ich-Je und Ich-Moi. Erst daraus ist eine Spannung denkbar, wie sie Lacan angibt. Einfach gesagt, könnte man formulieren, dass das Kind bemerkt, dass seine Perspektive nicht einzig ist, sondern es von außen anders wahrgenommen wird. Insofern ist die Differenz *Innenwelt-Umwelt* bei Lacan zu verstehen.[171] Das oben benannte Bild-Ich ist also nicht bloß Bild bzw. Imago, sondern zugleich Moi und damit Ich-Ideal bzw. Ideal-Ich. Was dieses Ideal-Ich bedeutet, dazu Žižek, der dies illustrativ beschreibt:

»›Ideal-Ich‹ steht für das idealisierte Selbstbild des Subjekts (die Art und Weise, wie ich sein möchte, wie ich möchte, daß die anderen mich wahrnehmen). ›Ideal-Ich‹ ist die Instanz, deren Blick ich mit dem Bild meines Ichs beeindrucken möchte, der große Andere, der mich beobachtet und mich antreibt, mein Bestes zu geben, das Ideal, dem ich zu folgen und das ich zu verwirklichen versuche. Das ›Über-Ich‹ ist die gleiche Instanz in ihrem rächenden, sadistischen und strafenden Aspekt. Das zugrundeliegende Strukturprinzip dieser drei Begriffe ist natürlich Lacans Triade des Imaginären-Symbolischen-Realen: Das Ideal-Ich ist imaginär, dasjenige, was Lacan den ›kleinen anderen‹ nennt, das idealisierte Spiegelbild meines Ichs.«[172]

Die daran anschließende Frage ist nun, warum dieses Spiegelbild überhaupt *ideal* sein soll bzw. warum ich nicht *selbstzufrieden* sein kann. Das hängt mit der Selbstprojektion zusammen, die bei Lacan das Ich als Je und Moi konstituiert, und um die kein Weg der Subjektwerdung herumführt. Dieses Ideal-Ich muss es geben als Vorstufe und Antizipation des Symbolischen bzw. des Realen. Der Weg führt durch das Imaginäre – trotz aller Täuschung – bzw. diese *leere* Wüste ist zu durchqueren, um das Land Oz der symbolischen Ordnung zu finden und sich darin zurechtzufinden, mit dem Anderen (Ideal-Ich und Über-Ich) und dessen Sprache. Erst in der imaginären Vorstufe dessen, dass es andere gibt, wird dem Kind einsichtig, dass es erblickt wird – Reziprozität wird deutlich. Während bei Lacan das Imaginäre, als eine Täuschung des Ideal-Ichs, negativ konnotiert ist, bildet es zugleich eine notwendige Fiktion.[173] Jedoch darf die Rolle des Imaginären auch nicht überschätzt werden, man erinnere sich an das Schach-Beispiel bei Žižek. Das Subjekt als Ich bildet sich aus der Perspektive einer symbolischen – und das heißt sprachlichen – Ordnung. Wie sich also das Subjekt sieht, hängt von seiner Position ab und daraus resultierend, wie das Reale und Imaginäre aus-

---

171 Ebd., S. 66.
172 Žižek: Lacan. Eine Einführung, S. 108.
173 Hammermeister, Kai: *Jacques Lacan*, München: Beck 2008, S. 42.

sehen. Die symbolische Ordnung (die Anlage des sphärischen Spiegels) reguliert also die Ich-Bildung, das Imaginäre ist zuletzt nur noch die *persona* der *täuschenden* Verstellung darüber, wer man sei.

Die Rolle des Imaginären bei Castoriadis ist demgegenüber anders gelagert. Die gesellschaftlichen imaginären Bedeutungen drängen sich der psychischen Monade auf, zerbrechen diese, geben der Monade dadurch aber eine bestimmte Gestalt. Dies wiederum ist abhängig von der radikalen Imagination als Vermögen der Psyche Vorstellungen hervorzubringen und gewissermaßen auf heteronome Vorstellungen zu reagieren, diese zu absorbieren. Einige Ähnlichkeit mit Lacan, die struktureller Art ist, bleibt die Notwendigkeit bestimmte gesellschaftliche Institutionen zu übernehmen. Bei Castoriadis sind dies die gesellschaftlichen imaginären Bedeutungen, bei Lacan handelt es sich um die symbolische Ordnung bzw. die Sprache. Während aber Lacan kaum Auswege lässt, bedeutet die Subjektgenese bei Castoriadis keine vollständige Kolonisierung durch die imaginären Bedeutungen, sondern die Psyche als radikal Imaginäres bleibt *offen*. Damit hängt auch die von Castoriadis positiv gedeutete Rolle zusammen, welche die antike *polis* und die Entstehung der Philosophie spielen. Es fällt allerdings auf, dass Castoriadis mit seinem *Diskurs des anderen*, der nicht zu hintergehen sei, konzeptuell Lacan noch näher steht. Dabei fällt auch auf, dass die Unverfügbarkeit des Diskurses des anderen mit Castoriadis' Interpretation produktiv wird, indem die heteronome Struktur zugleich der ›Ort‹ ist, an dem der Hebel der Autonomie ansetzen kann.[174]

Vergleicht man die konzeptuelle Bedeutung des Begriffs des Imaginären, muss man feststellen, dass dieser erstens unterschiedliche theoretische Dimensionen und zweitens diametrale Bedeutungen hat. Allerdings sollten diese Unterschiede und zudem die Kritik von Castoriadis gegenüber Lacan nicht darüber hinwegtäuschen, dass es strukturelle Ähnlichkeiten gibt wie beim Vorgang der Subjektgenese erwähnt. Die Prägung des Begriffs des Imaginären geht sicherlich entscheidend von Lacan und seinem Begriffsverständnis aus, aber nicht weniger entscheidend, darüber hinaus:

»Wer das Imaginäre auf eine simple ›Spiegelung‹ herunterbringt (also auf das bloße ›Bild von‹ etwas schon Bestehendem, Vorherbestimmtem, also auch *Determinierten*) und es in jämmerlicher Konfusion mit einem ›Trugbild‹ und einer ›Illusion‹ verwechselt, der ist endgültig außerstande, das Subjekt als radikale Imagination, als unbestimmbare, unbegrenzte und unbeherrschbare Selbstveränderung zu erkennen. Verkannt wird also auch die

---

174 Vgl. Abs. 2.3.

Möglichkeit der Selbstveränderung des Subjekts in und durch praktisch-poietische Tätigkeit – und nichts anderes ist die Analyse.«[175]

Es ist nichts weniger als das Ende der Analyse bei Lacan, was Castoriadis diesem vorwirft. Während er selbst am aufklärerischen Anspruch festhält. Dieser Anspruch wird deutlich, wenn er schreibt:

»Denken heißt aber auch *handeln* (womit natürlich nicht gemeint ist, ›zur Tat zu schreiten‹), handeln mit einem Anderen. Die Patienten sind keine Materialien der Analyse, die man als Lieferanten von ›theoretischem Rohstoff‹ ausbeuten könnte oder in ›normierte Individuen‹ zu verwandeln hätte. Sie sollen *sich selbst machen*, sich im und durch den analytischen Prozeß selbst verändern, einen neuen Abschnitt ihrer Geschichte erschaffen, und sie kommen dabei in den meisten und typischen Fällen zum ersten Mal explizit zu einer eigenen und zugleich gemeinsamen Geschichtlichkeit, öffnen sich einem schöpferischen Projekt, in dem der andere und die anderen immer schon, wenn auch vielleicht nur mittelbar, gegenwärtig sind.«[176]

In den nächsten Abschnitten wird dieses – hier noch als Analytiker-Patient vorgestellte Verhältnis – ausgeweitet interpretiert werden können, als ein Verhältnis von Praxis, das erst als gemeinsames Handeln Autonomie möglich macht.[177] Es kommt nicht von ungefähr, dass Castoriadis der Psychoanalyse insofern zwei Gebrechen vorwirft, die seinem Konzept entgegengesetzt sind: Erstens ein Herrschaftsverhältnis von Meister–Schüler, wie er es in den Schulen seit Freud bzw. später bei Lacan repräsentiert sieht. Darin komme zum Ausdruck, dass mit einer Theorie als Lehre eine gelehrige Rezeption gefragt werde, was Unterordnung (und somit Heteronomie) impliziere.[178] Dies steht, so Castoriadis, dem Ziel eines Subjekts entgegen, das sich selbst bestimmen kann – in jeder Hinsicht dieser Bedeutung. Zweitens beklagt Castoriadis den affirmativen Charakter der Analyse. Das Ziel der Analyse sei die Veränderung des Subjekts. Man müsse also fragen, wie das Subjekt verändert werden sollte. Da es um die Heilung hin zu einem Normalen gehe, diene die analytische Praxis »der Anpassung des Subjekts an die

---

175 Castoriadis: Durchs Labyrinth, S. 69. [Herv. i.O.]
176 Ebd., S. 89. [Herv. i.O.]
177 Tassis bemerkt dazu, dass die Besonderheit des Gegenstands der Psychoanalyse auch jener der Politik sei. Wie später gezeigt werden wird, gehört die normative Dimension der Autonomie dazu, die mit dem radikal Imaginären verbunden ist. Vgl. Tassis: Cornelius Castoriadis: Eine Disposition der Philosophie, S. 207.
178 Castoriadis: Durchs Labyrinth, S. 75f.

Gesellschaft, *wie sie ist.*«[179] Freud sei diesem affirmativen Charakter mit seiner Gesellschaftskritik wenigstens ansatzweise beigekommen. Das Projekt der Aufklärung aber bleibe ungebrochen: »Wo Es war, soll Ich werden.«[180] Dann aber stelle sich das Problem ein, zu fragen, was dieses Ich sei und – das meint hier Castoriadis – was Aufklärung zu bedeuten habe.

»[E]s wird also darum gehen, dem Ich zur Verwirklichung des bestmöglichen Kompromisses oder Gleichgewichts zwischen den ›Triebansprüchen‹ und den ›Anforderungen der Realität‹ zu verhelfen, und letztere sind – sagen wir es noch einmal für stumpfe Gemüter – ausschließlich, im strengen Sinne, auf jeden Fall die *Forderungen der Gesellschaft, so wie sie ist.* [...] So wird die Analyse in ihrer realen Geschichte und bei den meisten ihrer Praktiker zu einer Prozedur der Anpassung des Subjekts an die *bestehende* Gesellschaft.«[181]

Damit ist durch die Kritik von Castoriadis ein Anspruch deutlich geworden, der dem Anliegen einer aufgeklärten Gesellschaft konsequenter näher kommen will. Dies wird mit seinem Begriff der Autonomie und insofern der gemeinsamen Praxis erreicht. Das Ziel der Analyse ist ein anderes oder sollte ergänzt werden, wie Castoriadis festhält:

»Eines der Ziele der Analyse besteht vielmehr darin, diesen Strom davor zu bewahren, durch ein Ich verdrängt zu werden, das für gewöhnlich ein rigides, durch und durch gesellschaftliches Konstrukt ist. Deshalb schlage ich vor, die Freud'sche Formulierung durch: *Wo Ich bin, soll auch Es auftauchen,* zu vervollständigen. [...] Das Ziel der Psychoanalyse und der Autonomieentwurf sind wesensgleich.«[182]

Autonomie und gemeinsamer Praxis liegt der unverfügbare Kern eines radikal Imaginären als schaffender Phantasie zugrunde, das bzw. die sich Ausdruck verschafft – zugleich wird dieses radikal Imaginäre als transzendentale Bedingung der Möglichkeit der gesellschaftlich-geschichtlichen Veränderung aufgefasst. Dieser Veränderung komme das Subjekt bei, wenn es sich selber soweit erhellt habe, dass es fremdbestimmende Momente seiner Psyche begriffen hätte.

---

179 Ebd., S. 99. [Herv. i.O.]
180 Freud: Neue Folgen der Vorlesungen zur Einführung in die Psychoanalyse, S. 81.
181 Castoriadis: Durchs Labyrinth, S. 100. [Herv. i.O.]
182 Castoriadis: Psychische Monade und autonomes Subjekt, S. 115; 117 [Herv. i.O.]; vgl. Castoriadis, Cornelius: *Le Monde morcelé. Les carrefours du labyrinthe 3*, Paris: Édition du Seuil 1990, S. 144f.

Was heißt nun – erweitert man den Horizont von der psychoanalytischen Praxis zur Politik – diese praktisch-poietische Tätigkeit? Wie wird dieses Begreifen, dieses Wissen zu einem Tun? Wie sind Wissen und Tun als Praxis zu deuten? Im nächsten Abschnitt werden diese Fragen in Bezug auf das Verständnis des *Revolutionären Entwurfs* bei Castoriadis zu klären versucht.

2.3 IMAGINÄRES III – SUBJEKT UND AUTONOMIE

Im Abschnitt *Wissen und Tun* distanziert sich Castoriadis von der Notwendigkeit einer vollständigen Theorie als Bedingung des Handelns.[183] Weder müsse man ein umspannendes Wissen der gegenwärtigen geschweige denn einer zukünftigen Gesellschaft haben.[184] Wie kann man dann aber, so fragt er, einen revolutionären Entwurf konstruieren und verfolgen? Indem Castoriadis mit der Bedingung aufräumt, es bedürfe einer vollständigen Theorie, um bewusst handeln zu können, will er aufzeigen, dass nicht eine Theorie und das absolute Wissen über sie Bedingung des Tuns ist, sondern umgekehrt. Die Theorie kann unmöglich zum Vorneherein formuliert werden, weil sie beständig der Tätigkeit selbst entwächst.[185] Die Welt ist vor allem auch geschichtliche Welt des menschlichen Tuns.[186] Um dieses Tun zu klären, bedient sich Castoriadis der beiden Beispiele: einerseits Reflexhandeln und andererseits Technik. Reflexhandeln bedeutet hier das vollkommen unbewusste Handeln. Im Gegensatz dazu steht die rein rationale Tätigkeit, die Technik. Hier handelt es sich um ein bloßes Mittel-Zweck-Wissen. Entscheidend ist für Castoriadis nun die Verortung des menschlichen Tuns jenseits dieser beiden Möglichkeiten: »Das Wesentliche des menschlichen Tuns lässt sich nun aber weder als Reflex noch als Technik verstehen.«[187] Castoriadis versucht zu zeigen, dass auch noch in vermeintlich technischen Tätigkeiten ein Tun agiert, das nicht durch einen reinen Formalismus erklärbar ist. »Die Theorie als solche ist ein Tun, der stets ungewisse Versuch, das Projekt einer Aufklärung der Welt zu verwirklichen.«[188] In dieser Unabgeschlossenheit der erklärenden

---

183 Teile dieses Abschnittes gehen auf mein Referat zurück, im Rahmen des Seminars *Gesellschaftstheorie und Psychoanalyse – Castoriadis und Lacan*, betreut von Francis Cheneval, Georg Kohler und Peter-Ulrich Merz-Benz, 2005.
184 Castoriadis: Gesellschaft als imaginäre Institution, S. 130.
185 Ebd., S. 130.
186 Ebd., S. 123.
187 Ebd., S. 124.
188 Ebd., S. 127.

Theorie liegt ihre Abhängigkeit vom Tun, das auf die Geschichte wirkt. So kann Castoriadis auch behaupten: »Wer also verlangt, der revolutionäre Entwurf müsse auf einer vollständigen Theorie gründen, ähnelt die Politik einer Technik an und macht ihren Handlungsbereich – die Geschichte – zum möglichen Gegenstand eines abgeschlossenen und erschöpfenden Wissens.«[189] Aber Castoriadis will die Theorie dadurch nicht entwerten. Er will seine Idee einer Theorie in ein dem revolutionären Entwurf entsprechendes Licht rücken. Im Aufsatz *Eine neue Periode der Arbeiterbewegung beginnt* expliziert er ihre Funktion:

»Die revolutionäre Theorie ist selber ein wesentliches Moment des Kampfes um den Sozialismus, und sie ist es in dem Maße, wie sie Wahrheit ist. Nicht eine spekulative Wahrheit, Wahrheit der Kontemplation, sondern eine mit einer Praxis vereinigte Wahrheit, die in ein Vorhaben zur Veränderung der Welt Licht bringt. Ihre Funktion besteht also darin, jedesmal explizit den Sinn des revolutionären Unternehmens und des Kampfes der Arbeiter zu formulieren; den Rahmen deutlich zu machen, in dem diese Aktion ihren Platz hat [...].«[190]

Politik gehöre zum Bereich des Tuns und seiner besonderen Gestalt: der Praxis. Diese Praxis sei mit der Theorie vereinigt oder zumindest verbunden. Was aber heißt Praxis? Castoriadis liefert eine Annäherung: »Praxis nennen wir dasjenige Handeln, worin der oder die anderen als autonome Wesen angesehen und als wesentlicher Faktor bei der Entfaltung ihrer eigenen Autonomie betrachtet werden.«[191] Zentrum dieses Tuns, dieses Tunsollens, ist die Beförderung der Autonomie des oder der anderen. Mit der Praxis gelangen wir nun also zugleich zu einem anderen zentralen Begriff: der Autonomie. Praxis wirkt erst durch diesen wesentlichen Faktor. Praxis ist nicht bloß eine Wirkungsweise von Zweck und dem entsprechenden Mittel wie ihn eine Technik gebietet. Die Autonomie wirkt in der Praxis und durch ihr Tun auf sich zurück. Castoriadis bringt das Beispiel der Psychoanalyse und ihrer Entwicklung an.[192] Die letzte Bewährung, so heißt es bei ihm, finde die Praxis in der Veränderung des Bestehenden.[193] Was hat nun die Idee eines revolutionären Entwurfs mit der Praxis und ihrer Autonomie zu

---

189 Ebd., S. 128.
190 Castoriadis, Cornelius: »Eine neue Periode der Arbeiterbewegung beginnt«, in: Ders., *Sozialismus oder Barbarei. Analysen und Aufrufe zur kulturrevolutionären Veränderung*, Berlin: Wagenbach 1980, S. 127-144, hier S. 133f.
191 Castoriadis: Gesellschaft als imaginäre Institution, S. 128.
192 Vgl. Abs. 2.2.3.
193 Ebd., S. 130.

tun? In seinem Kern sei der Entwurf ein Sinn und eine Orientierung.[194] Damit kann man zunächst noch sehr wenig anfangen. In seiner negativen Annäherung bedeutet der Entwurf gerade nicht die Idee eines Planes. Auch wenn Castoriadis in Bezug auf die Politik von der Form eines Programmes spricht, so bleibt dieses Eingeständnis doch sehr vage, denn auch das Programm sei nur eine bruchstückhafte und vorläufige Form des Entwurfes.[195] Was als Sinn der Idee eines revolutionären Entwurfs deutlich werden soll, sei die Veränderung der Gesellschaft in eine andere, die ihrer Organisation nach auf die Autonomie aller gerichtet sei.[196] Natürlich ist sich Castoriadis dabei bewusst, dass diese Veränderung vom autonomen Handeln der gegenwärtigen also von dieser Gesellschaft ausgebildeten Menschen ausgehen muss. Wohin aber führt seine Kritik bzw. sein revolutionärer Entwurf? Deutlich mag dies an der Kritik von technokratischen Strukturen werden.

Im Aufsatz über *Die Degenerierung der Arbeiterorganisation*[197] stellt Castoriadis fest, dass die vom Marxismus postulierten Bewegungsgesetze der kapitalistischen Ökonomie gleich Naturgesetzen angeblich zum Zusammenbruch des Kapitalismus führen müssen.[198] Diese logisch strukturierte Konzeption führe unvermeidlich zu einer Trennung der Arbeiterführung, das heißt meist der Intellektuellen, und der eigentlichen Basis, den Arbeitenden. Diese Teilung macht Autonomie im Sinne von Castoriadis unmöglich. Wie im Kapitalismus werde so weiterhin eine Trennung von Leitenden und Ausführenden gesetzt. Was er außer dieser Trennung beanstandet, ist, dass gerade die logische Struktur der Bewegungsgesetze sich wesentlich auf die in einer bürgerlichen Wissenschaft entwi-

---

194 Ebd., S. 133.
195 Ebd., S. 133.
196 Ebd.
197 Castoriadis, Cornelius: »Die Degenerierung der Arbeiterorganisation«, in: Ders., *Sozialismus oder Barbarei. Analysen und Aufrufe zur kulturrevolutionären Veränderung*, Berlin: Wagenbach 1980, S. 116-127, hier S. 119.
198 Insofern wird Castoriadis vorgeworfen die Naturwüchsigkeit bei Marx als Naturgesetzlichkeit zu interpretieren. Die von den Autoren Sommer und Wolf ständig geltend gemachte unbewusste Struktur (die mit der Naturwüchsigkeit verbunden sei), welche die Verhältnisse der Menschen durch den Wert bestimme, wirkt sich jedoch in diesem Horizont gleich aus: Als Trennung jener, welche die Verhältnisse durchschaut haben – die kritischen Kritiker Sommer und Wolf – und der Masse, die aufgeklärt werden muss. Vgl. dazu Sommer, Michael / Wolf, Dieter: *Imaginäre Bedeutungen und historische Schranken der Erkenntnis. Eine Kritik an Cornelius Castoriadis*, Hamburg: Argument Verlag 2008, S. 35.

ckelten Mechanismen stützt. Das grundlegende Postulat, dass es dem Kapitalismus gänzlich gelingt den Arbeiter als Arbeitskraft in Ware umzuwandeln, widerspricht nach Castoriadis der Realität des Kapitalismus. Gebrauchswert und Tauschwert der Arbeitskraft seien unbestimmt und nicht einer strengen Gesetzmäßigkeit unterworfen. Damit löse sich die Notwendigkeit der Krise des Kapitalismus gemäß den kommunistischen Gesetzen auf. Die revolutionäre Politik sei durch diese Theorie a priori zu einer Technik degradiert worden. Und die Technokraten der Partei oder Gewerkschaft führten tatsächlich mit ausschließlicher Macht die Bewegung an, ohne dass die Autonomie des Einzelnen verwirklicht würde. Sie führten zu einer Degenerierung der Arbeiterorganisation.

Was sind die Wurzeln des revolutionären Entwurfes? Es stellt sich für Castoriadis bei der Diskussion über die Beziehung des revolutionären Entwurfs und der Wirklichkeit die Frage, ob eine gesellschaftliche Veränderung in einem bestimmten Sinne möglich ist. Ein Beispiel betrifft die Arbeiterkontrolle. Es geht dabei um die Arbeit innerhalb der kapitalistischen Organisation. Die Produktionsverhältnisse und mit ihr die »Klasse«, die dabei der Arbeit die Rahmenbedingungen gäben, stünden in ständigem Widerstreit zueinander. »Die Unternehmensführung muß die Arbeiter einerseits aus der Produktion möglichst weitgehend ausschließen, kann sie andererseits aber auch nicht aus der Produktion ausschließen.«[199] Dieser grundlegende Konflikt trägt nach Castoriadis wiederum in sich die Lösung und diese heiße Arbeiterkontrolle oder Arbeiterverwaltung, d.h. die Kontrolle der Produktion durch die Arbeiter.[200] Die Wurzel des revolutionären Entwurfs, so wird an diesem Beispiel deutlich, liegt im Bestehenden. Castoriadis behauptet an dieser Stelle die überwiegende Mehrheit der Gesellschaft arbeite de facto auf eine Krise hin. Diese Krise ersetze zuletzt die bestehenden Produktionsverhältnisse durch die bereits angesprochene Arbeiterkontrolle. Die letztere bedeutet für ihn die Verwirklichung von Autonomie. Seine diesbezügliche Behauptung einer bereits antizipierten Krise in der heutigen Gesellschaft bleibt dabei im Raume stehen, ohne erklärt und nachgewiesen zu werden. Diese etwas verwegene Prognose verdeutlicht, dass es sich um einen frühen Text aus der Zeit von *Socialisme ou Barbarie* handelt. Zugleich hat Castoriadis aber auch noch Mitte der 1990er Jahre, in *Fait et à faire* bzw. *Getan und zu tun*, an seiner früheren Positionierung festgehalten, wenn auch die Arbeitenden als Proletariat

---

199 Castoriadis: Gesellschaft als imaginäre Institution, S. 136.
200 Vgl. dazu Castoriadis: Vom Sozialismus zur autonomen Gesellschaft. Über den Inhalt des Sozialismus.

nicht mehr die angestammte Rolle behielten.[201] Von größerem Interesse ist die Arbeiterselbstverwaltung, da sie unmittelbar auf sein Verständnis von Autonomie, Praxis und Subjekt verweist. Die Arbeiterkontrolle wird als Exempel von Autonomie weiter nach der Realisierbarkeit befragt. Castoriadis sieht in der Selbstverwaltung nicht bloß eine Lösung von bisherigen kapitalistischen Problemen: Sie wird außerdem Ausgangspunkt einer strukturellen Veränderung der Gesellschaft. Damit ist ein Kernaspekt seiner Theoriebegründung, die im nächsten Kapitel untersucht wird, vorweggenommen: die wechselseitige Anerkennung der anderen als Bedingung von Freiheit.[202] Anhand der Ökonomie glaubt Castoriadis gezeigt zu haben, dass es zu einer ungeheuerlichen Rationalisierung der Wirtschaft kommen muss, würde die Arbeiterkontrolle verwirklicht. Diese Rationalisierung bedeutet zweierlei: Einerseits werde die Nutzung des ökonomischen Systems auf die vom Kollektiv gewünschten Produkte ausgerichtet, was eine rationale oder rationalisierte Produktion möglich mache. Außerdem werde den Menschen die bewusste kollektive Kontrolle der Wirtschaft übertragen, wodurch sie nicht mehr einer willkürlichen Ökonomie durch fremde Führung ausgeliefert seien. Das bedeute aber, so Castoriadis, längst nicht, von einer durchgehenden völligen Rationalisierung zu sprechen. Sie bedeutet einen »ständig fortschreitenden Realisationsprozeß der Bedingungen von Autonomie.«[203] Mit der Ausweitung der Wirksamkeit dieser Veränderung kommt Castoriadis zum Problem der Gesellschaft als Totalität. Es ginge darum, dass die strukturelle Veränderung hin zur Arbeiterkontrolle sich auf die Gesamtheit der Gesellschaft auswirken müsse. Castoriadis ist sich hier durchaus bewusst, dass es nicht möglich ist, durch den Aspekt der Arbeiterkontrolle, das heißt eines aktuellen revolutionären Entwurfs, alle Probleme lösen zu können. Es ändere dies aber nichts an der Notwendigkeit sich auf eine künftige Situation hin zu entwerfen.[204]

»Wenn es also ebenso notwendig wie unmöglich ist, die Gesellschaft als Totalität zu berücksichtigen, kann und muß sich der Einwand, den man daraus gegen die revolutionäre Politik ableiten könnte, mit der gleichen oder mit noch höherer Berechtigung gegen *jede* Politik, gleich welche Ziele sie anstrebt, richten. Denn welche Politik man auch verfolgt, das Ganze der Gesellschaft ist darin notwendig impliziert.«[205]

---

201 Castoriadis, Cornelius: *Fait et à Faire. Les carrefours du labyrinthe 5*, Paris: Édition du Seuil 1997, S. 88f. Vgl. Castoriadis: Philosophie, Demokratie, Poiesis, S. 253.
202 Vgl. Abs. 3.2.
203 Castoriadis: Gesellschaft als imaginäre Institution, S. 148.
204 Ebd., S. 150.
205 Ebd., S. 150f. [Herv. i.O.]

Für Castoriadis ist der Einfluss der Praxis auf ihren Gegenstand, die Autonomie der Menschen und damit der Gesellschaft, immer notwendig mit einer Totalität verknüpft, obwohl diese doch nicht ganz fassbar bleiben muss. Wer also revolutionäre Politik kritisiere, so Castoriadis, müsste zugleich zugeben, dass Veränderung überhaupt nicht möglich sei. Dass Revolution alles ändern will, ist für Castoriadis nicht unterschieden davon, dass man einen Teil der Gesellschaft bzw. ihrer Institutionen ändern will. Castoriadis formuliert hier die Situation der Praxis wie folgt: »Sie begegnet der Totalität als *offener, sich vollziehender Totalität.*«[206] Und: »Praxis hingegen gibt es nur, wenn ihr Gegenstand seinem Wesen nach jeden Abschluss überschreitet und wenn sie selbst in einem ständigen sich wandelnden Verhältnis zu diesem Objekt steht.«[207] Darin liegt nun der Kern für Castoriadis, wenn es darum geht revolutionäre Politik zu bestimmen: Sie erkennt und verdeutlicht die Probleme der Gesellschaft als Totalität ohne diese aber als starr und passiv zu betrachten. Dies kann sie nur, wenn alle gleichermaßen in den Vorgang dessen, was Politik im Kern bedeutet, einbezogen werden, nämlich die Verwirklichung von Freiheit. Darin zeigt sich die positive Möglichkeit wirklich Einfluss nehmen zu können, d.h. ein erster Schritt in Richtung Autonomie.

»Eine autonome Gesellschaft schließt autonome Individuen ein, die ihrerseits im vollentfalteten Sinne nur in einer autonomen Gesellschaft existieren können. Nun hängt das, was jeder im Hinblick sowohl auf die Gemeinschaft wie sich selbst tut, in entscheidendem Maße von seiner gesellschaftlichen Erzeugung als Individuum ab.«[208]

Revolutionäre Praxis und ihr Entwurf weisen also auf eine andere Gesellschaft hin und wirken damit auf sie zu. Dass sich aber ein revolutionärer Entwurf nur durch die Massen der Gesellschaft verwirklichen lässt, scheint für Castoriadis klar und zeigt, dass er seine Idee der Autonomie konsequent weiterverfolgt.[209] Allerdings müsste man insofern den Begriff der Masse eher so verstehen, dass sie als autonome Bewegung aller verstanden wird – oder einer großen Mehrheit gegenüber jenen, die als Gegner von Selbstbestimmung auftreten. Dabei wird offensichtlich, dass dieser zuerst integrative Begriff von Praxis noch an einem antagonistischen Modell festhält.[210] In seinem Abschnitt über die subjektive Wur-

---

206 Castoriadis: Gesellschaft als imaginäre Institution, S. 152. [Herv. i.O.]
207 Ebd., S. 153.
208 Castoriadis: Die griechische *polis* und die Schaffung der Demokratie, S. 342; vgl. auch Castoriadis: Vom Sozialismus zur autonomen Gesellschaft, Bd. 2.2, S. 202.
209 Castoriadis: Gesellschaft als imaginäre Institution, S. 156.
210 Ebd., S. 187f.

zel des revolutionären Entwurfs stoßen wir auf einen mit der Autonomie in grundlegender Weise verknüpften Satz: »Ich möchte, daß der andere frei ist, denn meine Freiheit beginnt dort, wo die Freiheit des anderen beginnt [...].«[211] Nicht endet meine Freiheit, sondern sie gelangt durch den anderen erst zur Verwirklichung.[212] Der oder die andere werden damit nicht mehr als begrenzend wahrgenommen, sondern als Bedingung der Möglichkeit überhaupt frei zu sein. Was bedeutet dies genau? Freiheit wird verschoben: vom Anspruch eines Ichs auf Autonomie zum Bewusstsein der einzigen möglichen Autonomie in der Anerkennung und durch das Du. Die Abhängigkeit von anderen ist insofern nicht mehr nur als Heteronomie zu verstehen, sondern als der Ausgangspunkt für Autonomie und das Tun in der Gesellschaft.[213]

Zurück zur Logik des revolutionären Entwurfs: »Die sozialistische Revolution erstrebt die Veränderung der Gesellschaft durch die autonome Tätigkeit der Menschen und zielt auf die Einrichtung einer Gesellschaft, die in ihrer Organisation der Autonomie aller entgegenkommt. Dies ist ein *Entwurf*.«[214] Der Unterschied der Krise der bestehenden Gesellschaft liegt für Castoriadis nicht in einer bloß ökonomischen Divergenz von Produktionskräften und kapitalistischer Produktionsweise. Wo genau aber liegt der Unterschied zu der von ihm beschworenen Ambivalenz der Produktionsverhältnisse? Es scheint als führe das kapitalistische System zu einem Widerspruch gegenüber der Autonomie der Produzenten. Einerseits bedarf man der passiven Einordnung in die Produktion. Andererseits geht dies doch nur durch den Menschen als (mit)denkenden Produzenten. Es ist nicht nur das Was, sondern auch das Wie der Arbeitsprozesse.[215] Dieser Konflikt, der daraus entstehe, stütze sich auf einen inneren Widerspruch der Arbeit.[216] Auf Castoriadis' Bezugnahme der Marx'schen Begriffe wird im nächsten Kapitel zurückgekommen.

Die Logik des revolutionären Entwurfs ist also keine Logik im strengen Sinne. Denn in der Gewichtung der Autonomie gestaltet sich ein unkalkulierbares Moment. Dass Castoriadis die Autonomie gegen Ende des Abschnitts doch als zwingenden Wert postuliert, scheint ein seltsam anmutender Widerspruch des

---

211 Ebd., S. 158.
212 Und: »Die Anerkennung des anderen hat für mich nur Wert, soweit ich ihn selber anerkenne.« Ebd., S. 160; vgl. Abs. 2.2. in dieser Arbeit.
213 Vgl. Abs. 3.2.
214 Ebd., S. 162. [Herv. i.O.]
215 Vgl. Abs. 3.1.
216 Ebd., S. 164.

bisher Gesagten.[217] Als normative Voraussetzung wird dieser Wert später erläutert.[218] Castoriadis hat ein historisches Bewusstsein oder genauer ein wirkungsgeschichtliches Bewusstsein. Die revolutionäre Aktivität ist, so Castoriadis, einem entscheidenden Widerspruch unterworfen: Sie hat ihren Anteil an der Gesellschaft, die sie zerstören will.[219] Dieser Widerspruch sei nicht Anlass zur Enthaltung, sondern zum Kampf. Er sollte nicht dazu veranlassen, auf einen ausgearbeiteten Schöpfungsplan zu warten, sondern in der Praxis – einer gemeinsam entworfenen Praxis – zu wirken.

2.4 Fazit

Wie wir gesehen haben, entwirft Castoriadis das Subjekt in ganz bestimmter Weise. Seine Bedeutung hat es, kurz gesagt, als Subjekt bloß in gesellschaftlicher Hinsicht. *Subjekt* als Begriff sei gesellschaftlich-geschichtlich vermittelt und bedingt. Das Subjekt müsse nicht nur in biologischer Hinsicht geboren werden, sondern auch in sozialer. Wie geht dies vor? Castoriadis nimmt *nicht* an, dass ein Mensch als Subjekt, als eine Person, präexistent ist und lediglich aus dem Dunkel seiner Unvernunft ins Licht geführt wird. Dieses Subjekt als Identität wird erst in oder mit der Sozialisation in eine bestimmte Gesellschaft seiner selbst bewusst. Oder anders gesagt: Die Identität eines Menschen bildet sich erst damit heraus. Was macht denn dieses Subjekt aus? Es spricht – oder wie Castoriadis es ausdrücken würde: *es wird gesprochen*. Er meint dies nicht plakativ, dass es um bloße Abhängigkeit von anderen geht. Diese Abhängigkeit ist eigentlich dem Subjekt als Subjekt eigen. Das heißt, dass das Subjekt als das, was es ist, auch die anderen ist. Anders formuliert: Mit der Sozialisation eignen wir uns jeweils bestimmte Vorstellungen an, die uns als Subjekt bilden. Wir teilen mit anderen Menschen grundlegende Vorstellungen unserer Zeit. Dies betrifft und trifft nicht nur die Sprache, sondern jegliche Institution einer bestimmten Gesellschaft zu einer bestimmten Zeit. Das heißt, jede Psyche muss – Castoriadis geht von einer zuerst abgeschlossenen psychischen Einheit, der Monade, aus – um sozialisiertes Individuum, um überhaupt Subjekt sein zu können, bestimmte gesellschaftliche Institutionen und ihre *imaginären Bedeutungen* zulassen und man könnte sagen integrieren: »Die Psyche muss so gut es geht gezähmt werden, um eine ›Realität‹ zu akzeptieren, die ihr anfangs, und in gewissem Sinne bis zum

---

217 Ebd., S. 170.
218 Vgl. Abs. 3.2.
219 Ebd., S. 140.

Ende, zutiefst fremd und unvertraut ist. Diese ›Realität‹ und ihre Hinnahme sind das Werk der Institution.«[220] Die vorgängig angenommene psychische Einheit muss also aufbrechen. Dieses Aufbrechen bedeutet, dass *fremde* Institutionen in die Psyche einfließen und das Außen erst aufzeigen. Dieses Außen als erste *selbstgesetzte* Institution aller anderen muss sich aufdrängen.[221] Diese Aufteilung in Innen und Außen ist ein erstes notwendiges instituiertes Imaginäres oder Phantasma, um überhaupt von einer Unterscheidung Individuum / Subjekt-Gesellschaft sprechen zu können.[222]

Das Verhältnis zwischen Autonomie und radikaler Imagination ist eng mit dem Begriff der Institution verknüpft. Castoriadis meint damit jegliche gesellschaftliche Einrichtung, genauer: Er meint jegliche Einrichtung einer bestimmten Gesellschaft zu einer bestimmten Zeit, die es ihr ermöglicht sich als Gesellschaft zu *erhalten*. Deshalb spricht Castoriadis immer von der Gesellschaft-Geschichte, da nur in der wechselseitigen Verbindung überhaupt jeweils darüber gesprochen werden kann. Eine geltende Norm ist eine gesellschaftlich anerkannte Institution, wie z.B. ›Du sollst nicht stehlen!‹.

Zurück zum Subjekt: Kommen wir zur Sprache, oder vielmehr zu der ihm eigenen Fremdsprache. In der gleichen Weise wie Institutionen von der Psyche akzeptiert werden müssen, werden vor allem auch *(sprachliche) Bedeutungen* aufgenommen. Insofern gibt es kein ›Entkommen‹ vor den Institutionen und den gesellschaftlichen imaginären Bedeutungen und der symbolischen Ordnung einer Gesellschaft, die wir gemäß Castoriadis mit der Subjekt-Werdung aufgenommen haben. Dazu gehört nicht zuletzt auch die Sprache. Wir eignen uns das Andere so an, dass wir das dem Subjekt Andere zugleich aber auch je eigene, das heißt die historisch überkommenen Vorstellungen in einer Gesellschaft, begreifen können. Erst dadurch, das scheint Castoriadis damit zu meinen, können wir in Abgrenzung von dieser imaginären Institutionen autonom werden. Insofern sind wir der Sprache nicht einfach ausgeliefert wie bei Lacan, sondern kommen ihr gewissermaßen bei, indem wir sie im Hinblick auf einen gemeinsamen Entwurf *gebrauchen*. Anders gesagt, ist das Ziel der Psychoanalyse für Castoriadis, dass jede_r Einzelne die unbewusst herrschenden Institutionen entdeckt und bearbeitet. Zu dieser veränderten Auffassung oder eher radikalisierten Auffassung von Psychoanalyse gehört auch die Distanzierung von Lacan und seiner Schule.[223]

---

220 Castoriadis: Autonomie oder Barbarei, S. 45.
221 Zum Beispiel hat das Kind Hunger und schreit, aber es gibt nichts, die Mutter, die Brust sind abwesend.
222 Reitter: Perspektiven der Freud-Rezeption, S. 121-123.
223 Vgl. Abs. 2.2.2 u. 2.2.3.

Mit der Enthüllung der Fremdherrschaft wird diese praktisch bearbeitbar. Man könnte mit Hegel formulieren, dass es bedeutet, sich als ›Kind seiner Zeit‹ bewusst zu werden. Das heißt zwar nicht, dass wir einfach wie Humpti Dumpti in Lewis Carolls *Alice hinter den Spiegeln*[224] den Worten neue Bedeutungen geben können. Aber wir sehen, wer das Sagen hat – und eben: wer nicht. Erst damit meint Castoriadis wird die Gesellschaft und ihre uns fremd gewordenen Institutionen kritisier- und veränderbar. Wie kommt man zu neuen Institutionen? Die Antwort von Castoriadis: die radikale Imagination bzw. das radikal Imaginäre. Er geht von einer Fähigkeit bzw. Möglichkeit aus, die sich neue Institutionen vorstellt, vor allem neue Formen wie das Zusammenleben organisiert sein soll. Dieses Vorstellen kann wirksam werden. Das hat wiederum mit *Praxis* zu tun. Wenn er also von der radikalen Imagination oder dem radikal Imaginären spricht, deutet er ein Hervorquellen an, das unerschöpflich ist, wie es Phantasie oder Vorstellungskraft andeuten. Der ständige Fluss, das Magma der gesellschaftlichen imaginären Bedeutungen verweist auch auf das ständig mögliche gemeinsame Tun als verändernde Praxis. Aus diesem Magma schöpft das radikal Imaginäre Sinn und gießt ihn in Institutionen, die in einem Symbolsystem zum Ausdruck kommen: »Die radikale Imagination besteht in der und durch die Setzung / Schöpfung von Gestalten als Vergegenwärtigung von Sinn und von Sinn als stets gestaltetem und vorgestelltem Sinn.«[225] Castoriadis ist nicht der Meinung, dass wir ohne Institutionen auskommen. Die Frage ist aber, in welchem Verhältnis wir zu den gesellschaftlich imaginären Bedeutungen und den daraus resultierenden gesellschaftlichen Institutionen stehen. Wissen wir um ihre Relativität? Können wir sie ändern? Oder: Wer kann sie ändern? Oder auch: *Wer hat das Sagen?* Das radikal Imaginäre bearbeitet unmittelbar diese imaginären Bedeutungen gesellschaftlicher Organisation, und dies ist ein unabschließbares Unterfangen. Die Frage ist natürlich, wo wir diese gesellschaftlich imaginären Bedeutungen finden sollen? Wo sonst als dem Subjekt eigenes bzw. fremdes wären diese bearbeitbar? Wo sonst als in einer Gemeinschaft, in welcher die Bedeutungen im gemeinsamen Tun zum Ausdruck kommen? Nur so, scheint es, kann

---

224 »›Wenn *ich* ein Wort gebrauche‹, sprach Humpti Dumpti in ziemlich höhnischem Ton, ›bedeutet es genau, was es nach meinem Belieben bedeuten soll – nicht mehr und nicht weniger.‹ – ›Die Frage ist‹, sprach Alice, ›ob Sie ein Wort so viele verschiedene Dinge bedeuten lassen *können*.‹ – ›Die Frage ist‹, sprach Humpti Dumpti, ›wer Herr im Haus ist – das ist alles.‹« Carroll, Lewis: *Alles über Alice. Alices Abenteuer im Wunderland und Durch den Spiegel und was Alice dort fand*, Hamburg: Europa Verlag 2002, S. 235f. [Herv. i.O.]
225 Castoriadis: Gesellschaft als imaginäre Institution, S. 603.

Castoriadis behaupten, dass in einem Prozess der Aufklärung diese Bedeutungen eingeholt und praktisch bearbeitet werden können – zuletzt also doch nicht ganz unantastbar bleiben. Alle drei Dimensionen des Begriffes des Imaginären deuten eine Relevanz dessen an, was Castoriadis mit Autonomie meint. Es bedeutet bei Castoriadis *erstens*, dass wir als Einzelne die Herrschaft der Institution und damit die aktual imaginäre Institution als imaginärer Bedeutung der Gesellschaft durchschauen können. Zwar wird sich jede und jeder als Einzelne oder Einzelner bloß durch die gesellschaftlich ›aufgezwungene‹ imaginäre Institution seiner selbst bewusst – mit dieser Erkenntnis aber setzt Autonomie ein. Es beginnt ein Ringen mit dem Heteronomen. Allerdings gilt es daran zu erinnern, dass Castoriadis mit der Aufhebung der Heteronomie – dem fremden Gesetz – nicht meint, dass es keine Differenz mehr zwischen Institution und Gesellschaft geben könne – das bedeutete gesellschaftlich-geschichtlichen Stillstand.[226] Es bedeutet *zweitens*, dass jede historische Situation durch ein gesellschaftlich bedingtes Symbolsystem reguliert wurde und wird. In diesem zeigt sich eine imaginäre Institution, die sich in den meisten bisher vorherrschenden Gesellschaften als eine von der Gesellschaft gelöste darstellte. Und das heißt für Castoriadis, dass sie sich als unabänderliche vorstellt und insofern von der Gesellschaft losgelöst hat. Die Rückgewinnung der Macht sei nur durch einen Bruch mit einer solchen Institution möglich. Die Frage ist allerdings, wer das Sagen hat, anders ausgedrückt: Man muss schon die Stimme erheben, um das Sagen zu *haben*. Castoriadis will, dass Autonomie in jeder Hinsicht verwirklicht wird, und insofern steht jede Institution zu jeder Zeit zur Disposition.

Erinnern wir uns an das Zitat von *Alice hinter den Spiegeln* – Humpti Dumpti trifft den Nagel auf den Kopf. Er sagt nicht nur, dass es gerade entscheidend ist, wer das Sagen hat. Er sagt zugleich, dass er von einem Wort ausgeht, dem eine ganz andere Bedeutung zukommen kann. Das betrifft nicht nur das, was Castoriadis unter Autonomie und Demokratie versteht, der konsequenten selbstsetzenden Gesetzgebung, sondern auch das, was er unter Schöpfung versteht. In diesem Sinne heißt es bei Castoriadis: »Ich möchte, daß der andere frei ist, denn meine Freiheit *beginnt* dort, wo die Freiheit des anderen beginnt […].«[227] Daran wird im nächsten Kapitel angeknüpft. Zunächst nochmals eine grobe Übersicht:

---

226 Castoriadis: Die griechische *polis* und die Schaffung der Demokratie, S. 356f.; vgl. auch Castoriadis: Vom Sozialismus zur autonomen Gesellschaft, Bd. 2.1, S. 215.
227 Castoriadis: Gesellschaft als imaginäre Institution, S. 158. [Herv. i.O.]

1. Das Imaginäre ist in das radikal Imaginäre und das aktual Imaginäre zu teilen. Ersteres ist eine Fähigkeit oder eher die Möglichkeit, sich etwas vorzustellen. Dieser entspricht die radikale Imagination der Psyche einerseits und andererseits das gesellschaftliche Imaginäre. Das aktuale Imaginäre wiederum ist eine bestimmte Vorstellung. Die Fähigkeit sich etwas vorzustellen, bedeutet auch, etwas schöpfen zu können. Es ist dann nichts sinnlich Wahrgenommenes oder rational Begriffenes.
2. Die gesellschaftlichen imaginären Bedeutungen sind zwar, was die soziale Praxis betrifft, *real*, dennoch aber *unwirklich*, imaginär und nicht wahrnehmbar oder bloß konzeptuell als Bedingung erkennbar. Sie verweisen auf eine zentrale imaginäre Bedeutung, einen Gesamtsinn, um welche die Gesellschaft organisiert ist, das sich in aktual Imaginärem äußert.
3. Das Imaginäre ist nicht mit dem Symbolischen zu verwechseln. Sie bedingen sich, d.h. das Imaginäre drückt sich symbolisch aus, geht aber nicht darin auf.
4. Institutionen sind der Ausdruck einer Verbindung von Symbol, Funktion und Imaginärem, d.h. das Imaginäre bringt sich im Symbol oder einem Symbolsystem zum Ausdruck, hat aber eine ebenso funktionale Ebene, um den Erhalt einer Gesellschaft sicherzustellen.
5. Institutionen organisierten sich in Anlehnung an vorhandene Symbolsysteme (geschichtlich) oder vorgefundene *Identitäten* oder *Mengen* (Natur).
6. Eine Institution kann als unveränderliche vorgestellt werden. Eine aktuale Gesellschaft erkennt die vorhandenen Institutionen nicht mehr als »eigenes Produkt«[228,] als gesetzte, was Castoriadis Heteronomie oder Entfremdung nennt.
7. Gesellschaft-Geschichte bedeutet die Gesamtheit der institutionellen imaginären Strukturen, die in Symbolen zum Ausdruck kam und kommt, sich in der Praxis, dem Handeln der Menschen, wirksam zeigte und zeigt. Sie ist als instituierende und instituierte Gesellschaft konstituiert.
8. Die gesellschaftlichen imaginären Bedeutungen bleiben in Bewegung, deuten auf den Untergrund, das Magma, woraus sich die immer neuen imaginären Bedeutungen, die entstehen können, schöpfen.

Die bisherige Untersuchung der zentralen Begriffe von Castoriadis hat einen gemeinsamen Fluchtpunkt deutlich werden lassen: Das Subjekt soll aus seinen vielfältigen Verstrickungen herausfinden. Das bedeutet, dass das Subjekt seine Stellung (vielleicht auch Einstellung) gegenüber sich und der Gesellschaft soweit

---

228 Ebd., S. 226.

zu reflektieren vermag, dass es Herrschaft gewinnt. Herrschaft vor allem über sich selbst und das heißt über sein eigenes Handeln. Dies geschieht über die Bewusstwerdung der eigenen sozialen Herkunft im weitesten Sinne. Genauso geschieht dies durch das Bewusstsein über die Herkunft der gesellschaftlichen Institutionen, welche als erschaffene Dinge begriffen werden und damit auch mit dem Bewusstsein verbunden sind, dass sie von irgendjemandem, das heißt den Menschen, geschaffen wurden. Aus diesen Begrifflichkeiten lassen sich nun zwei Probleme herausschälen. Erstens stellt sich die Frage, ob Castoriadis mit seinen Begriffen überhaupt ein angemessenes Instrumentarium bietet, um gesellschaftliche Vorgänge und Konflikte aufgrund der Heteronomie zu beschreiben. Dem wird anhand eines konzeptuellen Vergleichs zwischen ihm und Axel Honneths Begriff der *Anerkennung* bzw. dem *Kampf um Anerkennung* nachgegangen. Zweitens stellt sich die Frage, eine etwas ketzerische Frage, warum überhaupt Autonomie als Kernbegriff feststehen sollte. Damit verknüpft ist die Frage, warum Castoriadis diesem Konzept eine normative Bedeutung zuschreiben kann. Denn es stellt sich ja durchaus die Frage, warum dieses normativ-politische Ziel der Autonomie angestrebt werden sollte. Es handelt sich also um ein Begründungsproblem, dem im nächsten Kapitel nochmals nachgegangen werden muss.

3. Entfremdung – Autonomie

> *Doug Quaid*: If I'm not me, then who the hell am I?
> *Lori Quaid*: How would I know? I just work here.[1]
> TOTAL RECALL; LEN WISEMAN

Erstens, welche Bedeutung hat der Begriff der Entfremdung in Castoriadis' politischer Philosophie? Die zweite damit zusammenhängende Frage lautet: Warum kann Castoriadis dem Kernbegriff Autonomie überhaupt normativen Wert beimessen? Insofern wird es hilfreich sein, die Entfremdung bei Marx wenigstens rudimentär nochmals zu klären.

3.1 ENTFREMDUNG

Im Folgenden wird dem Begriff der Entfremdung bei Castoriadis nachgegangen. Dabei benutze ich den Begriff der Entfremdung (aliénation), um den Begriff der Heteronomie, wie ihn Castoriadis braucht, zu verdeutlichen.[2] Verknüpft ist diese Übersetzung mit der Bedeutung der Entfremdung bei Marx. Im Weiteren werden die Verknüpfungen zum Verständnis des Begriffs bei Marx herausgearbeitet, um zum Schluss die Schwierigkeiten, die bei letzterem und insofern bei Castoriadis bestehen, klarzustellen.

---

1 TOTAL RECALL (USA 2012, R: Len Wiseman).
2 Castoriadis: Gesellschaft als imaginäre Institution, S. 175; 185f. bzw. Castoriadis: L'Institution imaginaire de la société, S. 138; 148f.

3.1.1 Entfremdung bei Castoriadis

Was versteht Castoriadis unter Entfremdung? Um die Frage zu beantworten, kann man den Faden am Ende des letzten Kapitels wieder aufnehmen: »Ich möchte, dass der andere frei ist, denn meine Freiheit *beginnt* dort, wo die Freiheit des anderen beginnt [...].«[3] Diesen Begriff der Autonomie verfolgt Castoriadis auch mit der Formulierung: »Unsere Auffassung von Autonomie macht deutlich, daß man Autonomie einerseits nur wollen kann, wenn man sie für alle will, und daß andererseits ihre volle Verwirklichung nur als kollektives Unternehmen denkbar ist.«[4] Nun stellt sich zuerst die Frage, inwiefern die Menschen, wie sie sich Castoriadis vorstellt, von der Autonomie entfremdet sind. Das Verständnis der Autonomie ergibt sich mit der Klärung des Begriffes des Gesellschaftlichen und was mit »kollektives Unternehmen« gemeint ist.

Wie erläutert wurde, entsteht jedes Subjekt als Subjekt erst durch das Aufbrechen der psychischen Monade und damit dem Einfließen gesellschaftlicher imaginärer Bedeutungen, das heißt Sinn. Damit wird Subjekt, wer Gesellschaft ›einlässt‹. Subjekt sein bedeutet dann nichts anderes als in einer bestimmten Zeit, an einem bestimmten Ort Subjekt zu werden. Genau das meint Castoriadis, wenn er schreibt, »daß das Subjekt in sich selbst auf einen Sinn stößt, der nicht der seine ist [...]«[5]. Damit ist Autonomie niemals nur als Autonomie eines Subjekts denkbar, sondern immer schon ein gesellschaftliches Verhältnis. Damit ist aber nicht nur ein Verhältnis von Subjekten unter sich, sondern irgendetwas darüber hinaus gemeint. Castoriadis spricht insofern von »*dem Gesellschaftlichen* im eigentlichen Sinne«[6]. Darauf wurde mit den Erläuterungen zu den gesellschaftlichen imaginären Bedeutungen und den gesellschaftlichen imaginären Institutionen bereits eingegangen.[7]

Das Ziel der Autonomie ist also auch niemals erreichbar als subjektives Ziel. Autonomie kann nur kollektiv bzw. gesellschaftlich verständlich und erreichbar sein. Genauso wie Autonomie muss umgekehrt auch Entfremdung gesellschaftlich verstanden werden. Castoriadis spricht von instituierter Heteronomie, also Fremdbestimmung.[8] Neben der psychoanalytischen Dimension und der Freiheit im Verhältnis zu anderen Menschen wurzle Entfremdung in der gesellschaftli-

---

3 Ebd., S. 158. [Herv. i.O.]
4 Castoriadis: Gesellschaft als imaginäre Institution, S. 183.
5 Ebd.
6 Ebd. [Herv. i.O.]
7 Vgl. Abs. 2.1.2.
8 Ebd., S. 185f.

chen Welt. Diese Bereiche bleiben eng aneinander gebunden. Was heißt nun aber gesellschaftliche Heteronomie, also Fremdgesetzlichkeit? Dass dieser Diskurs des anderen, wie er bereits angedeutet wurde, das Subjekt nicht gänzlich umgreift, ist eine konzeptuelle Bedingung, da Autonomie sonst nicht mehr denkbar wäre. Aber Castoriadis behauptet zudem, dass die gesellschaftliche Heteronomie etwas darüber hinaus sei. An dieser Stelle kommen die Institutionen und ihre imaginären Bedeutungen ins Spiel. Gerade von diesen sei das Subjekt, betrachte man die Gesellschaft als Ganzes, entfremdet, in dem Moment, wenn die Institutionen nicht mehr als eingerichtete, gesetzte durchschaut würden. Castoriadis spricht sogar von Verselbständigung. Kurz: Die Institution knechte die Gesellschaft.

»Die Institution ist ein symbolisches, gesellschaftlich sanktioniertes Netz, in dem sich ein funktionaler und ein imaginärer Anteil in wechselnden Proportionen miteinander verbinden. Entfremdung ist die Verselbständigung und Vorherrschaft des imaginären Moments der Institution, deren Folge wiederum die Verselbständigung und Vormachtstellung der Institution gegenüber der Gesellschaft ist.«[9]

Oder:

»Wir haben vielmehr die erheblich wichtigere Tatsache im Auge, daß sich die Institution nach ihrer Einsetzung zu verselbständigen scheint, [...] daß sie in ihrem Fortbestand und ihren Wirkungen über ihre Aufgabe, ihre ›Ziele‹ und ihre ›Rechtfertigungen‹ hinaus ein Eigenleben annimmt. [...] Was ›zunächst‹ wie ein Ensemble von Institutionen im Dienst der Gesellschaft aussah, wird zu einer Gesellschaft im Dienste von Institutionen.«[10]

Die Entfremdung besteht – kurz gesagt – darin, dass die Institutionen nicht mehr veränderbar scheinen, dass sie von der Gesellschaft entfernt und verselbständigt sind / scheinen. Die Aufhebung dieser Entfremdung besteht darin, dieses Verhältnis so umzukehren, dass die Institutionen wiederum in den Dienst der Gesellschaft treten und neu gestaltet werden und immer umgestaltet werden können, das bedeutet in der Verfügungsgewalt der Gesellschaft verbleiben. Dazu braucht es ein Wissen gegenüber den imaginären Bedeutungen und ein Wollen gegenüber der Veränderung der Institutionen.[11] Etwas konkreter geht Castoriadis auf diesen Anspruch der Aufhebung dieser Verselbständigung ein, wenn er von

---

9 Ebd., S. 226.
10 Ebd., S. 188.
11 Ebd., S. 186.

der *autogestion,* d.h. Selbstverwaltung, spricht.[12] Worin besteht nun gemäß Castoriadis die Lösung gegenüber der Fremdgesetzlichkeit oder Fremdherrschaft, wie sie in einem Unternehmen vorherrscht (er spricht auch von Kontrolle und Zwang)? Die Antwort kann kurz ausfallen: Die Lösung besteht in der Selbstverwaltung oder demokratischen Verwaltung der Arbeitenden.[13] Indem er festhält, dass die vorherrschende Produktionsweise durch hierarchische Verhältnisse strukturiert werde, zeigt er umgekehrt, dass die Auflösung der Hierarchie durch Selbstbestimmung die Heteronomie ablöse. Er verdeutlicht dies an der Organisation von Betrieben oder Unternehmen – und das ist nun entscheidend für sein Verständnis dessen, was er mit Entfremdung meint:

»Und warum *muss man* Zwang organisieren, warum ist es nötig, *dass* es Zwang gibt? Weil die Arbeitnehmenden normalerweise keinen überschwänglichen Enthusiasmus zeigen, um den Anweisungen der Direktion zu folgen. Und warum ist das so? Weil ihnen weder ihre Arbeit noch ihr Produkt eignet, weil sie sich entfremdet und ausgebeutet fühlen, weil sie nicht selbst entschieden haben, das zu tun, was sie tun; kurz, weil ein immerwährender Konflikt zwischen jenen, die arbeiten, und jenen, die die Arbeit von anderen bestimmen und daraus Profit schlagen, besteht.«[14]

Castoriadis[15] begründet hier, warum es Zwang in hierarchisch organisierten Unternehmen brauche und bezieht sich auf den Begriff der Entfremdung. An anderer Stelle kommt Castoriadis auf die wahren sozialen Werte gegenüber der Hierarchie und Konkurrenz zu sprechen, die diesen Faden aufnehmen: das Interesse an der Arbeit selbst, das Vergnügen etwas gut zu tun, was man selber gewählt hat zu tun, Schöpfung oder Erfindung, Kreativität, Achtung und Anerkennung

---

12 Castoriadis, Cornelius: *Le contenu du socialisme,* Paris: Union Générale d'édition (10 / 18) et Cornelius Castoriadis 1979, S. 301-322.

13 Ebd., S. 305f.

14 Ebd., S. 307: »Et pourquoi *faut-il* organiser la contrainte, pourquoi faut-il *qu'il* y ait contrainte? Parce que les travailleurs ne manifestent pas en général spontanément un enthousiasme débordant pour faire ce que la direction veut qu'ils fassent. Et pourquoi cela? Parce que ni leur travail, ni son produit ne leur appartiennent, parce qu'ils se sentent aliénés et exploités, parce qu'ils n'ont pas décidé eux-mêmes ce-qu'ils ont fait; bref, parce qu'il y a un conflit perpétuel entre ceux qui travaillent et ceux qui dirigent le travail des autres et en profitent.« [Dt. Übers. v. nc; Herv. i.O.]

15 Es gilt zu beachten, dass der Artikel in Zusammenarbeit mit Daniel Mothé verfasst wurde.

der anderen.[16] Am Schluss des Artikels kommt Castoriadis zur politischen Dimension mit der Abschaffung ungleicher Lohnverhältnisse, wenn er folgert, dass dies das einzige Mittel zum Zweck einer Produktionsweise im Sinne der Bedürfnisse der Gesellschaft sei. Damit ist der Stein des Anstoßes genannt. Diese von Castoriadis verurteilte Verselbständigung der Institution findet sich analog am Beispiel des Unternehmens – oder eigentlich: umgekehrt vom Unternehmen ausgehend, erst in der Gesellschaft als politisches Problem.[17] Wenn Castoriadis von der Freiheit als gemeinsames Wollen der Freiheit eines jeden spricht, dann ist damit nicht nur politische Freiheit als kollektive Bedingung und Verwirklichung gemeint, sie referiert zurück auf die ›reale Basis‹ von der Castoriadis denkend herkommt, den ökonomisch ungleichen (Produktions-)Verhältnissen, die entfremdet sind. So wie er in *Le contenu du socialisme I* bzw. *Über den Inhalt des Sozialismus I*[18] erklärt und damit die Bedeutung der Entfremdung seit seiner Zeit bei der Gruppe *Socialisme ou Barbarie* aufnimmt: »Entfremdung ist also das Gegenteil freien schöpferischen Handelns in einer vom Menschen geschaffenen Welt. [...] Jede Entfremdung ist eine Form menschlicher Vergegenständlichung, d.h. hat ihren Ursprung in menschlichem Handeln [...].«[19] Die Lösung dieser Entfremdung verweist auf den Begriff der Autonomie, wie ihn Castoriadis später umfassend für gesellschaftliche Belange benutzt und wie er ihn hier bereits über den Produktionsprozess hinaus auch für Familie, Erziehung und Kultur einbringt.[20] Wesentlich bleibt, dass sich Castoriadis mit seinem Anspruch auf Autonomie auf das Konzept der Entfremdung bei Marx bezieht, und dass dieses, wie eben erläutert, auch noch in späteren Texten weiter seine Bedeutung behält. Trotz seiner ständigen Behauptung, er habe sich vom Marxismus verabschiedet. Damit ist ein erster Schritt getan, dass der Begriff der Entfremdung bei Castoriadis noch auf die Marx'sche Bedeutung referiert. Ein weiterer Schritt muss aber noch getan werden, um die Verknüpfung zwischen den Begriffen klarzustellen. Es gilt also zu fragen: Wenn der Begriff der Entfremdung noch Anleihen bei Marx macht, wie hängt er dann mit dem Begriff des Imaginären zusammen? Be-

---

16 Ebd., S. 319.
17 Castoriadis verdeutlicht dies, insofern er behauptet, dass die Machtfülle in Unternehmen durch ihre Demokratisierung eingeholt werden könne. Sozialismus bedeutet die Selbstverwaltung der Arbeitenden in ihren Betrieben. Vgl. Castoriadis: Le contenu du socialisme bzw. Castoriadis: Vom Sozialismus zur autonomen Gesellschaft, Bd. 2.1, S. 65-221.
18 Ebd., S. 65-93.
19 Ebd., S. 85.
20 Ebd., S. 89.

vor auf die Frage eingegangen werden kann, muss zuerst der Begriff der Entfremdung bei Marx erläutert werden.

3.1.2 Entfremdung bei Marx

Der Begriff der Entfremdung bei Marx hat eine konzeptuell grundlegende Bedeutung. Im Folgenden wird diese Bedeutung kurz umschrieben, um dann auf eine Kritik einzugehen, die sich mit dem damit zusammenhängenden Problem der Begründung beschäftigt.[21]

Seit der Herausgabe der Pariser Manuskripte Anfang der 1930er Jahre und seit der breiten Rezeption während der 1960er und 1970er Jahre wird dem Begriff der Entfremdung eine zentrale Rolle im Konzept von Marx zugesprochen. Um die später folgenden Probleme, die damit verbunden sind deutlich machen zu können, bedarf es zuerst einer, wenn auch kurzen, Zusammenfassung wesentlicher Aspekte dieses Begriffs. Allerdings kann es hier nicht darum gehen, den Begriff in seiner ganzen Rezeptionsgeschichte wiederzugeben, sondern wesentliche Pfeiler der von Marx referierten Bedeutung in den Manuskripten und in Ansätzen in anderen Schriften aufzusuchen und klarzustellen. Es wird systematisch von den Pariser Manuskripten ausgegangen, wobei angenommen wird, dass die Entfremdung bei Marx in seinem Werk eine durchgehend zentrale Bedeutung behielt.[22]

Gattungswesen Mensch?
Der Begriff der Entfremdung bezieht sich auf das Gattungswesen Mensch. Was ist dieses *Gattungswesen* Mensch, von dem sich die Individuen entfremden bzw. entfremdet haben? Was macht die entfremdete Situation aus?

»In der Art der Lebenstätigkeit liegt der ganze Charakter einer species, ihr Gattungscharakter, und die freie bewußte Tätigkeit ist der Gattungscharakter des Menschen. [...] Das Tier ist unmittelbar eins mit seiner Lebenstätigkeit. Es unterscheidet sich nicht von ihr. Es ist *sie*. Der Mensch macht seine Lebenstätigkeit selbst zum Gegenstand seines Wollens und seines Bewußtseins. Er hat bewußte Lebenstätigkeit. Er ist nicht eine Bestimmtheit, mit der er unmittelbar zusammenfließt. Die bewußte Lebenstätigkeit unterscheidet den

---

21 Djindjić, Zoran: *Marx' kritische Gesellschaftstheorie und das Problem der Begründung*, Dissertation, Universität Konstanz, Konstanz 1979.

22 Vgl. Mészàros, Istvàn: *Der Entfremdungsbegriff bei Marx*, München: Paul List Verlag KG 1973; Fetscher, Iring: *Grundbegriffe des Marxismus*, Hamburg: Hoffmann und Campe Verlag 1976, S. 73.

Menschen unmittelbar von der tierischen Lebenstätigkeit. Eben nur dadurch ist er ein Gattungswesen.«[23]

Marx geht von einer bestimmten Anlage aus, die Praxis, das Tun der Menschen in den Vordergrund rückt. Die Menschen vollbringen sich insofern und äußern sich in ihrem Tun. Dass dies keine statische oder substanzielle Festsetzung bedeutet, darauf deutet Marx, wenn er schreibt, dass der Mensch keine Bestimmtheit sei. Der Mensch als Gattung Mensch vollbringt sich nur in einer freien und bewussten (produktiven) Tätigkeit. Diese Tätigkeit bedeutet, das scheinen gewisse Autoren zu verkürzen[24], nicht nur Arbeit als Produktion von Waren, was

---

23 Marx, Karl: *Pariser Manuskripte. Ökonomisch-philosophische Manuskripte aus dem Jahre 1844*, hg. v. Robert Katzenstein, Westberlin: Verlag Das Europäische Buch 1987, S. 62. [Herv. i.O.]

24 Müller, Friedrich: *Entfremdung. Folgeprobleme der anthropologischen Begründung der Staatstheorie bei Rousseau, Hegel, Marx*, Berlin: Duncker & Humblot 1985 S. 74f.: »Spezifisch im Kapitalismus ist der Arbeiter gegenüber der Natur, gegenüber seinem Produkt, seiner Arbeit und gegenüber der Gesellschaft entfremdet. Die Entfremdung des Nichtarbeiters als Fehlen wirklicher Verbindung mit dem allein vermenschlichenden Produktionsakt ergänzt die des Arbeiters – vergleichbar der Form der Entfremdung des nicht-arbeitenden ›Herrn‹ in der ›Phänomenologie des Geistes‹.« – Müller ist an mehreren Stellen unpräzise: Einerseits interpretiert er den Bourgeois als Nichtarbeiter so, dass dieser überhaupt nicht produktiv sein könnte, zum anderen spricht er dem Produktionsakt des Arbeiters vermenschlichenden Charakter zu, bleibt also ungenau, da er sagen müsste dem Produktionsakt des Menschen, da der Arbeitende im Sinne der kapitalistischen Produktionsweise nicht vermenschlicht, sondern umgekehrt entfremdet wird. Einen dritten Fehler begeht Müller, indem er das Herrschaftsverhältnis zwar richtigerweise auf Hegel bezieht, aber wiederum ungenau, indem er es mit der Wechselseitigkeit von Herr und Knecht vergleicht, wenn es um den Begriff der Entfremdung geht. Bei begrifflich genauer Betrachtung sieht man sogleich, dass der Begriff der Entfremdung von Marx zwar von Hegel übernommen wird, aber in konzeptueller Hinsicht eine andere Bedeutung hat. Während es bei Hegel um eine Frage der Erkenntnis und Bezugnahme auf die Welt geht, handelt es sich bei Marx um eine materialistische Beschreibung der Produktionsverhältnisse und -weisen. Müller widerspricht sich zudem eine Seite später, wenn er wiederum behauptet, dass Marx den Aspekt der Anerkennung weggelassen habe, obwohl er kurz zuvor behauptet, dass die Verhältnisse Herr-Knecht vergleichbar seien mit jenen von Arbeiter-Nichtarbeiter.

inkohärent wäre, sondern auch intellektuell oder künstlerisch tätig zu sein.[25] Es verdeutlicht insgesamt das Verhältnis zu sich selbst als Mensch, das nachgerade nur in dieser gemeinsamen Produktivtätigkeit zum Ausdruck kommt.[26] Anders formuliert:

»Er [Marx; nc] spricht nicht einfach von der Entfremdung des Menschen von der ›Natur‹ als solcher, sondern von der Entfremdung des Menschen von *seiner eigenen* Natur, von der ›anthropologischen Natur‹ [...]. Eben dieser Begriff der ›eigenen anthropologischen Natur‹ *impliziert notwendig* die ontologisch fundamentale Selbstvermittlung des Menschen mit der Natur durch seine Produktiv-(und Selbstproduktiv-)Tätigkeit.«[27]

Es bleibt die Frage, ob diese »anthropologische Natur« und mit ihr die notwendige ontologisch fundamentale Selbstvermittlung in der Praxis dadurch normativen Charakter hat, indem die Rückgewinnung dieser Menschlichkeit nur durch eine grundlegende Veränderung der entfremdeten und entfremdenden Verhältnisse zu erreichen ist. Insofern müsste wiederum gezeigt werden, worauf dieser normative Anspruch ruht bzw. was diese anthropologische Natur ist und warum gerade diese Natur entscheidend ist. Es wurde und wird seit der Veröffentlichung der Pariser Manuskripte darüber gestritten, welche Bedeutung das Konzept der Entfremdung in den späteren Werken überhaupt noch habe. Der Begriff tauche bei Marx – so öfters ein Einwand – nicht mehr systematisch auf. Fromm und Mészáros erwidern, dass die Kategorie der Entfremdung bei Marx durchgehend seine Relevanz behalte.[28] Auch Oppolzer betont, wenn auch umgekehrt sich darauf beziehend, dass das Konzept der Entfremdung bereits in den frühen Schriften die wichtige Funktion einer kritischen Kategorie inne habe, – also auch später behält.[29] Diese Annahme wird im Folgenden geteilt. Die Bewertung der entfremdeten Verhältnisse ist nur denkbar durch ein Kriterium bzw. eine Norm, welches bzw. welche erst die Entfremdung als negatives Phänomen ausweist – angesichts der möglichen Selbstvermittlung der Menschen in der Produktivtätig-

---

25 Fromm, Erich: *Das Menschenbild bei Marx: mit den wichtigsten Teilen der Frühschriften von Karl Marx*, Frankfurt am Main: Europäische Verlagsanstalt 1980, S. 52.
26 Mészáros: Der Entfremdungsbegriff bei Marx, S. 134.
27 Ebd., S. 135. [Herv. i.O.]
28 Vgl. Fromm: Das Menschenbild bei Marx, S. 55; Mészáros: Der Entfremdungsbegriff bei Marx, S. 116: »Die *Manuskripte* legen [...] die Fundamente des Marxschen Systems, zentriert um den Entfremdungsbegriff.« [Herv. i.O.]
29 Oppolzer, Alfred A.: *Entfremdung und Industriearbeit: Die Kategorie der Entfremdung bei Karl Marx*, Köln: Pahl-Rugenstein-Verlag 1974, S. 70.

keit.³⁰ Dass allerdings Marx und Engels sich von anthropologischen Konstanten distanziert und diese kritisiert haben, ist bekannt. In der *Deutschen Ideologie* bemerken sie, dass ihre ältere Ausdrucksweise von Menschen als »Wesen« oder »Gattung« mehr Anlass für substantielle Zuschreibungen von Seiten ihrer Gegner gegeben habe, als überhaupt intendiert.³¹ Worauf sie damit deuten, ist der Umstand, dass Wesen nicht als Substanz verstanden wird, sondern ein der beobachteten Wirklichkeit entnommenes Faktum und kein theoretisch unterstelltes, d.h. überhistorisches Sein, darstellt. Dafür spricht auch die Interpretation, dass Marx von der Entfremdung als grundlegend ökonomischer spreche, indem er »allein von der Bedürftigkeit des empirischen Menschen als eines leiblichsinnlichen Wesens« voraussetze.³² Das erläutert in anderer Weise Mészàros, wenn er zeigt, dass es Marx bei der Rede vom wirklichen Menschen um den historischen Menschen gehe und wie er sich im Verhältnis zur Natur produziert.³³ Insofern bleibt aber die Frage noch unbeantwortet, warum die freie und bewusste Tätigkeit als Norm und Spezifikum der menschlichen Wirklichkeit hervorgehoben wird. Wird damit nicht doch eine über die faktische Bedürftigkeit notwendige Eigenschaft gesetzt, die erwiesenermaßen nicht überzeitlich und überhistorisch gesetzt werden dürfte?

Entfremdete Arbeit, die Arbeit entfremdeter Menschen unter kapitalistischer Herrschaft, bedeutet bei Marx immer schon entfremdete Tätigkeit. Diese Entfremdung im Zusammenhang mit der Arbeit äußert sich in verschiedener Hinsicht.

»Worin besteht nun die Entäußerung der Arbeit?
Erstens, daß die Arbeit dem Arbeiter *äußerlich* ist, d.h. nicht zu seinem Wesen gehört, daß er sich daher in seiner Arbeit nicht bejaht, sondern verneint, nicht wohl, sondern unglücklich fühlt, keine freie physische und geistige Energie entwickelt, sondern seine Physis [...] und seinen Geist ruiniert. Der Arbeiter fühlt sich daher erst außer der Arbeit bei sich und in der Arbeit außer sich. Zu Hause ist er, wenn er nicht arbeitet, und wenn er arbeitet, ist er nicht zu Hause. Seine Arbeit ist daher nicht freiwillig, sondern gezwungen, *Zwangsarbeit*. Sie ist daher nicht die Befriedigung eines Bedürfnisses, sondern sie ist nur ein *Mittel*, um Bedürfnisse außer ihr zu befriedigen. Ihre Fremdheit tritt darin rein hervor, daß, sobald kein physischer oder sonstiger Zwang existiert, die Arbeit als eine Pest geflohen wird. Die

---

30 Vgl. dazu Djindjić: Marx' kritische Gesellschaftstheorie.
31 Marx, Karl / Engels, Friedrich: *Werke*, Band 3, Berlin / DDR: Dietz Verlag 1959, S. 218.
32 Müller: Entfremdung, S. 79.
33 Mészàros: Der Entfremdungsbegriff bei Marx, S. 130.

äußerliche Arbeit, die Arbeit, in welcher der Mensch sich entäußert, ist eine Arbeit der Selbstaufopferung, der Kasteiung. Endlich erscheint die Äußerlichkeit der Arbeit für den Arbeiter darin, daß sie nicht sein Eigen, sondern eines anderen ist, daß sie ihm nicht gehört, daß er in ihr nicht sich selbst, sondern einem anderen angehört.«[34]

Erstens, die Menschen arbeiten in einem Zwangsverhältnis, sind also unfrei, zweitens, sie können die Art und Weise des Arbeitens nicht selber bestimmen, sind also unfrei und ›bewusstloser‹ Teil einer Maschine. Drittens, sie erarbeiten Gegenstände, Produkte, die ihnen nicht gehören[35], wie dies in der folgenden Passage deutlich wird:

»Der Gegenstand, den die Arbeit produziert, ihr Produkt, tritt ihr als ein *fremdes Wesen*, als eine von dem Produzenten *unabhängige Macht* gegenüber. Das Produkt der Arbeit ist die Arbeit, die sich in einem Gegenstand fixiert, sachlich gemacht hat, es ist die *Vergegenständlichung* der Arbeit. Diese Verwirklichung der Arbeit erscheint [...] als *Entwirklichung* des Arbeiters, die Vergegenständlichung als *Verlust und Knechtschaft des Gegenstandes*, die Aneignung als *Entfremdung*, als *Entäußerung*.«[36]

Insofern sind die Verarbeitung der Natur und damit die Entäußerung in der Arbeit nicht durch die Aneignung der Natur aufgehoben. Im Gegenteil bekräftigen die arbeitenden Menschen durch das fremde Eigentum, das dem Bourgeois institutionalisierterweise zugehört, ihr – ihnen fremdes – Selbstverhältnis. Die entfremdete Arbeit bedeutet also zugleich die perpetuierte Entfremdung von sich selbst im Akt der Produktion. Die sozialen Verhältnisse scheinen dabei nicht damit zusammenzuhängen. Die vermeintlich natürlichen Verhältnisse bezeichnen die von Marx eingeklagte Naturwüchsigkeit der zu zerschlagenden Klassenverhältnisse. Damit ist die zentrale Kategorie des Eigentums und der Eigentumsverhältnisse im Sinne des Besitzes an den Produktionsmitteln wenigstens angedeutet. Durch den fremdgesteuerten Vorgang in der Produktion bzw. Arbeit, dem ebenso fremdbestimmten Ziel eines Produkts bzw. einer Ware, das dem Arbeitenden nicht mehr gehört, ergibt sich für Marx eine mehrfache Folge im Verhältnis der Menschen untereinander. Einerseits bestehen Abhängigkeitsverhältnisse, die als Herrschaftsverhältnisse beschrieben werden können.

---

34 Marx: Pariser Manuskripte, S. 60. [Herv. i.O.]
35 Oppolzer: Entfremdung und Industriearbeit, S. 68f.
36 Marx: Pariser Manuskripte, S. 57f. [Herv. i.O.]

»Die Entfremdung des Menschen, überhaupt jedes Verhältnis, in dem der Mensch zu sich selbst [steht] [sic; nc], ist erst verwirklicht, drückt sich aus in dem Verhältnis, in welchem der Mensch zu d[em] [sic; nc] andern Menschen steht. [...]
Wenn das Produkt der Arbeit mir fremd ist, mir als fremde Macht gegenübertritt, wem gehört es dann?
Wenn meine eigne Tätigkeit nicht mir gehört, eine fremde, eine erzwungne Tätigkeit ist, wem gehört sie dann? [...]
Wenn das Produkt der Arbeit nicht dem Arbeiter gehört, eine fremde Macht ihm gegenüber ist, so ist dies nur dadurch möglich, daß es einem *andern Menschen außer dem Arbeiter* gehört. Wenn seine Tätigkeit ihm Qual ist, so muss sie einem andern *Genuß* und die Lebensfreude eines andern sein. [...] Wenn er [der Mensch; nc] sich also zu dem Produkt seiner Arbeit, zu seiner vergegenständlichten Arbeit als einem *fremden, feindlichen*, mächtigen, von ihm unabhängigen Gegenstand verhält, so verhält er sich zu ihm so, daß ein anderer, ihm fremder, feindlicher, mächtiger, von ihm unabhängiger Mensch der Herr dieses Gegenstandes ist. Wenn er sich zu seiner eignen Tätigkeit als einer unfreien verhält, so verhält er sich zu ihr als der Tätigkeit im Dienst, unter der Herrschaft, dem Zwang und dem Joch eines andern Menschen.«[37]

Darüber hinaus könnten sich die Menschen nicht mehr im Sinne ihres Gattungscharakters aufeinander beziehen:

»Jede Selbstentfremdung des Menschen von sich und der Natur erscheint in dem Verhältnis, welches er sich und der Natur zu andern, von ihm unterschiednen Menschen gibt. [...] In der praktischen wirklichen Welt kann die Selbstentfremdung nur durch das praktische, wirkliche Verhältnis zu andern Menschen erscheinen. Das Mittel, wodurch die Entfremdung vorgeht, ist selbst ein *praktisches*. Durch die entfremdete Arbeit erzeugt der Mensch also nicht nur sein Verhältnis zu dem Gegenstand und dem Akt der Produktion als fremden und ihm feindlichen Mächten; er erzeugt auch das Verhältnis, in welchem andre Menschen zu seiner Produktion und seinem Produkt stehn, und das Verhältnis, in welchem er zu diesen andern Menschen steht.«[38]

In der bloßen Warenwelt, die bestimmend würde, zeigten sich nicht mehr zwischenmenschliche Verhältnisse, sondern nur noch Verhältnisse zu Waren. Die Arbeit bestimmt in dieser Konzeption nicht nur den Produktionsprozess, sondern auch alle Verhältnisse zwischen den Menschen: also über das Produktionsverhältnis von Arbeitendem und Kapitalisten hinausgehend, auch das Verhältnis

---

37 Marx: Pariser Manuskripte, S. 64f. [Herv. i.O.]
38 Ebd., S. 65. [Herv. i.O.]

zwischen den Arbeitenden. Indem die reale Basis und ihre Produktionsweise entfremdet sind, sind es auch alle anderen Verhältnisse, seien sie sozialer oder politischer Art. Darauf bezieht sich der Kommentar von Müller, wenn er schreibt:

»Sie [juristische und politische Strukturen; nc] spiegeln als politische Entfremdung [...] die ökonomische Entfremdung des Waren-Menschen wider, der nur noch *eine* Art kennt, sich – neben seinem Eingespanntsein in entfremdete Produktion – zur äußeren Welt in Beziehung zu setzen: indem er sie hat und konsumiert.«[39]

Diese entfremdete Beziehung zwischen den Menschen beschreibt Marx im Kapital unter dem Titel des Fetischcharakters der Ware.[40] Darauf weist auch Müller hin, der in diesem »Fetischismus von Wert und Ware« die Wurzel der gesellschaftlichen Entfremdung sieht.[41] Was Marx an dieser Stelle beschreibt, ist das Verhältnis zwischen den Menschen, das im Warenaustausch durch das Verhältnis zwischen Produkten ihrer Arbeit ersetzt wird. Da es sich – verkürzt gesagt – um entfremdete Produkte ihrer entfremdeten Tätigkeit handelt, können die zwischenmenschlichen Beziehungen auch nicht einer freien und bewussten Form entsprechen. Marx schreibt: »Es ist nur das bestimmte gesellschaftliche Verhältnis der Menschen selbst, welches hier für sie die phantasmagorische Form eines Verhältnisses von Dingen annimmt.«[42] Damit betont Marx den verdeckten Charakter des Verhältnisses zwischen den Menschen, deren »Naturwüchsigkeit«, die sich imaginären Verhältnissen – man könnte mit Castoriadis von imaginären instituierten Bedeutungen sprechen – anhand des Warenwerts hingeben.[43] Die

---

39 Müller: Entfremdung, S. 76. [Herv. i.O.]
40 Marx, Karl / Engels, Friedrich: *Werke*, Band 23, Berlin / DDR: Dietz Verlag 1962, S. 85-98.
41 Müller: Entfremdung, S. 75.
42 Marx / Engels: Werke, Bd. 23, S. 86.
43 Diese Annäherung an Castoriadis würde von Sommer / Wolf wohl bestritten. Das Verhältnis unter Menschen sei grundlegend von der Arbeit geprägt, Arbeitsprodukte seien *Träger gesellschaftlicher Bedeutung*, nicht imaginäre Bedeutungen: »Die Menschen schaffen von der Warenzirkulation angefangen über den Produktionsprozess bis zu den komplexesten Verschlingungen der Kapitalkreisläufe im kapitalistischen Gesamtreproduktionsprozess gesellschaftliche Verhältnisse, die über die von den Menschen geschaffenen gesellschaftlichen Verhältnissen von Sachen (Arbeitsprodukte in der Zirkulation und der Produktion) vermittelt sind.« Sommer / Wolf: Imaginäre Bedeutungen und historische Schranken der Erkenntnis. Eine Kritik an Cornelius Castoriadis, S. 94.

Veränderung dieser Verhältnisse verläuft über die Änderung der Eigentumsverhältnisse und der damit verbundenen Veränderung der Arbeitsweise.[44]

Es bleibt die Frage zurück, welches Kriterium entfremdete Verhältnisse als solche bezeichnet. Wie Mészàros schreibt, bilden bei Marx »Mensch«, »Natur« und »Industrie« bzw. »Produktivtätigkeit« die Bezugsgrößen. Letztere sei »entscheidend wichtig«[45], was sich mit den Auszügen aus den Pariser Manuskripten verdeutlichte. Dennoch bilden alle drei Begriffe in ihrer Verhältnismäßigkeit das Kriterium im Hinblick auf die Entfremdung durch das Verhältnis der Arbeit zum Privateigentum, welche den Platz des ›Menschen‹ eingenommen hat.[46] Wie wird diese entscheidend wichtige Bezugsgröße der »Produktivtätigkeit« bei Marx begründet?

3.1.3 Begründung bei Marx

In diesem Abschnitt wird der Frage nachgegangen, ob der Begriff der Entfremdung bei Marx wohlbegründet ist. Es zeigt sich ein Begründungsproblem. Weiter unten wird die Frage nach der Begründung analog auf Castoriadis' Begriff der Entfremdung übertragen. Damit lässt sich zeigen, ob Castoriadis in derselben Weise an einer bestimmten Vorstellung des Menschen haften bleibt oder nicht. Dabei ist die Rezeption einer Arbeit, die dieses Problem behandelt, wesentlich, nämlich jene von Zoran Djindjić.[47] Djindjić stellt in seiner Arbeit die Frage nach der Begründung von Marx Gesellschaftstheorie. Die Frage nach der Begründung zielt auf die Erklärung bzw. normative Grundlage, die Marx im Hinblick auf zentrale Begriffe wie die Entfremdung liefert. Er bezieht sich insofern vor allem auf die Frühschriften von Marx. Dabei stellt er fest, dass ein wesentlicher Ausgangspunkt eine »implizite Anthropologie« darstellt.[48] So dürfte die Analyse der entfremdeten Arbeit gerade nicht bloß in ökonomischer Hinsicht gelesen werden, sondern muss, so Djindjić, umfassender mit Bezug auf diese Anthropologie verstanden werden: »die Voraussetzung dieser Strategie ist die Annahme, daß die ›bewußte gegenständliche Tätigkeit‹ mit der Selbstverwirklichung des Menschen identisch ist«[49]. Die Frage ist also, ob und wie Marx diese vorausgesetzte Anthropologie bzw. das Gattungswesen des Menschen begründet. Die Antwort

---

44 Mészàros: Der Entfremdungsbegriff bei Marx, S. 183.
45 Ebd., S. 130.
46 Ebd., 135f.
47 Djindjić, Zoran: Marx' kritische Gesellschaftstheorie.
48 Ebd., S. 11.
49 Ebd., S. 11f.

sei vorausgeschickt: »Was aber in der Marxschen Kritik unbewiesen bleibt, ist die These, daß die Produktivität tatsächlich ›Gattungstätigkeit‹ ist, d.h. daß der Mensch als Gattungswesen sich hauptsächlich in der ›bewußten gegenständlichen Tätigkeit‹ realisiert.«[50] Ausgehend von der Behauptung von Marx, dass der Begriff der Entfremdung aus der Analyse der tatsächlichen Verhältnisse und Umstände der Arbeit im Kapitalismus gewonnen wurde, sucht Djindjić nach den Hintergründen. Dabei stellt er fest, dass Marx' Behauptung, dass unter den bürgerlichen Produktionsprozessen die Arbeit dem Arbeiter äußerlich sei, von einem Begriff des Wesens des Menschen ausgehen müsse.[51] Dabei gelte es zu beachten, dass aus Sicht der Beschreibung der Verhältnisse die Arbeit im Kapitalismus als unfrei bezeichnet werden und man von Ausbeutung sprechen könne. Von Entfremdung als entfremdete Tätigkeit könne aber nur im Hinblick auf ein Wesen des Menschen gesprochen werden.[52] Das Kriterium der Beurteilung bzw. Bewertung der Tätigkeit als entfremdete bedarf also eines Maßstabes, welchen das Gattungswesen liefere: »und insofern ist auch die entfremdete Arbeit kein ›Faktum‹«[53]. Da nun Marx mit seinem vorausgesetzten Verständnis des Gattungswesens eine Kritik an den bestehenden Verhältnissen verbindet, so habe, schreibt Djindjić, diese Annahme konzeptuell größere Dringlichkeit, was ihre Begründung angehe, denn »[d]ie Differenz vom Wesen des Menschen und der bürgerlichen Realität ist die Hauptthese seiner Kritik«[54]. Innerhalb der von Marx analysierten bürgerlichen Gesellschaft gebe es gerade keine andere Möglichkeit der Produktivität außer der Arbeit. Wenn aber diese Art der Arbeit alle Produktivität dominiere, sei auch die Verwirklichung des Gattungswesens bzw. des Gattungscharakters der Menschen damit unmöglich. Damit sind die prekären Arbeits- und allgemeiner Produktionsverhältnisse eingeholt. Wenn nun die Produk-

---

50 Djindjić: Marx' kritische Gesellschaftstheorie, S. 12.
51 Ebd., S. 19.
52 Dass auch die Nationalökonomen von einem biologistischen Menschenbild, dem klugen Nutzenmaximierer, ausgehen, erwähnt Djindjić entsprechend. Vgl. Djindjić: Marx' kritische Gesellschaftstheorie, S. 23-26; vgl. dazu auch Israel, Joachim: *Der Begriff Entfremdung. Makrosoziologische Untersuchung von Marx bis zur Soziologie der Gegenwart*, Reinbek bei Hamburg: Rowohlt 1972, S. 86-102; allerdings verbleibt Israel bei der Bemerkung dieser normativen Voraussetzung und der Aufzählung ihrer Interpretationen. Außerdem fehlt bei Israel in der Aufzählung zur Differenz zwischen Mensch und Tier die sehr bekannte Unterscheidung der *Vorstellung und Planung*, die im Hinblick auf das Menschenbild und die Praxis aber entscheidend ist, vgl. S. 97f.
53 Djindjić: Marx' kritische Gesellschaftstheorie, S. 19.
54 Ebd., S. 22.

tivität als freie und bewusste Tätigkeit nicht verwirklicht werde, dann werde das Gattungsleben nicht verwirklicht. Der Mensch wird gerade nicht menschlich bzw. dem Anspruch seiner eigenen Gattung gerecht.[55] Da mit dieser Verwirklichung auch das Verhältnis unter den Menschen gestaltet würde, werde das Gattungsleben verhindert. Das wechselseitige Verhältnis der Menschen untereinander wird durch den verhinderten Vorgang der Selbstverwirklichung (als Produktivität), unmenschlich. Zentral sei dafür auch das Verständnis von Geschichte bei Marx: »Die Geschichte wird von Marx als ein Entstehungsprozess des Menschen gedeutet.«[56] Nur so sei verständlich, wie die Verhältnisse unter den Menschen als unmenschlich bezeichnet werden könnten. Nur wenn die Menschen in ihrer Geschichte sich als Menschen verwirklichen und nicht bestimmte Eigenschaften damit zum Ausdruck kommen, wird dies denkbar. Damit ist die Geschichtlichkeit die Bedingung der Verwirklichung der Gattung Mensch – allerdings könnte offen bleiben, ob diese Verwirklichung auch realisierbar ist oder eher als regulativ verstanden werden könnte. Die entscheidende Frage dazu ist, warum die Menschen immer schon oder immer noch in entfremdeten Verhältnissen von ihrem eigenen Gattungscharakter lebten.[57] Die Antwort darauf müsse von einer Einheit des Gattungswesens, die vorausgesetzt werde, und der geschichtlich tatsächlichen Existenz der Menschen ausgehen. Dies sei konzeptuell notwendig, da ansonsten der Begriff der Entfremdung keinen Sinn mehr mache. Entweder er entbehrte jeglicher Tatsache oder das Wesen ist absolut und jenseits jeglicher Verwirklichung. Wie also diese Einheit denken? Wie ist, anders gefragt, jede_r Einzelne Teil der Gattung? Antwort: Jedes Individuum wird in seinem Leben oder eben seiner Arbeit von der eigentlichen (möglichen) Produktivität entfernt und das heißt entfremdet, gerade darin, »daß die Arbeit dem Arbeiter *äußerlich* ist, d.h. nicht zu seinem Wesen gehört«[58]. Im Folgenden stellt Djindjić fest, dass die Ursache der Entfremdung in der »unentwickelten ›Produktivkraft‹« liege.[59] Das heißt auch, dass die Entfremdung, so Djindjić, sich erst unter den angemessenen gesellschaftlich-geschichtlichen Umständen aufheben lasse, also von Marx auf einer Stufe der Entwicklung als eine Stufe, die sich einstellen müsse, ergebe (»vor allem wegen der ökonomischen Not«[60]): »Um ›wirklich‹ zu sein, muß das ›Gattungswesen‹ sich geschichtlich realisieren, geschichtlich sich entäußert ha-

---

55 Vgl. dazu Mészàros: Der Entfremdungsbegriff bei Marx, S. 183.
56 Djindjić: Marx' kritische Gesellschaftstheorie, S. 27.
57 Ebd., S. 28.
58 Marx: Pariser Manuskripte, S. 60. [Herv. i.O.]
59 Djindjić: Marx' kritische Gesellschaftstheorie, S. 29.
60 Ebd.

ben.«⁶¹ Daran anschließend geht Djindjić auf die Probleme und Widersprüche bei Marx ein. Ein wesentliches Problem ist, dass Marx keine Begründung für den Begriff des Gattungswesens des Menschen liefere.⁶² Dabei zeige sich auch, dass es überhaupt nicht so klar sei, was überhaupt mit der freien bewussten Tätigkeit gemeint sei. Da diese nicht dasselbe wie Arbeit sei, und da Marx darauf nicht eingehe, könne man nicht so leicht sagen, in »welchem *konkreten* Verhältnis die ›Gattungstätigkeit‹ zu verschidenen [sic; nc] empirischen Lebenstätigkeiten des Menschen [stehe]«⁶³. Djindjić betont in der Folge, dass Marx von diesem Gattungscharakter ausgehend den Charakter der Arbeit als entfremdete definiere, ohne mögliche Bedeutungen der gleichen Arbeit in unterschiedlichen konkreten Gesellschaften zu beachten.

Man kann zusammenfassend festhalten, dass Djindjić aufzeigt, dass Marx den Begriff des Gattungscharakters des Menschen nicht begründet und damit der Begriff der Entfremdung problematisch wird. Marx müsse den Gattungscharakter »dogmatisch«⁶⁴ setzen, da er von einer Geschichte mit einer bestimmten Entwicklungstendenz ausgehe, die entsprechend dieses Gattungsbegriffs seine Verwirklichung und Aufhebung zum Ziel habe. Das Vorgehen von Djindjić wird sich insofern also produktiv erweisen, als – das ist die Annahme – auch Castoriadis zeigen muss, inwiefern der Begriff der Autonomie begründet ist und somit normative Geltung entfaltet. Es wird sich zeigen, ob mit der von Castoriadis vorausgesetzten und erwähnten Grundbedeutung der Entfremdung sein Verständnis der Autonomie zusammenstimmt, seine Konzeption insgesamt kohärent ist. Es muss also gezeigt werden, ob Castoriadis mit seinem Begriff der Autonomie bzw. Heteronomie auf eine normative Grundlage referiert, ähnlich wie sie hier im Sinne der Begründungsproblematik bei Marx beschrieben wurde. Wenn dies der Fall ist, müsste gezeigt werden, welche Bedingungen, ausgesprochen oder nicht, Castoriadis normativ leiten, was im letzten Teil dieses Kapitels untersucht wird.

3.1.4 Begründung bei Castoriadis

Im Folgenden Abschnitt wird auf die Frage eingegangen, ob und wie Castoriadis in analoger Weise ein Begründungsproblem hat. Die Frage nach dem Zusammenhang zwischen dem Begriff der Entfremdung und jenem des Imaginären

---

61 Ebd., S. 30.
62 Ebd., S. 33.
63 Ebd., S. 34. [Herv. i.O.]
64 Ebd., S. 33.

wird zuerst den Weg dahin weisen und erörtert werden müssen und soll entsprechend die Begründungsprobleme bei Castoriadis eröffnen. Die Parallele zwischen den Begriffen wird von Castoriadis im Abschnitt *Die Entfremdung und das Imaginäre*[65] seiner *Gesellschaft als imaginäre Institution* beschrieben, wo er gegenüber Marx kritisch Stellung bezieht:

»Vor allem aber verkennt diese Auffassung völlig die Rolle des Imaginären, in dem sowohl die Entfremdung als auch die Schöpfung alles Neuen in der Geschichte wurzelt. Denn die Schöpfung setzt – genau wie die Entfremdung – die Fähigkeit voraus, sich etwas vorzustellen, das nicht ist, das weder in der Wahrnehmung noch in den Symbolketten des bereits konstituierten rationalen Denkens vorliegt.«[66]

Es gilt zu beachten, dass Castoriadis an dieser Stelle *seinen* Begriff der Entfremdung benutzt, der von einer Diskrepanz zwischen Gesellschaft und Institution ausgeht. Dann gilt es zu fragen, welche Bedeutung dem Imaginären als Bedingung der Entfremdung zukommt. Entfremdung kann es im Sinne von Castoriadis nur geben, wenn die radikale Imagination, allgemeiner das radikal Imaginäre, vorausgehe und Institutionen als von Menschen für ihr Zusammenleben wichtige Einrichtungen angenommen werden. Castoriadis liefert an dieser Stelle seines Hauptwerkes einen wichtigen Zusammenhang zwischen seinem Begriff der Entfremdung und jenem von Marx, wenn er sich zitierend auf das Kapital bezieht:[67] »Die Gestalt des gesellschaftlichen Lebensprozesses, d.h. des materiellen Produktionsprozesses, streift nur ihren mystischen Nebelschleier ab, sobald sie als Produkt frei vergesellschafteter Menschen unter deren bewußter planmäßiger Kontrolle steht.«[68] Castoriadis lehnt es ab von einer möglichen Stufe der Aufhebung der Entfremdung zu sprechen, da er von der Herrschaft eines Imaginären ausgeht, die nicht durch rationale und technologische Errungenschaften überwunden werden könnte.[69] Er unterstellt Marx an dieser Stelle eben jene Auffassung, die zum Ausdruck bringe, dass Entfremdung als Mangel aufgehoben werden müsse – angesichts eines angenommenen Gattungswesens. Dies könne aufgrund der falschen ökonomischen Analysen und der falschen Geschichtsauffas-

---

65 Castoriadis: Gesellschaft als imaginäre Institution, S. 226.
66 Ebd., S. 228f.
67 Ebd., S. 227.
68 Marx / Engels: Werke, Bd. 23, S. 94.
69 Es ist gerade umgekehrt bei Castoriadis, dass *legein* und *teukein* sich auf ein radikal Imaginäres als Bedingung beziehen. Vgl. Castoriadis: Gesellschaft als imaginäre Institution, Abs. V.

sung von Marx nicht erreicht werden.[70] Die Alternative, die Castoriadis also geltend macht, ist aber nicht, dass die Entfremdung von Marx falsch begriffen wurde, sondern dass er diese falsch begründete. Darauf deutet er, wenn er schreibt: »Denn die Schöpfung setzt – genau wie die Entfremdung – die Fähigkeit voraus, sich etwas vorzustellen, das nicht ist [...].«[71] Daran anschließend verteidigt Castoriadis seine Auffassung des Imaginären als Bedingung der Gesellschaften sich eine bestimmte Institution zu geben.

»Der Mensch kann nur existieren, wenn er sich jeweils als ein Ensemble von Bedürfnissen und entsprechenden Gegenständen definiert, aber diese Definition stets wieder überschreitet. [...] Der Mensch überschreitet seine Definitionen stets wieder, weil er sie selbst *schafft*, indem er etwas schafft und damit auch *sich selbst* erschafft; [...].«[72]

Castoriadis behauptet also, dass, im Gegensatz zu den von ihm referierten Marxisten und insofern auch gegenüber Marx selbst, sein Begriff des Imaginären keinen Mangel des Menschen bezeichne, sondern gewissermaßen die Bedingung dessen, was dann im Gesellschaftlich-Geschichtlichen zu dem wird, was die Menschen jeweils *sind*.[73] Getreu seiner Aussage, dass etwas vorgestellt werde – an dieser Stelle das Bild des Menschen – das noch nicht ist. Ist es damit angezeigt, das Imaginäre als eine transzendentale Bedingung zu verstehen? Im Gegensatz zu Marx, der in der Produktivtätigkeit ein entscheidendes Vermögen der Menschen ausmacht, behauptet Castoriadis, dass die Menschen eine Fähigkeit hätten, etwas zu schaffen oder aus einem unversiegbaren Quell zu schöpfen, welchen er das radikal Imaginäre nennt. Die berechtigte Frage, die sich nun stellt, ist, weshalb es in der Geschichte der Menschen nur in kurzen Zeitabschnitten zu einer im Sinne von Castoriadis entsprechenden Verwirklichung autono-

---

70 Der Vorwurf von Sommer / Wolf, dass diese Interpretation von Castoriadis falsch sei, bezieht sich, was die Geschichtsinterpretation betrifft, darauf, dass Marx den Verlauf der Geschichte nicht als deterministisch, also entsprechend unabänderlicher Gesetze ablaufend, interpretiert habe. Es gehe im Gegenteil darum, dass diesen ökonomischen Gesetzen ein naturwüchsiger Charakter zukommt, der von Menschen gemacht, aber den Menschen nicht als dieser bewusst sei und deshalb als eine Art Naturgesetz erscheine. Vgl. Sommer / Wolf: Imaginäre Bedeutungen und historische Schranken der Erkenntnis, S. 26f.
71 Castoriadis: Gesellschaft als imaginäre Institution, S. 229.
72 Ebd., S. 233. [Herv. i.O.]
73 Vgl. Abs. 2.2.1.

mer Gesellschaften gekommen ist?[74] Da er mit seinem Verständnis von Autonomie implizit voraussetzt, dass Heteronomie etwas schlechtes sei, also die Loslösung bestimmter Institutionen von einer Gesellschaft, die sie ursprünglich setzte, als solche aber nicht mehr durchschaute, müsste Castoriadis auch angeben, warum dies so sein soll. Als Grund kann er nur von gesellschaftlich-geschichtlichen Umständen ausgehen. Die Diskrepanz zwischen Gesellschaft und Institutionen hat mit der Verfügungsgewalt der Gesellschaft über die Gestaltung der Institutionen zu tun. Diese Verfügungsgewalt – das ist der entscheidende Punkt – bezieht sich auf die Vorstellung bei Castoriadis, dass dem radikal Imaginären nicht nur eine Bedeutung als transzendentale Bestimmung zukommt, sondern auch eine normative Bedeutung. Diese verdeutlicht sich, wenn das radikal Imaginäre einer sich ständig instituierenden Gesellschaft, einer Gesellschaft, die ihre Institutionen ständig verändern kann, entspricht. Wenn er aber über das radikal Imaginäre, als Bedingung der Möglichkeit Gesellschaften deskriptiv zu verstehen, hinausgeht, dann wird der Begriff normativ und entsprechend kritisierbar. Die entsprechende Frage lautet also, was denn das Kriterium sei, zu entscheiden, ob eine Gesellschaft entfremdet sei. Die Antwort lautet bei Castoriadis: Sobald sie die Institutionen, die sie ursprünglich für sich erfunden hatte, nicht mehr in ihrer Verfügungsgewalt hat und das heißt umgestalten kann. Die daran anschließende Frage muss lauten, wer denn entscheidet, wann eine Gesellschaft nicht mehr autonom, sondern heteronom beherrscht werde. Oder umgekehrt, wann eine Gesellschaft als autonom zu gelten habe. Autonom sei eine Gesellschaft dann, wenn sie ihre Institutionen bspw. basisdemokratisch einsetze bzw. einrichte und jederzeit ändern könne. Wir haben also zwei relevante Punkte zu beachten: erstens, dass die Einrichtung gleichgestellt geschehen sollte und frei, zweitens, dass die Einrichtung jederzeit änderbar ist. Der erste Punkt bedarf einer Erläuterung, um den Begriff der Anerkennung, so die Annahme, einzuführen. Die zweite kann mit Verweis auf diese Anerkennung und die Art und Weise wie Castoriadis das radikal Imaginäre versteht, kurz erläutert werden.

Das radikal Imaginäre wurde als Begriff eingeführt, welcher zwei Seiten umfasst, einerseits die der Psyche zukommende radikale Imagination, andererseits die instituierende Gesellschaft bzw. das Gesellschaftlich-Geschichtliche. Beide werden von Castoriadis als Vorstellungsstrom bzw. Magma beschrieben, letzteres verweist auf das ständige Fließen der gesellschaftlichen imaginären Bedeutungen. Da Castoriadis nicht meinen kann, dass eine autonome Gesellschaft wieder in die Entfremdung wenigstens unmittelbar gerät, muss er annehmen, dass das, was er die instituierende Gesellschaft nennt, soweit organisiert ist, dass sie

---

74 Analog zu Marx, siehe Djindjić: Marx' kritische Gesellschaftstheorie, S. 28.

als Kollektiv in der Geschichte die von ihr institutionell beabsichtigten gesellschaftlichen imaginären Bedeutungssetzungen beherrscht. Kohärent mit einem autonomen Entwurf beherrscht sie sich aber nur, wenn sie als Ausdruck sozialer Praxis offen bleibt für ständige Veränderung. Dies verweist zugleich auf das, was Psyche bei Castoriadis bedeutet, nämlich einen ständigen Strom von Vorstellungen / Intentionen / Affekten, die durch Institutionen und entsprechend gesellschaftliche imaginäre Bedeutungen mit der Gesellschaft vermittelt werden.

Der Begriff der Heteronomie im Rahmen des Imaginären verweist auf den politischen Begriff der Autonomie. Letzterer bedeutet nicht nur Selbstgesetzgebung. Er ist konzeptuell mit dem radikalen Imaginären verknüpft. Das, was Castoriadis unter Autonomie versteht, wird erst verständlich, wenn die implizite Bedeutung des Imaginären zur Geltung kommt. Diese verweist auf das ständige Fließen, den Vorstellungsstrom genauso wie das Magma gesellschaftlicher imaginärer Bedeutungen in der Gesellschaft-Geschichte. Wenn nur Autonomie diesem Strömen entspricht, die angenommene Organisationsweise der Menschen angemessen aufnimmt, kommt dieser Bedingung zugleich eine normative Bedeutung zu.

Wir haben also zwei Bedeutungen worauf Autonomie bei Castoriadis verweist: Entfremdung ist nur unter bestimmten Bedingungen aufzuheben: Die Menschen leben in einer Gesellschaft, in der die Institutionen ständig verfügbar sind. Sie sollen ständig verfügbar bleiben, da dies der Anlage des offenen Strömens durch das radikal Imaginäre entspricht und nur so in Anbetracht dieser Anlage die volle Freiheit der anderen erreichbar ist. Freiheit, das wird im Folgenden erläutert werden müssen, ist erst durch wechselseitige Anerkennung für alle erreicht. Diese Entsprechung, die in der Anlage des radikal Imaginären gesetzt wird, ist der Ursprung und die Bedingung für die Aufhebung der Entfremdung. Diese Anlage ist als anthropologische Konstante vorausgesetzt. Den einzigen Grund, den Castoriadis angibt, warum diese Konstante sein soll, ist, dass anders Gesellschaft-Geschichte nicht erklärt werden könne.

Im Folgenden wird der Faden nochmals im Hinblick auf den Begriff der Anerkennung, wie er in den grundlegenden Annahmen bei Castoriadis steckt, aufgenommen werden. Damit dies deutlich wird, muss der Aspekt der Autonomie als Norm betrachtet werden. Geht man vom radikal Imaginären als einer anthropologischen Konstante soweit aus, dass sie eine transzendentale Eigenschaft beschreibt, die nicht wiederum definitorisch wirkt, kann Castoriadis' Konzept soweit produktiv sein, als die Geschichte der verschiedenen Gesellschaften als eine Geschichte der verschiedenen Vorstellungen (als gesellschaftliche imaginäre Bedeutungen) und ihrer Verwirklichung, also Praxis, gelesen wird: »Ohne Kategorie des Imaginären ist die bisherige und gegenwärtige Geschichte der Menschheit nicht zu begreifen.«[75] Castoriadis geht aber weiter: Er behauptet, dass aus dieser Eigenschaft auch ein Anspruch an die Gestaltung einer bestimmten Gesellschaft, die anzustreben sei, formuliert wird. Er behauptet mehr oder weniger explizit, dass das Imaginäre als Schaffenskraft mit einem *freien* Schaffen verbunden sein sollte, dass sich ständig verwirklichen wolle.[76] Nur deshalb ist es plausibel, dass er von der Autonomie als Selbstherrschaft oder in anderer Formulierung von der *autogestion* ausgeht. Damit ist eine weitere Implikation herausgearbeitet: Castoriadis' Verständnis der Freiheit, die dort ihren Ausgangspunkt habe, wo der andere frei sei. Jede und jeder ist insofern qua ihrer / seiner Fähigkeit sich (etwas) vorzustellen, frei die Welt zu gestalten. Dies wechselseitig anerkennend, muss Castoriadis Autonomie verlangen. Im Abschnitt zur Autonomie als Norm, wird dies nochmals aufgegriffen werden müssen.

Inwiefern ist dieses Verständnis noch unterschieden von der Marx'schen Version des weiter oben problematisierten Gattungscharakters der Menschen, der lautete, frei und bewusst tätig zu sein? Es stellen sich zwei Fragen, die zur gleichen Problematisierung führen. Wenn es einen Zusammenhang gibt, stellt sich erstens die Frage, ob Castoriadis (ähnlich wie Marx) damit ein Begründungsproblem hat, und wenn ja in welcher Form. Wenn es keinen Zusammenhang gibt, stellt sich dennoch die Frage, ob Castoriadis damit zeigen müsste, warum Autonomie als Norm eingesetzt werden sollte. Zunächst aber: Gibt es abgesehen von analogen Begründungsproblemen auch inhaltliche Bezugspunkte zwischen Marx und Castoriadis?

Die Schwierigkeit, die sich bei einem solchen Vergleich einstellt, ist, wie dies bereits Djindjić bemerkte, was genau diese freie und bewusste Tätigkeit bei Marx bedeuten sollte.[77] Wenn keine vergangene Gesellschaft jemals dem Anspruch einer aufgehobenen Tätigkeit jenseits der Arbeit (und das heißt immer schon entfremdeten Arbeit) gerecht wurde, die jedem Einzelnen ermöglichte zu tun und zu lassen was er wollte, wie kann diese dann genauer umschrieben werden? Marx liefert selbst Hinweise dazu. Djindjić wird also Marx nicht ganz gerecht. Eine entsprechende Gesellschaft sei beispielsweise, so Marx, wenn sie »als Produkt frei vergesellschafteter Menschen unter deren bewusster planmäßiger Kontrolle steht«[78]. Es ist umgekehrt der aus den ungerechten Umständen abgeleitete Anspruch, Freiheit gemeinsam zu verwirklichen und zwar auf der Ebe-

---

75 Castoriadis: Gesellschaft als imaginäre Institution, S. 274.
76 Es stimmt insofern nur bedingt, wenn Castoriadis behauptet, dass Schöpfung keinerlei wertenden Gehalt habe. Vgl. Castoriadis: Philosophie, Demokratie, Poiesis, S. 183.
77 Djindjić: Marx' kritische Gesellschaftstheorie, S. 34.
78 Marx / Engels: Werke, Bd. 23, S. 94.

ne der realen Basis, wo rationale und das heißt entsprechend bewusste Planung grundlegend sind. Damit ist zwar die Kritik nicht eingeholt, warum gerade die freie und bewusste Tätigkeit das Gattungwesen ausmachen sollte. Aber es ist deutlicher, was Marx damit meinte. Diesem Sinn entspricht Castoriadis in seiner frühen Schrift *Über den Inhalt des Sozialismus*[79]. Die sehr bekannte Bemerkung aus der *Deutschen Ideologie* von Marx bringt das nochmals auf den Punkt:

»Und endlich bietet uns die Teilung der Arbeit gleich das erste Beispiel davon dar, daß, solange die Menschen sich in der naturwüchsigen Gesellschaft befinden, solange also die Spaltung zwischen dem besondern und gemeinsamen Interesse existiert, solange die Tätigkeit also nicht freiwillig, sondern naturwüchsig geteilt ist, die eigne Tat des Menschen ihm zu einer fremden, gegenüberstehenden Macht wird, die ihn unterjocht, statt daß er sie beherrscht. Sowie nämlich die Arbeit verteilt zu werden anfängt, hat Jeder einen bestimmten ausschließlichen Kreis der Tätigkeit, der ihm aufgedrängt wird, aus dem er nicht heraus kann; er ist Jäger, Fischer oder Hirt oder kritischer Kritiker und muß es bleiben, wenn er nicht die Mittel zum Leben verlieren will – während in der kommunistischen Gesellschaft, wo Jeder nicht einen ausschließlichen Kreis der Tätigkeit hat, sondern sich in jedem beliebigen Zweige ausbilden kann, die Gesellschaft die allgemeine Produktion regelt und mir eben dadurch möglich macht, heute dies, morgen jenes zu tun, morgens zu jagen, nachmittags zu fischen, abends Viehzucht zu treiben, nach dem Essen zu kritisieren, wie ich gerade Lust habe, ohne je Jäger, Fischer, Hirt oder Kritiker zu werden. Dieses Sichfestsetzen der sozialen Tätigkeit, diese Konsolidation unsres eignen Produkts zu einer sachlichen Gewalt über uns, die unsrer Kontrolle entwächst, unsre Erwartungen durchkreuzt, unsre Berechnungen zunichte macht, ist eines der Hauptmomente in der bisherigen geschichtlichen Entwicklung, und eben aus diesem Widerspruch des besondern und gemeinschaftlichen Interesses nimmt das gemeinschaftliche Interesse als *Staat* eine selbständige Gestaltung, getrennt von den wirklichen Einzel- und Gesamtinteressen, an, und zugleich als illusorische Gemeinschaftlichkeit, aber stets auf der realen Basis der in jedem Familien- und Stamm-Konglomerat vorhandenen Bänder, wie Fleisch und Blut, Sprache, Teilung der Arbeit im größeren Maßstabe und sonstigen Interessen – und besonders, wie wir später entwickeln werden, der durch die Teilung der Arbeit bereits bedingten Klassen,

---

79 Vgl. Castoriadis: Vom Sozialismus zur autonomen Gesellschaft. Er bestätigt deren Bedeutung im späteren *Fait et à faire* bzw. *Getan und zu tun* nochmals, wenn er schreibt, dass wesentliche Punkte des Programms, das er damals beschrieb, auch noch während der Niederschrift von »Getan und zu tun« Geltung habe. Ein Aspekt sei insofern allerdings veraltet: dem Proletariat komme keine »privilegierte Rolle« mehr zu. Vgl. Castoriadis: Philosophie, Demokratie, Poiesis, S. 253.

die in jedem derartigen Menschenhaufen sich absondern und von denen eine alle andern beherrscht.«[80]

Wir haben mit dem erweiterten Zitat einen entscheidenden Bezugspunkt zwischen Marx und Castoriadis gewonnen. Marx verdeutlicht an dieser Stelle, dass das Festschreiben auf eine Tätigkeit eine der Hauptursachen bezeichne, wodurch die Verwirklichung des Einzelnen vom Interesse einer herrschenden Gemeinschaft und das heißt natürlich einer herrschenden Klasse verhindert wird. Noch mehr: Gerade aus diesem Widerspruch ergebe sich Fremdherrschaft, wenn der Staat ein Interesse vertrete, das nicht mehr dem Einzelinteresse und insofern dem gemeinschaftlichen Interesse entspreche. Damit ist der Begriff der Heteronomie, wie ihn Castoriadis benutzt, eingeholt, wenn auch nicht genau deckungsgleich in der Bedeutung. An dieser Stelle bezeichnen Marx und Engels eine Folge aus der Entfremdung. Castoriadis behauptete zwar auch in diesem Sinne eine Entfremdung, aber als Folge der Loslösung zwischen freier Gestaltung und festgesetzter Institution. Die freie und bewusste Tätigkeit ist nicht verwirklicht. Erst aus dieser Unterscheidung zwischen Einzelinteresse und gemeinschaftlichem Interesse ergibt sich, dass eine herrschende Klasse und damit der Staat den beherrschten Einzelnen bestimmte Tätigkeiten mittel- oder unmittelbar vorschreibe. Will man umgekehrt dem freien und bewussten Tätigsein des Einzelnen gerecht werden, muss das gemeinschaftliche Interesse soweit mit dem Gesamtinteresse vermittelt werden, dass das Überleben einer Gesellschaft gesichert ist, und zwar so, dass trotzdem jeder Einzelne tun und lassen kann, was er will. Soweit Marx.

Castoriadis ersetzt diese Heteronomie, wenn auch nicht in jeder Hinsicht. Während Marx von der Entfremdung als Phänomen durch entsprechend bürgerliche Produktionsverhältnisse spricht, geht Castoriadis von ihr aufgrund der Loslösung der institutionellen Herrschaft gegenüber der Gesellschaft aus. Die beiden Konzepte überschneiden sich dort, wo es um die Verhinderung der freien Gestaltung der eigenen Tätigkeit, im weiteren Sinne Autonomie, geht, und damit beim Begriff der Praxis. Während Marx sich mit der Entfremdung auf einen Gattungscharakter, auch bloß geschichtlich, bezieht, beschreibt Castoriadis diese Begriffe ohne einen solchen Bezug: Freiheit ist die verwirklichte wechselseitige Anerkennung. Sie formuliert die Bedingung für die eigene Freiheit als Möglichkeit. Bewusstsein ist die Einsicht, dass Institutionen selbstgeschöpfte sind. Die Bezugnahme von Castoriadis ist aber nur scheinbar nicht ontologisch. Sein Verständnis von Freiheit und Bewusstsein ist nur in Bezug auf sein Konzept des Imaginären zu verstehen. Damit wird allerdings wiederum ein Gattungscharakter

---

80 Marx / Engels: Werke, Bd. 3, S. 33. [Herv. i.O.]

deutlich: Castoriadis setzt im Unterschied zu Marx das radikal Imaginäre voraus. Dieses freie phantastische Schaffen und Erschaffen von Bedeutungen, die die Welt ordnen, ist aber nicht weiter begründet. Warum genau diese Fähigkeit so grundlegend sein soll, kann gar nicht weiter erklärt werden. Es ist – so Castoriadis – einfach die Voraussetzung, dass wir uns etwas vorstellen können. Sie muss gemacht werden, um die Geschichte und ihre Gesellschaften begreifen zu können. Das radikal Imaginäre ist insofern transzendental.

Im Weiteren wird zu zeigen sein, ob bzw. inwiefern die Voraussetzung des radikal Imaginären einen normativen Gehalt hat, womit auch nochmals der Begriff der Freiheit aufgenommen wird. Obwohl man es als bloßes Transzendental annehmen kann, kommt Castoriadis, sobald er von Autonomie spricht, nicht umhin, letztere darüber hinaus auch normativ zu gebrauchen.

3.2 AUTONOMIE ALS NORM

Wie ist Autonomie überhaupt möglich, wenn Castoriadis schreibt: »Unter dem Druck des ›Diskurses des anderen‹ wird individuelle Autonomie nahezu unmöglich, zumindest sind ihr enge Grenzen gezogen«[81]? Damit muss auf die Frage nach der Subjekt-Werdung zurückgekommen werden. Wenn Subjekt-Sein bei Castoriadis bedeutet, dass dieses Subjekt selbst erst durch die gesellschaftlichen imaginären Bedeutungen, die in die ursprüngliche Monade der Psyche einfließen, zustande kommt, inwiefern kann dieses Subjekt autonom sein oder werden? Castoriadis gibt eine nur scheinbar widersprüchliche Antwort. Das Subjekt ist gesellschaftlich und geschichtlich bestimmt. Es kann sich seiner kontingenten Existenzbedingungen bewusst werden.[82] Es begreift dadurch zugleich die Möglichkeiten, die sich eröffnen, andere imaginäre Bedeutungen zu setzen, anders gesagt die Gesellschaft und ihre Institutionen zu verändern.[83] Nun schweifen diese Möglichkeiten für Castoriadis mit dieser Erkenntnis nicht im leeren Raum umher, sondern sind durch die Gesellschaft-Geschichte vermittelt. Die Bedingung der Möglichkeit ist das radikal Imaginäre bzw. die radikale Imagination. Autonomes Subjekt zu sein bedeutet insofern, sich seiner historischen Bedingtheit bewusst zu sein und im Sinne von Castoriadis revolutionäre Entwürfe zu

---

81 Castoriadis: Gesellschaft als imaginäre Institution, S. 185.
82 Castoriadis bezieht sich insofern immer wieder gern auf die Entstehung der antiken demokratischen polis und der Philosophie. Vgl. Castoriadis: Philosophie, Demokratie, Poiesis, S. 17-68.
83 Vgl. dazu Abs. 2.2.1 und 2.3.

schmieden, als auch diese Entwürfe auf das Ziel einer autonomen Gesellschaft zu richten. Aber warum sollte das Ziel eine autonome Gesellschaft sein? Anders formuliert: Wieso sollte das Ziel Autonomie sein? Um darauf eine Antwort geben zu können, folge man zuerst den Konfessionen von Castoriadis im Abschnitt über die *Subjektive Wurzel des revolutionären Entwurfs*[84]. Castoriadis gibt darin zu, dass alles, was er dazu schreibe, bloß subjektiv sei. Das ist allerdings eine Untertreibung. Dennoch geben seine Ausführungen Aufschluss über einen Anknüpfungspunkt, der entscheidend sein wird. Am Anfang steht: »Ich habe den Wunsch und ich fühle das Bedürfnis, in einer *anderen* Gesellschaft zu leben als der, die mich gegenwärtig umgibt.«[85] Dieser Wunsch ist aber nur scheinbar bloße Idiosynkrasie. Das wird deutlich, wenn Castoriadis seine Erwartungen aufzählt. Die instituierte Gesellschaft und ihre Organisation sei für ihn wie für alle anderen unzugänglich, die gerne Einfluss nehmen wollten. Er will *mit*entscheiden können.[86] Noch deutlicher: »Das Gesetz soll mir nicht einfach vorgegeben werden, ich will es mir zugleich selbst geben.«[87] Und insofern: »was ich will, ist die Macht aller«[88]. Zweitens verlange er, dass »vor allem« seine Arbeit einen Sinn habe (wozu und wie).[89] Drittens möchte er, dass gesellschaftliche Vorgänge transparent seien (»Umfang und Qualität der verbreiteten Information überprüfen können«[90]). Er will – viertens – den anderen als gleichen und »vollkommen verschiedenen Wesen« gegenüber treten können (und nicht als Ziffer oder Konkurrent).[91] Damit hängt der bereits erwähnte Begriff der Freiheit des oder der anderen zusammen, die wiederum Bedingung für die eigene Freiheit sei. In ähnlicher Weise formuliert: »Die Anerkennung des anderen hat für mich nur Wert, soweit ich ihn selber anerkenne.«[92] Man kann diese vier Punkte auf drei reduzieren, wenn die Transparenz und Information auf die politische Mitentscheidung bezogen wird, was naheliegt, da dies nur insofern tatsächliche Relevanz hat. Folgende drei Punkte bleiben:

---

84 Castoriadis: Gesellschaft als imaginäre Institution, S. 155-161.
85 Ebd., S. 156. [Herv. i.O.]
86 Ebd., S. 157f.
87 Ebd., S. 160.
88 Ebd.
89 Ebd., S. 157.
90 Ebd., S. 157.
91 Ebd., S. 157f.
92 Ebd., S. 160.

1. Autonomie als Selbstgesetzgebung (Selbstbestimmung)
2. Arbeit, als selbstbestimmte und gemeinsame Tätigkeit
3. Freiheit und Anerkennung (oder: die wechselseitige Anerkennung als Bedingung von Autonomie)

Auf die ersten beiden Punkte wurde verschiedentlich eingegangen.[93] Hier soll vor allem der dritte Punkt der Freiheit und Anerkennung aufgenommen werden – wobei auf die beiden anderen Aspekte wenigstens indirekt eingegangen wird. Es drängt sich die Vermutung auf, dass an dieser Stelle die normative Grundlage für die Autonomie als gesellschaftliches Ziel formuliert wird. Es wird zu erweisen sein, inwiefern dies der Fall ist.

Freiheit hat keinen Sinn – wenigstens keinen unmittelbaren. Wer von Freiheit spricht, der spricht – müsste man nicht erst mit Castoriadis zugeben – schon immer aus einer Epoche heraus. Was Castoriadis also nicht meinen kann, wenn er von der Bedeutsamkeit der Freiheit spricht, ist, dass sie eine der Geschichte jenseitige Bedeutung habe. Dennoch ist Freiheit nicht einfach bedeutungslos, was die gesellschaftlich-geschichtliche Dimension betrifft. Castoriadis nähert sich ihr durch einen dezidierten Anspruch der Aufklärung: dem Erkannten ist beizukommen. Die gesellschaftlichen Verhältnisse sind in ihren imaginären Bedeutungen entlarvt und veränderbar: »Unser Projekt einer Aufklärung vergangener Formen menschlicher Existenz gewinnt seinen vollen Sinn erst als Teil eines Projekts der Aufklärung unserer eigenen Existenz, die ihrerseits von unserem aktuellen *Handeln* nicht zu trennen ist.«[94] Natürlich können die instituierten imaginären Bedeutungen der Gesellschaft nur in bzw. aus derselben Gesellschaft entlarvt werden (Verstehen im Rahmen unserer »eigenen Formen des Imaginären«[95]). Aber in dieser »Aufklärung unserer eigenen Existenz« wird nicht nur die eigene Geschichte und Gesellschaft verstehbar, sie wird zugleich veränderbar.

»Was der spekulativen Vernunft als unüberwindliche Antinomie erscheint, bekommt gleich einen anderen Sinn, wenn man die Geschichtsbetrachtung in den Rahmen *unseres* Entwurfs einer theoretischen Aufklärung der Welt, insbesondere der menschlichen, stellt; wenn man darin einen Teil unseres Versuchs sieht, die Welt zu interpretieren, *um* sie zu verändern.«[96]

---

93 *Autonomie*, vgl. v.a. Abs. 2.3; *Arbeit*, vgl. v.a. Abs. 3.1.
94 Ebd., S. 282. [Herv. i.O.]
95 Ebd., S. 281.
96 Ebd. [Herv. i.O.]

Nun stellt sich die Frage, wohin der Weg der Veränderung gehen soll. Wie ist zu bestimmen, was nicht bloß aus der gegenwärtigen Situation zu bestimmen ist? Es muss darüber hinaus in diesem Begreifen der Umstände eine praktische Dimension liegen, wie sie Castoriadis andeutet. Nur, woraufhin deutet diese Dimension? Es ist insofern hilfreich nicht nach einem Sinn zu suchen, sondern ein Verhältnis hervorzuheben, das diesem Sinn vorausgeht. Die theoretische Aufklärung der Welt nährt ihren Anspruch nicht nur hin zu einem Ziel, das bei Castoriadis Autonomie lautet, sondern auch von diesem aus. Das scheint nur vordergründig ein Zirkel zu sein. Dieses Ziel ist eine bestimmte Freiheit, eine mittelbare. Erst jetzt gewinnt die Formulierung »Ich möchte, daß der andere frei ist, denn meine Freiheit *beginnt* dort, wo die Freiheit des anderen beginnt«[97] ihren vollen Sinn. Sie bezeichnet ein wechselseitiges Bedingungsverhältnis. Dieses Bedingungsverhältnis ist die Grundlage, der Kern, des Castoriad'schen Anspruchs seiner Autonomie. Autonomie ist kein Selbstzweck, sondern sie erfüllt und kann ihren Sinn nur erfüllen als Zweck für jemanden, was aber eine noch ungenaue Formulierung darstellt. Erst durch den anderen, erst durch das Gegenüber gewinnt Freiheit Sinn. Sie nimmt ihren Ausgang in diesem wechselseitigen Verhältnis von Subjekten. Entgegen dem landläufigen Verständnis, dass andere meiner Freiheit Abbruch tun können oder sie mindestens beschränken, kehrt Castoriadis dies um. Freiheit hat nur dann und genau dann Sinn, wenn andere diese mittragen. Was aber heißt diese wechselseitig bedingte Freiheit als Bedingung der Möglichkeit einer autonomen Gesellschaft? Wir können jetzt genauer antworten, welchen normativen Anspruch Castoriadis formuliert. Er formuliert als Bedingung der Möglichkeit individueller Freiheit die *Anerkennung* des anderen. Indem dies wechselseitig die Ermöglichungsbedingung überhaupt von Autonomie ist, wird Anerkennung grundlegend. In welcher Weise geht aber Castoriadis überhaupt auf Anerkennung als wechselseitiges Verhältnis ein? Da die grundlegenden menschlichen Beziehungen durch die gesellschaftlichen imaginären Bedeutungen reguliert werden, kann es sich nicht um ein unmittelbares Verhältnis handeln. Wie soll dies nicht in einem Zirkel oder Selbstwiderspruch enden?[98]

Weiter oben wurde auf die Subjektgenese eingegangen. Es muss erneut darauf zurückgekommen werden, um die Anerkennung als wechselseitiges Verhältnis zu begründen.[99] Es wurde festgestellt, dass Castoriadis das ursprüngliche

---

97 Ebd., S. 158. [Herv. i.O.]
98 Dews, Peter: »Imagination and the Symbolic: Castoriadis and Lacan«, in: *Constellations* 9.4 (2002), S. 516-521, hier S. 520.
99 Vgl. Abs. 2.2.1.

Aufbrechen der psychischen Monade mit der Vergesellschaftung identifiziert. Nun bedeutet dieses Aufbrechen und das Einfließen der gesellschaftlichen imaginären Bedeutungen nicht nur eine Subjektgenese – es bedeutet, man kann insofern Reitter in seiner Interpretation folgen – dass diese Genese nur durch die Bezugsperson oder Bezugspersonen, andere als Außen, begriffen wird bzw. werden. Erst die anderen bedeuten dem Kind, »daß die Objekte des Begehrens in der öffentlichen Welt Dinge mit Bedeutung und gesellschaftliche Individuen sind.«[100] Das heißt, dass es sich insofern um eine Proto-Setzung handelt, die nicht von den jeweils gesellschaftlichen imaginären Bedeutungen abhängig ist, sondern überhaupt als Ermöglichungsbedingung betrachtet werden muss. Diese Proto-Setzung ist gemäß Reitter nur durch andere Subjekte möglich.[101] Damit kommt aber der Begegnung, der intersubjektiven Beziehung vor der Institutionalisierung von imaginären Bedeutungen eine besondere Rolle zu. Erst wenn die Psyche das Außen ›Sein‹ lässt, und der Vorstellungsstrom sich in einem grundlegenden Sinn zu ordnen beginnt, wird die gesellschaftliche Institution von Bedeutungen überhaupt möglich. Es bedarf also einer Begegnung als Anerkennung, wenn auch noch nicht als Anerkennung Gleichgestellter, sondern als zwischenmenschlicher Verbindung.[102] Wenn aber diese Setzung vorausgesetzt und bedeutsam für das Verständnis des Begriffs der Autonomie ist, hat dieser nicht eine genuin normative Bedeutung wie dies Dews annimmt, wenn er schreibt: »[O]ne could also raise the obvious normative question: if both autonomy and unlimited mastery are imaginary significations, why should one be preferred to the other?«[103] Es muss bedacht werden, das vernachlässigt Dews, dass Castoriadis dem radikal Imaginären vor allem eine transzendentale Bedeutung zuspricht. Letztere ist aber, wie eben festgestellt wurde, keine bloße Setzung einer aktual imaginären Bedeutung unter anderen, sondern ihr kommt ein Primat zu, auf das sich Castoriadis konzeptuell berufen muss. Dieses Primat liegt, so die Annahme, in der Subjektgenese, die zugleich eine Genese der Intersubjektivität bedeutet

---

100 Reitter: Perspektiven der Freud-Rezeption, S. 125.

101 Castoriadis spricht insofern im Zusammenhang mit der Erziehung von Menschwerdung: »Ziel der Pädagogik ist – und ich spreche hier natürlich von einem normativen Standpunkt aus –, dem Neugeborenen, diesem *hopeful* und *dreadful monster*, dabei zu helfen, ein menschliches Wesen zu werden. Mit anderen Worten, die *paideia* ist bestrebt, dieses Bündel aus Triebimpulsen und Phantasien zu einem *anthropos* zu machen.« Castoriadis: Psychische Monade und autonomes Subjekt, S. 117f. [Herv. i.O.]

102 Zur Bedeutung des Begriffs bei Honneth: vgl. Kap. 4.

103 Dews, Peter: Imagination and the Symbolic, S. 520.

und auf eine Anerkennung zurückgeht, die erst die Trennung von Individuum und Gesellschaft sinnfällig macht.

Inwiefern sollte der Begriff Autonomie auf die Anerkennung des anderen zurückgehen? Was heißt es, dass Autonomie darauf zurückgehend keine ›spätere‹ gesellschaftliche imaginäre Bedeutung darstellt, sondern um eine auf die Subjektgenese gründende Struktur menschlicher Wechselseitigkeit? Wie hängt dies wiederum mit dem tatsächlich normativen Anspruch auf Autonomie zusammen, den Castoriadis geltend macht? Wie Waldenfels[104] festhält, bedeutet Autonomie »Kritik des Instituierten« und »ein erster Riß im (instituierten) Imaginären«[105]. Er reduziert den Begriff der Autonomie zuletzt auf den Anspruch eines »performativen Faktums des Wollens« und sieht das Problem in einer fehlenden Auseinandersetzung seitens Castoriadis mit dem Fremden (als Fremdich).[106] Gerade dies scheint, wie oben angedeutet wurde, nicht der Fall zu sein. Dennoch bleibt, wie Waldenfels korrekt feststellt, die Frage, wie dieses performative Faktum des Wollens einen normativen Anspruch geltend machen kann. Eine Antwort: Der Riss im instituierten Imaginären zeitigt die ›Kontingenz‹ einer gegebenen Gesellschaft und ihren imaginären Bedeutungen. Diese reflexive Einsicht dessen wie es ist, aber nicht sein müsste, ist ein »praktisches Problem«[107]. Dies verweist auf die Praxis, bei Castoriadis vor allem *gemeinsame* Praxis, die sich auf das Wissen gründet, »daß auch andere Menschen diesen Willen [der Überwindung der Selbstentfremdung; nc] haben«[108]. Es gibt bei dieser Antwort drei Voraussetzungen, die einen normativen Anspruch der Autonomie begründen: erstens die Einsicht in die »Zufälligkeit, Armut und Unbedeutendheit«[109] der hergebrachten Institutionen, zweitens den gemeinsamen Willen diese zu verändern, drittens die Selbstentfremdung, die es zu überwinden gilt. Beim zweiten ist nicht bloß das performative Faktum des Wollens wichtig, sondern auch der *gemeinsame* Wille. In dieser anerkennenden Wechselseitigkeit liegt ein normativer Anspruch die Selbstentfremdung aufzuheben – nicht nur als Einsicht, sondern auch als Praxis. Aber erst das Aufbrechen der Psyche, die Subjektgenese, bildet die Möglichkeit hergebrachtes instituiertes Imaginäres zu bearbeiten. Dieser Bruch und die Ent-

---

104 Waldenfels, Bernhard: »Revolutionäre Praxis und ontologische Kreation«, in: Bernhard Waldenfels / Harald Wolf (Hg.), *Das Imaginäre im Sozialen*, Göttingen: Wallstein Verlag 2012, S. 82-101, hier S. 95.
105 Castoriadis: Gesellschaft als imaginäre Institution, S. 267.
106 Waldenfels: Revolutionäre Praxis und ontologische Kreation, S. 97-99.
107 Castoriadis: Gesellschaft als imaginäre Institution, S. 267.
108 Ebd., S. 609.
109 Ebd., S. 267.

fremdung bei Castoriadis sind der Ausgangspunkt des normativen Anspruchs der Autonomie. Damit ist sein Projekt der Aufklärung immer schon ein Projekt der vergesellschafteten Subjekte. Der Anspruch für Autonomie gründet im radikal Imaginären, das ständig schafft. *Wichtiger ist aber, dass die normative Dimension erst mit dem Bruch zustande kommt.* Der Einbruch der heteronomen Bedeutungen, der durch die Instituierung eines Innen-Außen zustande kommt und damit die psychische Monade aufreißt, begründet das Wollen, mit der Erkenntnis dieser Art der Entfremdung über diese Bedeutungen hinaus zu reflektieren und zu verändern. Der Bruch bedeutet aber zugleich eine (mögliche) anerkennende Wechselseitigkeit, die wiederum auf die gemeinsame Praxis hinweist. Diese Praxis kann erst die Überwindung der heteronomen Bedeutungen erreichen. Bei der Subjektgenese wurde eine bestimmte gesellschaftlich instituierte imaginäre Bedeutung absorbiert. Diese, das behauptet Castoriadis, vereinnahme aber nicht die ganze Psyche, die radikale Imagination, die schaffende Kraft, bleibe davon unangetastet. Nun besteht der Zusammenhang in einem negativen Verhältnis. Die radikale Imagination, die ihren Anspruch auf das ständige Schaffen geltend macht, auch mit der Institution einer autonomen Gesellschaft, drängt die bei der Subjektgenese aufgenommenen imaginären Bedeutungen mit der Einsicht ihrer Zufälligkeit zur Veränderung. Der aufgezwungene Bruch der sich der Psyche bei der Sozialisation aufdrängt, wird mit der reflexiven Einsicht aber nicht rückgängig gemacht, sondern produktiv eingeholt, indem das Gegenüber konstitutiv für die Verwirklichung oder Instituierung von Autonomie wird. Damit erreicht Castoriadis zweierlei: Die heteronomen gesellschaftlichen Bedeutungen, die das Subjekt generieren und ausmachen, werden von diesem zu einer kollektiven Praxis auf eine autonome Gesellschaft hin gewendet – die zugleich bereits autonome Züge hat, aber noch nicht die Autonomie aller erreicht hat. *Castoriadis erfüllt also einen doppelten aufklärerischen Anspruch. Er ermöglicht dem Subjekt aus der Heteronomie zu finden. Aber es kann dies nicht im Alleingang erreichen – Autonomie gibt es nur als Möglichkeit der Autonomie aller in der gemeinsamen Praxis.* Denn nur wenn in der gemeinsamen Praxis neue gesellschaftliche imaginäre Bedeutungen und ihre Institutionen geschaffen werden, kann Heteronomie eingeholt und überwunden werden.[110]

---

110 Vgl. dazu Jaeggi, Rahel: *Entfremdung. Zur Aktualität eines sozialphilosophischen Problems*, Frankfurt am Main: Campus Verlag 2005, S. 19-50: »[E]ine Lebensform könnte unter dem Gesichtspunkt der Entfremdung als falsch kritisiert werden, ohne dass dem ein subjektiv wahrgenommener Leidensdruck entspricht. Kann nun aber jemand in dem bisher skizzierten Sinne ›seiner selbst entfremdet‹ sein, wenn er selbst das gar nicht wahrnimmt?« (S. 47f.) – Castoriadis könnte in dem bisher refe-

Aufklärung heißt insofern der gemeinsame Ausgang aus der bewusst gewordenen Unmündigkeit. Wir haben damit also eine klare Antwort auf die Frage nach der normativen Begründung der Autonomie. Die Norm gründet in der von Castoriadis beschriebenen Subjektgenese. Diese Genese vollzieht sich, indem die psychische Monade aufbricht und sozialisiert wird. Sozialisation bedeutet die Aufnahme fremder gesellschaftlicher imaginärer Bedeutungen. Die Genese bedeutet aber auch die Instituierung anderer Subjekte und ihrer Ansprüche. Beiden Aspekten kommt eine wechselseitige Bedeutung zu, den Anspruch der Autonomie zu begründen. Wechselseitige Anerkennung erfüllt sich im Sinne von Castoriadis also nicht als bloßes Anerkennungsverhältnis von Personen wie später bei Honneth, sondern auch als gemeinsames Handeln in und über vorgegebene gesellschaftliche Institutionen hinaus. In diesem gemeinsamen Handeln liegt die Anerkennung als Grund der Freiheit, die damit zugleich verwirklicht wird. Im Unterschied zu Marx' Verständnis steht also nicht die Erfüllung eines Gattungswesens oder Gattungscharakters im Vordergrund, sondern das gemeinsame freie Tun im Verhältnis zu gesellschaftlich-geschichtlichen imaginären Bedeutungen. Damit ist wiederum das Verständnis auch des revolutionären Entwurfs eingeholt.[111]

Ein Hauptproblem allerdings bleibt: Sollte es stimmen, dass das radikal Imaginäre nicht nur Bedingung der Möglichkeit ist, sondern auch die Vorstellung dessen bestimmt, was Autonomie für Castoriadis bedeutet, wirkt sich das auf den normativen Gehalt, wie er eben beschrieben wurde, aus. Wenn das Ziel der Aufhebung von Entfremdung durch die bestimmte Form der Autonomie erreicht werden soll, bedarf es des radikal Imaginären als anthropologischer Konstante, die nicht weiter begründet wird bzw. werden kann. Obwohl diese als Transzendental nicht bewiesen werden kann, hält Castoriadis diese konzeptuelle Schranke nicht durch, wenn sein Verständnis von Autonomie durch das radikal Imaginäre

---

rierten Sinne mit Ja antworten und zwar auf zweierlei Weise: Einerseits begreift sich das Subjekt selbst nicht als gesellschaftlich fabriziertes und andererseits ergreift es nicht die Möglichkeit einer gemeinsamen Praxis zur Autonomie. Letzteres bezieht sich wiederum auf jenen normativen Bezugspunkt, den es gemäß Jaeggi in den Entfremdungskonzepten nicht mehr geben könne. Dieser wurde in diesem Abschnitt bei Castoriadis herausgearbeitet und verweist darauf, dass zwar »Entfremdung konstitutiv und unausweichlich [wird]« (S. 50) damit aber nicht – unüberwindbar. Das von Jaeggi vorgeschlagene Konzept des »Über-sich-verfügen-Können« überschneidet sich in einigen Aspekten mit meiner Auslegung von Castoriadis normativer Bedeutung von Autonomie.

111 Vgl. Abs. 2.3.

soweit bestimmt wird, dass es die gemeinsame Praxis bestimmt. Er lädt den Begriff normativ auf. Obwohl Castoriadis' Entwurf einer politischen Philosophie das Problem der Begründung mit dem Begriff des radikal Imaginären als uneinholbar ›löst‹, zeigt dieses zugleich die Grenzen seines Entwurfs auf. Während Castoriadis mit seinem Konzept tatsächlich den möglichen Erklärungshorizont weit spannt, begeht er mit dem Anspruch der Autonomie einen Fehler, wenn letzterer maßgeblich auf das radikal Imaginäre zurückgeht, welches den letzten Grund seines Konzepts darstellt. Der Nachweis, dass die normative Dimension vor allem auch mit dem Bruch der psychischen Monade, also der Subjektgenese, zusammenhängt, kann dieses ursprüngliche Problem seiner Theorie nicht mehr aufheben.

3.3 Fazit

In diesem Kapitel wurde nach der normativen Begründung von Autonomie bei Castoriadis gesucht. Dabei drängte sich ein Rückgang zu frühen Texten von Marx auf. In diesem Rückgang wurde der Begriff der Entfremdung genauer umrissen und in seiner Begründungproblematik erläutert. Dabei wurden begriffliche Überschneidungen mit dem Begriff der Heteronomie bei Castoriadis herausgearbeitet. Diese Überschneidungen hatten wiederum Einfluss auf die Frage nach der Begründung eines normativen Anspruchs im Konzept der Autonomie bei Castoriadis. Davon ausgehend wurde festgehalten, dass das Verständnis von Freiheit eng mit einer reziproken Anerkennung zusammenhängt und den normativen Kern dessen ausmacht, was er unter Autonomie versteht.

In einem ersten Abschnitt wurde dem Begriff der Entfremdung bei Castoriadis nachgegangen. Dabei wurde eine inhaltliche Verknüpfung zwischen der Marx'schen Bedeutung und seinem Verständnis von Heteronomie, als Fremdgesetzlichkeit, vorausgesetzt, welche sich bestätigte. Im Zuge der Begriffsanalyse wurde deutlich, dass Heteronomie drei Aspekte umfasst. Der erste Aspekt war die Sozialisation, die gemäß Castoriadis im Aufbrechen der psychischen Monade und ihrer Aufnahme gesellschaftlicher imaginärer Bedeutungen besteht. Dieser Vorgang schuf zugleich den Bezug zum zweiten Aspekt, der Abhängigkeit von anderen Menschen bzw. Subjekten. Diese Abhängigkeit allerdings wurde mit dem Anspruch auf Autonomie positiv als gemeinsame Praxis verstanden – bei Marx wie auch bei Castoriadis als gemeinsame Arbeit. Drittens bedeutete Heteronomie eine Entfremdung gegenüber der gesellschaftlichen Welt, die institutionalisierte gesellschaftliche imaginäre Bedeutungen umfasste, die nicht einfach eingeholt oder verändert werden können. Allerdings bleiben diese veränderbar, wenn auch nur in einer gemeinsamen politischen Praxis. Entfremdung verweise immer auf eine von der Gesellschaft verselbständigte Institution. Letztere sei ein symbolisches, gesellschaftlich sanktioniertes Netz, wobei der imaginäre Anteil die Vorherrschaft der Institution gegenüber der Gesellschaft begründe.[112] Das heißt, dass die Geltung einer Institution unabänderlich scheint.

Es wurde beispielhaft auf die Selbstverwaltung von Arbeitenden verwiesen, wobei begriffliche Ähnlichkeiten mit Marx vorweggenommen wurden. Diese Ähnlichkeiten bezogen sich unter anderem auf die Art und Weise der Selbstverwaltung, die davon ausgeht, dass diese der freien Produktivität jedes Einzelnen besser gerecht wird. Bei Marx bezog sich dies auf den Gattungscharakter, bei Castoriadis auf das radikal Imaginäre, das ein schöpferischer Vorstellungsstrom sei.

Im Folgenden wurde der Entfremdungsbegriff bei Marx erklärt. Dabei wurde vor allem auf die Frühschriften Bezug genommen. Marx formuliert darin einen Gattungsbegriff, der ein Spezifikum des Menschen annimmt. Diese Eigenheit des Menschen umfasst im Kern seine freie und bewusste Tätigkeit. Dieses Gattungswesen wird in verschiedener Hinsicht entfremdet, was den Arbeitsvorgang, die Produktionsverhältnisse, das Produkt und die zwischenmenschlichen Beziehungen betrifft.

Es wurde vor allem auf die Untersuchung von Zoran Djindjić Bezug genommen, der die Begründungsprobleme bei Marx untersucht hat. Dieser stellte fest, dass Marx das Gattungswesen Mensch ohne Begründung bzw. Erklärung voraussetzt. Er verdeutlichte insofern, dass Marx von einer solchen Voraussetzung für die Kritik an den bestehenden Verhältnissen angewiesen gewesen sei.

Es stellte sich die Frage, ob nicht auch Castoriadis ein Begründungsproblem hat, da er seinem Autonomie-Begriff programmatischen Charakter beimisst. Dieser steht ebenso in einem engen Verhältnis zum Verständnis der Heteronomie, weshalb eine analoge Untersuchung der Begründung bei Castoriadis unternommen wurde. Es zeigte sich, dass der konzeptuell zentrale Begriff des radikal Imaginären zwei Dimensionen hat, die es zu unterscheiden gilt: einerseits eine transzendentale, andererseits eine normative. Die transzendentale Dimension umschreibt das radikal Imaginäre als Eigenschaft der Menschen, die es als Bedingung der Möglichkeit brauche, um die Gesellschaft-Geschichte überhaupt begreifen zu können. Die normative Dimension wurde Castoriadis unterstellt, da sein Anspruch auf Autonomie nur damit begründet werden kann. Die Fähigkeit sich eine andere Gesellschaft vorzustellen, gehe auf das radikal Imaginäre zurück. Sich diese Welt als autonome zu denken, gründet in der Annahme die He-

---

112 Vgl. dazu Abs. 2.1.2.

teronomie zu überwinden. Diese Überwindung lässt sich nur erreichen, wenn die Schaffung der politischen Welt gemeinsam erreicht wird. Dazu bedarf es einer bedingten wechselseitigen Anerkennung, dass Freiheit qua Politik nur durch die Anerkennung des anderen als frei, erreichbar ist. Autonomie hatte, so wurde dies zusammengefasst, bei Castoriadis drei grundlegende Dimensionen. Erstens die Autonomie als Selbstgesetzgebung, zweitens als freie selbstbestimmte und gemeinsame Tätigkeit, was auch die Arbeit miteinbezieht, drittens Autonomie als Anerkennung der Freiheit des anderen als Bedingung der Möglichkeit für die eigene Freiheit. Damit wurde zuletzt die Frage beantwortet, ob Castoriadis im Gegensatz zu Marx ein Begründungsproblem hat oder nicht. Er kommt dem Begründungsproblem soweit bei, als er nicht wie Marx von einem materialen Gattungsbegriff, den es zu verwirklichen gilt, ausgeht. Er spricht vielmehr von einer formalen Bedingung der Begreifbarkeit der Welt und einem normativen Anspruch, die institutionelle Heteronomie zu überwinden. Letztere ist konzeptuell kohärent und konsequent. Die Bedeutung der Autonomie als wechselseitige Anerkennung von Freiheit ist nicht idealistisch in einem weiten Sinne, sondern entspricht einem Verständnis, bei welchen Freiheit erst durch gemeinsame Politik erreichbar ist und konzeptuell durch die Subjektgenese, als Bruch oder Aufbrechen der psychischen Monade durch Anerkennung, ausgelöst und verankert wird. Es wurde deutlich, dass sein Verständnis von Autonomie nicht eine Herrschaftsform unter anderen ist, sondern, dass dieser eine besondere Stellung in seiner Konzeption zukommt, die es zu beachten gilt. Diese besondere Stellung hängt mit einer doppelten Dimension des Begriffs des radikal Imaginären zusammen, welche Castoriadis allerdings in seinen Texten oft zu wenig klar herausstellte und woran eine entsprechende Kritik knüpfte. Es wurde schlussendlich bemerkt, dass diese formale Bedingung des radikal Imaginären von Castoriadis angenommen wird und prinzipiellen Charakter hat. Er setzt diesen Begriff voraus. Insofern jedoch hat Castoriadis ein Begründungsproblem, welches er nicht löst.

4. Anerkennung

> Treffen sich zwei Solipsisten.
> WITZ UNTER PHILOSOPH_INNEN

In diesem Abschnitt wird das Konzept von Castoriadis mit dem Konzept des *Kampfes um Anerkennung* von Honneth[1] verglichen. Es stellt sich die Frage, ob die Begriffe des Imaginären, der Heteronomie und der Autonomie von Castoriadis Erklärungen für das Verständnis von Gesellschaft bieten, die das zum Vergleich zitierte Konzept der Anerkennung von Axel Honneth nicht erreicht. Insofern muss auch die Frage beantwortet werden, warum ausgerechnet Honneths Konzept vergleichend beigezogen wird. Drei Aspekte der Konzepte von Castoriadis und Honneth geben dazu Anlass: Bei beiden Autoren wird erstens von einem fundamentalen wechselseitigen Verhältnis von Subjekt und Gesellschaft ausgegangen, das zweitens vermittelt durch psychoanalytische Annahmen erklärt wird und drittens beide den Begriff der Anerkennung produktiv machen. Wenn sich die Erklärungen zu letzterem Begriff auch unterscheiden, wird damit kontrastreicher gezeigt werden können, welches der beiden Konzepte welche Deutungen der Gesellschaft zulässt.

4.1 Struktur sozialer Anerkennungsverhältnisse

Ausgangspunkt dieses Abschnitts ist die Annahme, dass im *Kampf um Anerkennung* von Axel Honneth Erklärungen sozialer Konflikte angeboten werden, die

---

1 Honneth, Axel: *Kampf um Anerkennung. Zur moralischen Grammatik sozialer Konflikte*, Frankfurt am Main: Suhrkamp 2003.

wesentliche Aspekte ausklammern.[2] Es wird gezeigt, dass Castoriadis Begriff des Imaginären den Problemen, die Honneth bearbeitet hat, vielfältiger beikommt.

Ausgehend von einer Untersuchung der ersten Anerkennungsform bei Honneth, der Liebe und ihrer Verknüpfung mit dem Recht, wird dann das Recht als Form der Anerkennung in ihrer Ausgestaltung betrachtet. Honneth bezieht sich in seiner Arbeit wesentlich auf die Objektbeziehungstheorie, wobei er sich vor allem auf Donald Winnicott als prominenten Kinderpsychoanalytiker bezieht. Nach dieser Theorie vollzieht sich die Subjektgenese vor allem im Prozess vorsprachlicher Anerkennung. In der Sphäre des Rechts sieht Honneth einen Zusammenhang mit der primären Anerkennung lediglich im Mechanismus reziproker Anerkennung. Die Struktur dieser rechtlichen Anerkennungsform soll erläutert und die von Honneth ausgemachten Konfliktherde aufgezeigt werden. Im Anschluss werden zentrale Probleme, die in der rechtlichen Anerkennungssphäre hervortreten, untersucht, wobei sich zeigt, dass diese auch in der rigiden Reduktion des Zusammenhangs zwischen Liebe und Recht als Formen reziproker Anerkennung gründen. Wie sich zeigen wird, behauptet Honneth, dass die in der Form der Liebe generierten Anerkennungsverhältnisse grundlegend für alle weiteren Anerkennungsformen sind.

Ein anderes Verständnis der Sozialisation und ihren gesellschaftlichen Bedingungen wird mit Castoriadis deutlich, wie bereits oben gezeigt wurde.[3] Die Subjektgenese vollzieht sich bei ihm zuletzt durch die gesellschaftlichen imaginären Bedeutungen und ihre Institutionen. Dies betrifft nicht nur die Sprache, sondern jeglichen sozialen Umgang. Wie sich herausstellen wird, sind gerade diese gesellschaftlichen imaginären Bedeutungen ein fundamentales Element – übertragen auf das Konzept von Honneth – das die Verhältnisse auf primärer (Liebe) wie auch erweitert auf sekundärer Ebene (Recht) zu verbinden vermag. Ob und welche Konsequenzen dies für das Modell und die Probleme bei Honneth und in seinem Kampf um Anerkennung hat, wird sich zeigen. Die Erläuterung zu Honneths *Kampf um Anerkennung* wird zudem begriffliche Parallelen mit Castoriadis zu Tage fördern, die einen Vergleich nahelegen. Insofern wird auf die Begriffe der Anerkennung und Autonomie eingegangen werden müssen.

---

2   Teile dieses Kapitels gehen auf eine unveröffentlichte Arbeit meinerseits zurück, mit dem Titel *Recht und rechtliche Anerkennung als imaginäre Institution der Bedeutung*, betreut von Francis Cheneval, März 2006.

3   Vgl. Abs. 2.2.

4.1.1 Primäre Anerkennungsform: Liebe

Honneth konstruiert in seinem *Kampf um Anerkennung* ein Dreischichtenmodell, in dem er an die *Grundlinien der Philosophie des Rechts* von Hegel anschließt. Für Honneth gibt es drei Formen bzw. Muster intersubjektiver Anerkennung: Liebe, Recht, Solidarität bzw. Leistung.[4] Für ein Verständnis intersubjektiver Anerkennung, ist die Untersuchung der Liebe grundlegend:

»Weil dieses Anerkennungsverhältnis zudem einer Art von Selbstbeziehung den Weg bereitet, in der die Subjekte wechselseitig zu einem elementaren Vertrauen in sich selber gelangen, geht es jeder anderen Form der reziproken Anerkennung sowohl logisch als auch genetisch voraus [...].«[5]

Es gilt deshalb die Konstruktion seiner Anerkennungsform Liebe genauer zu untersuchen, da sie ebenso auf die Form des Rechts einwirkt. Nach Honneth bildet die reziproke Anerkennung den grundlegenden Mechanismus beider Formen.[6] Der Übergang zwischen den Formen wird Thema des zweiten Abschnittes sein. Hier soll die Sphäre der Liebe genauer untersucht werden.

Nachdem Honneth von Hegel ausgehend und Mead verarbeitend Anerkennungsverhältnissen grundlegende Bedeutung zumisst, wendet er sich der Frage zu, wie diese Verhältnisse ausdifferenziert werden. In der Sozialphilosophie, stellt Honneth fest, würden Verhältnisse aufdringlich oft jeweils auf drei Ebenen verortet, welche etwas verkürzt in Gefühlsebene, Rechtsebene und Wertebene zusammengefasst werden könnten.[7] Allerdings sei gerade die entsprechende gesellschaftliche Grundlegung auf Anerkennungsverhältnisse ein Spezifikum in den Konzepten von Hegel und Mead. Als weitere Besonderheiten kämen diesen Ebenen von Anerkennungsverhältnissen erstens unterschiedliche moralische Entwicklungen, zweitens ein unterschiedlicher individueller Selbstbezug und drittens unterschiedliche damit zusammenhängende Probleme oder Konflikte durch herausgeforderte Anerkennungsverhältnisse zu. Um nun einerseits die Eigenheit dieser drei Stufen und andererseits überhaupt diese Dreiteilung zu belegen, macht sich Honneth daran, dieser nachzugehen. Die Objektbeziehungstheorie, auf die sich Honneth beruft, bewegt sich von einer Psychologie des Ichs im

---

4 Dabei geht es bei der dritten Form der Anerkennung um soziale Achtung einer individuellen Leistung. Vgl. Honneth: Kampf um Anerkennung, S. 180f.
5 Ebd., S. 172.
6 Ebd., S. 174.
7 Ebd., S. 151.

Rahmen der Freud'schen Triebtheorie weg, hin zu einer Theorie der Intersubjektivität.[8] Im Gegensatz zu einer primären Triebtheorie glaubt Winnicott, auf den sich Honneth vor allem bezieht, nicht mehr »an Transformationen in der Organisation des individuellen Triebpotentials«[9], sondern an die Konstitution der Subjektivität aufgrund der Konfrontation mit anderen Personen.[10] Dies werde am Beispiel der ›Zerstörung‹ deutlich, die sich bei Kleinkindern äußere, und die bisher von klassischen oder tendenziell der Ich-Psychologie zugehörigen Schulen als Zeichen der Frustration durch den Allmachtsverlust gedeutet wurde. Winnicott sieht nun in den Attacken, die ein Kind der Mutter, allgemein einem oder einer Interaktionspartner_in zufügt, ein Testen der Widerstandsfähigkeit der / des anderen. Das Kind versuche seinen Machtbereich auszuloten und setze dabei, wie Honneth angibt, bereits ein Außen voraus. Honneth bezeichnet es als ein sich »praktisch in eine Welt hineinversetz[en]«[11]. Das Kind bilde für sich durch die Zerstörungsversuche konstruktiv den Anderen als Subjekt heraus. Diese/r Andere sei der eigenen Omnipotenz entglitten. Ob es tatsächlich nicht mehr zu beeinflussen sei, solle nun unbewusst getestet werden. Die Mutter sei den Attacken widerstandsfähig gewachsen und könne oder eher müsse darum als eigenständiges Subjekt (an)erkannt werden. Die Reaktionen der Mutter könnten innerhalb eines Spektrums geschehen, die aber alle das gleiche Ergebnis hätten: Das Kleinkind werde sich der Selbständigkeit des Objektes nun als Subjekt gewahr. Dem entspreche die Reaktion der Mutter, nämlich »die zerstörerischen Wunschphantasien ihres Kindes als etwas zu begreifen, was den eigenen Interessen zuwiderläuft und daher nur ihm allein als eine bereits verselbständigte Person zukommen kann«[12]. Diese Loslösung bilde erst die Möglichkeit von Liebe, denn gerade im Bruch der Symbiose »undifferenzierter Intersubjektivität«[13] werde wieder die Möglichkeit einer Vereinigung geschaffen, d.h. Grundlage ist die Differenzierung. Jessica Benjamin spricht hier nicht mehr von einem Bruch einer Symbiose, sondern im Zusammenhang mit ihrer Rezeption der von John Bowlby getätigten Forschungen schreibt sie, dass das Kind schon bei der Geburt die Fä-

---

8 Ebd., S. 158f.
9 Ebd., S. 159.
10 Winnicott, Donald: *Reifungsprozesse und fördernde Umwelt*, Frankfurt am Main 1974, S. 47-71; 106-137.
11 Honneth: Kampf um Anerkennung, S. 163.
12 Ebd., S. 164.
13 Ebd., S. 158.

higkeit und den Wunsch habe, sich mit der Welt in Beziehung zu setzen.[14] Honneth sieht in der von Hegel im *System der Sittlichkeit* geäußerten Definition der Liebe als »sein selbst [Sein] in einem fremden«[15] die diesbezügliche richtige Ahnung in dessen frühen Entwürfen.[16] Wichtig ist, dass die Objektbeziehungstheorie auf einem dynamischen und auf reziproker Anerkennung gründenden Modell beruht, welche das Subjekt und sein Selbst konstituiert. Dazu gehört auch der von Honneth zweite Verarbeitungsmechanismus des »Übergangsobjekts«.[17] Damit wird eine affektive Besetzung eines Gegenstands bezeichnet, wie z.B. bei einem Teddybär oder einem Schnuller. Dieser Gegenstand diene einer symbolischen Überbrückung zwischen dem getrennten Objekt, vor allem der Mutter, und sich.[18] Diese Übergangsobjekte seien, so referiert Honneth Winnicott »ontologische Vermittlungsglieder zwischen dem primären Erlebnis des Verschmolzenseins und der Erfahrung des Getrenntseins«[19].

In der Aufsatzsammlung *Umverteilung oder Anerkennung*[20] von Nancy Fraser und Axel Honneth wird dieses Modell der verschiedenen Anerkennungsformen von Honneth noch in seiner historischen Genese nachgezeichnet. Dabei steht außer Frage, dass die Anerkennung als grundlegende anthropologische Konstante immer im Spiel ist. Die Frage ist, inwiefern sich verschiedene Formen der Anerkennung ausdifferenzieren und im Speziellen, wie sich diese in der bürgerlich-kapitalistischen Gesellschaft ausdifferenziert haben. Für Honneth ist es allerdings selbstverständlich, dass gerade die Fürsorge und Liebe auch in vormodernen Gesellschaften als affektive Anerkennung vorhanden waren und im

---

14 Benjamin, Jessica: *Die Fesseln der Liebe. Psychoanalyse, Feminismus und das Problem der Macht*, Frankfurt am Main: Fischer Taschenbuch Verlag 1993, S. 20-21.
15 Hegel, Georg Wilhelm Friedrich: *System der Sittlichkeit. (Critik des Fichteschen Naturrechts)*, Hamburg: Felix Meiner Verlag 2002, S. 12f.
16 Honneth: Kampf um Anerkennung, S. 148.
17 Ebd., S. 165.
18 Feministische Theoretikerinnen haben darauf hingewiesen, dass entweder auch der Vater oder andere betreuende Personen gemeint sein müssten. Rosalind Minsky weist darauf hin, dass für Winnicott die Schwangerschaft eine Bedingung dieser Beschreibung war. Vgl. Minsky, Rosalind: *Psychoanalysis and Gender. An Introductury Reader*, London: Routledge 1996. S. 130f.
19 Honneth: Kampf um Anerkennung, S. 166.
20 Honneth, Axel: »Umverteilung als Anerkennung. Eine Erwiderung auf Nancy Fraser«, in: Axel Honneth / Nancy Fraser (Hg.), *Umverteilung oder Anerkennung. Eine politisch-philosophische Kontroverse*, Frankfurt am Main: Suhrkamp 2003, S. 129-224.

Übergang in die bürgerlich-kapitalistische Gesellschaft ihre Institutionalisierung in der Fürsorgepflicht gegenüber den Kindern und der Heirat als Schutzsphäre intimer Beziehungen fanden. Dass die Fürsorge und Liebe Bedingungen der Persönlichkeitsbildung waren und sind, wird bei Honneth immer vorausgesetzt.

4.1.2 Von der Liebe zum Recht

Wie oben beschrieben ist Honneth der Auffassung, dass sich die Vermittlung zwischen diesen zwei Formen Liebe und Recht lediglich durch ihre gemeinsame Grundlage, nämlich denselben Mechanismus der reziproken Anerkennung, erklären lässt.[21] In der Folge sollen die Fragen *Wie konstituiert Honneth die Sphäre des Rechts?* und *Was macht die Rechtsperson aus?* genauer untersucht werden. Damit soll deutlich werden, was die Sphäre des Rechts voraussetzt (Sprache, Vernünftigkeit, Autonomie), was auf der Ebene der Liebe nicht vorkommt. Damit bleibt unklar, wie auf der Ebene des Rechts Ansprüche auf Autonomie wechselseitig anerkannt werden können.

Wie konstituiert Honneth die Sphäre des Rechts? In seiner Auseinandersetzung mit Hegel und Mead kommt Honneth zur Auffassung, dass sich im Unterschied zur Anerkennungsform der Liebe im Recht die Reziprozität der Verhältnisse von einer affektiven Zuwendung zu einer kognitiven Respektierung hin bewege: »[D]ie Rechtssubjekte erkennen sich dadurch, daß sie dem gleichen Gesetz gehorchen, wechselseitig als Personen an, die in individueller Autonomie über moralische Normen vernünftig zu entscheiden vermögen.«[22] Aus dieser Definition ergeben sich nun zwei Fragen für Honneth: Einerseits wie diese rechtliche Anerkennungs*form* ausgestaltet sein müsste, damit sie allen Mitgliedern der Rechtsgemeinschaft dieselbe Eigenschaft der individuellen Autonomie zusprechen könnte. Andererseits müsse material geklärt werden, was es bedeute, dass man sich reziprok in seiner moralischen Zurechnungsfähigkeit anerkenne. Honneth weist bereits darauf hin, dass die zweite Frage, was eine zurechnungsfähige Person ausmache, nicht abschließend beantwortet werden könne: »[E]s wird sich vielmehr zeigen, daß aus der prinzipiellen Unbestimmtheit dessen, was den Status einer zurechnungsfähigen Person ausmacht, eine strukturelle Offenheit des modernen Rechts für schrittweise Erweiterungen und Präzisierungen resultiert«[23]. Indem diese »moralische Zurechnungsfähigkeit« material für Anpassungen offen bleibt, wirkt sich dies ständig auf die Frage nach der – formalen – Zu-

---

21 Honneth: Kampf um Anerkennung, S. 174.
22 Ebd., S. 177.
23 Ebd., S. 178.

gehörigkeit zu dieser Rechtsgemeinschaft aus. Wesentlich in seiner Klärung dieser Probleme ist die Begründung der rechtlichen Anerkennung in wiederum zwei Bewusstseinsoperationen, erstens: das moralische Wissen über die rechtlichen Verpflichtungen, die wir autonomen Personen gegenüber einzuhalten hätten und zweitens das Urteil, ob es sich beim Gegenüber tatsächlich um eine solche autonome Person handle. Damit ist der universalistisch-moralische Anspruch der Gültigkeit von rechtlicher Anerkennung in der Schwebe und muss – so Honneth – ständig neu ausgelotet werden. Er findet nun in diesem Bereich, in dem diese Eigenschaften einer moralisch zurechnungsfähigen Person bestimmt würden, eine Zone des Kampfes um Anerkennung. Minderheiten beanspruchen partizipieren zu dürfen. Sie machen damit geltend, dass sie über die notwendigen Eigenschaften verfügen, um als Personen anerkannt zu werden. Damit beanspruchen sie angemessene Änderungen, was die Definition einer moralisch zurechnungsfähigen Person ausmacht und die formale Integration in die Rechtsgemeinschaft. Das entspricht der von Honneth beabsichtigten »prinzipiellen Unbestimmtheit«[24]. Die historische Entwicklung einer Differenzierung von liberalen Freiheitsrechten über die politischen Teilnahmerechte und zuletzt zu sozialen Wohlfahrtsrechten ließe sich auch – um Honneth kurz zusammenzufassen – mit dem Begriff der zunehmenden Gleichstellung und Chancengleichheit verknüpfen.[25] In der Auseinandersetzung mit Fraser behauptet Honneth insofern gerade den Gleichheitsgrundsatz als normatives Prinzip dieser Sphäre des Rechts.[26] Die historische Entwicklung in dieser Sphäre sei durch dieses Prinzip möglich gewesen:

»[D]er in das moderne Recht eingelassene Gleichheitsgrundsatz mußte zur Folge haben, daß der Status einer Rechtsperson nicht nur in sachlicher Hinsicht schrittweise erweitert wurde, indem er kumulativ mit neuen Befugnissen ausgestattet worden ist, sondern auch in sozialer Hinsicht allmählich ausgedehnt werden konnte, indem er auf eine stets wachsende Anzahl von Gesellschaftsmitgliedern übertragen wurde.«[27]

In der historischen Ausdifferenzierung trennten sich also gemäß Honneth Recht und soziale Wertschätzung (bzw. Leistung[28]) von einer Sphäre der Bestimmung

---

24 Ebd., S. 178.
25 Ebd., S. 186-191.
26 Honneth: Umverteilung als Anerkennung. Eine Erwiderung auf Nancy Fraser, S. 168.
27 Honneth: Kampf um Anerkennung, S. 190f.
28 Genauer: die soziale Achtung und Anerkennung einer individuellen Leistung, die »von einer Gesellschaft als bedeutungsvoll« bewertet wird. Vgl. ebd., S. 181.

sozialer Beziehungen.²⁹ Diese Abspaltung in den posttraditionalen Gesellschaften sei gerade auch durch einen Kampf um die Anerkennung derselben Rechte aller Menschen entstanden, um eine Sphäre der egalitären sozialen Beziehungen zu schaffen. Die Zone des Kampfes um Anerkennung im Recht sei nun ein Konflikt um die Bestimmung und Anwendung dieses normativen Prinzips. Einerseits würden mit der Gleichheit strukturell bevorzugte Gruppen legalerweise bevorteilt, andererseits würde erst durch Egalität der Widerstand gegen eine solche strukturelle Privilegierung möglich. Neben eines historischen Kampfes um Anerkennung, der zur Sphäre eines Rechts unter Gleichen geführt habe, komme es innerhalb der etablierten Gesellschaftsordnung und damit der Anerkennungsform des Rechts zu einem Kampf um die Ausgestaltung des Rechts, das auf dem normativen Prinzip der Gleichheit gründe.³⁰ Die entscheidende Frage, die mit der Anerkennung in der Sphäre des Rechts verbunden ist, ist die Frage nach der Bestimmung der Rechtsperson. Ihr kommt auch deshalb große Bedeutung zu, da dem Einbezug bestimmter Menschen als rechtsfähige Personen eine behauptete umgekehrte Wirkung für deren Selbstachtung zukäme:[31]

»[D]enn nur unter Bedingungen in denen individuelle Rechte nicht mehr disparitär den Angehörigen sozialer Statusgruppen, sondern im Prinzip egalitär allen Menschen als freien Wesen zuerkannt werden, wird die einzelne Rechtsperson in ihnen einen objektivierten Anhaltspunkt dafür erblicken können, daß an ihr die Fähigkeit der autonomen Urteilsbildung Anerkennung findet.«[32]

Dies mündet in der Aussage: »Ohne individuelle Rechte zu leben bedeutet für das einzelne Gesellschaftsmitglied, keine Chance zur Ausbildung von Selbstachtung zu besitzen [...].«[33] Honneth geht davon aus, dass analog zur Sphäre der Liebe, bei der Selbstvertrauen ausgebildet werde, in der Sphäre des Rechts Selbstachtung entstehe. Während bei Liebesbeziehungen, wie sie oben anhand der Objektbeziehungstheorie referiert wurden, dazu führen, dass »Liebe als der affektive Ausdruck einer auch über Distanz bewahrten Zuwendung«[34] verstanden wird, die einem beschränkten Kreis von Menschen zukommt, kommt im Rechtsverhältnis eine gesellschaftlichen Achtung zum Ausdruck, indem »das

---

29 Honneth bezieht sich insofern auf Thomas H. Marshall, vgl. ebd., S. 186f.
30 Ebd., S. 190f.
31 Ebd., S. 191f.; 195.
32 Ebd., S. 192.
33 Ebd., S. 194.
34 Ebd., S. 192.

erwachsene Subjekt durch die Erfahrung rechtlicher Anerkennung die Möglichkeit [gewinnt], sein Handeln als eine von allen anderen geachtete Äußerung der eigenen Autonomie begreifen zu können«[35]. Rechte besitzen bedeute Ansprüche geltend machen zu können. Diese Ansprüche verdeutlichen eine Ermächtigung, die von allen anderen akzeptiert würden und die Rechtsverhältnisse ausmachten. Umgekehrt sei Selbstachtung nicht möglich, ohne bestimmte Ansprüche geltend machen zu können bzw. Rechte zu besitzen. Das betrifft nicht nur die Rechtsverhältnisse, sondern auch die moralische Zurechnungsfähigkeit und die diskursive Willensbildung, da diese Voraussetzung für die rechtliche Ordnung seien. Man könnte also verallgemeinernd sagen, dass Selbstachtung auch heißt, dass man durch sein (diskursives) Handeln sozialen Einfluss nehmen kann. Es wird insofern darauf zurückzukommen sein, inwiefern die Bedingung einer sprachlich-rationalen (also weiter gefasst diskursiven) Willensbildung von Honneth ein Problem bei der Konzeptualisierung der verschiedenen Ebenen der Anerkennung darstellt. Auf die Frage nach der moralischen Zurechnungsfähigkeit kann mit dem Verweis auf dieses Problem ebenfalls eingegangen werden, da diese gleichermaßen diese Bedingung teilt.

Was macht die Rechtsperson aus? Die Frage ist zentral für die Bestimmung der Fähigkeiten, die eine Person konstituieren. Für Honneth gründet die Festlegung dieser Fähigkeit in der angelegten Legitimität einer Rechtsordnung: Auf individuelle Folgebereitschaft könne diese nur aufgrund einer freien Zustimmung aller Einbezogenen zählen – das heiße aufgrund einer rationalen Übereinkunft und ihrem Verfahren. Damit wird von ihm vorausgesetzt, dass es sich um autonome Personen handelt:

»dann muß diesen Rechtssubjekten zumindest die Fähigkeit unterstellt werden können, in individueller Autonomie über moralische Fragen vernünftig zu entscheiden; ohne eine derartige Zuschreibung wäre überhaupt nicht vorstellbar, wie die Subjekte sich jemals wechselseitig auf eine rechtliche Ordnung sollen geeinigt haben können«[36].

Honneth nimmt damit an, dass eine Rechtsperson insofern unabhängig und rational entscheiden kann. Aber nicht nur die Bedingung der Möglichkeit, dass sich diese Rechtssubjekte als Subjekte vor allem Recht über bestimmte Formen dieses Rechts (Was soll gelten?) unterhalten und darüber einigen könnten, sei von Belang. Sondern es sei entscheidend, dass es überhaupt eine Einigung geben könne, wenn man von einer rechtlichen Ordnung sprechen wolle. Damit erhält

---

35 Ebd.
36 Ebd., S. 184.

die Möglichkeit einer rationalen Übereinkunft ein besonderes Gewicht, da der rechtlichen wie auch der moralischen Sphäre eine sprachlich und genauer noch sprachlich-vernünftige Ebene vorausliegt, die das Zusammenleben tragen muss. Honneth gibt diesbezüglich zu, dass damit die moderne Rechtsgemeinschaft von der »Annahme der moralischen Zurechnungsfähigkeit all ihrer Mitglieder« ausgeht.[37] Damit ist ein zentrales Problem angesprochen, das später mit Bezug auf die konzeptuellen Begriffe von Castoriadis aufgegriffen wird. Es werde, so Honneth, mit dieser Bestimmung notwendig zu fragen, was das Verfahren einer rationalen Übereinkunft heißen möge. Die Bedingungen der Teilnahme an einer rationalen Willensbildung werden problematisiert. Honneth bemüht sich hier aber nicht um eine Definition von »vernünftig« und »Übereinkunft« bzw. »Willensbildung«, sondern wendet sich der faktischen Entwicklung der Zuerkennung von Rechten zu: Es handle sich um die kumulative Erweiterung individueller Rechtsansprüche innerhalb eines Prozesses, in dem der Umfang der allgemeinen Eigenschaften einer moralisch zurechnungsfähigen Person sich allmählich vergrößert habe, und damit die Möglichkeit einer Teilnahme an einem rationalen Diskurs sich erweiterte. Zuletzt könne ein Subjekt sich als Rechtsperson betrachten, wenn es mit den anderen Mitgliedern seines Gemeinwesens die Eigenschaften teile, die zur Teilnahme an einer diskursiven Willensbildung befähigten.[38] Im nächsten Teil sollen die spezifischen Probleme dieses Verständnisses rechtlicher Anerkennung umrissen werden.

4.2 Rechtlicher Kampf um Anerkennung?

Auf die Gefahr hin, dass das Strukturmodell von Honneth in der Argumentation allzu sehr gegen ihn gewendet, doch bereits vorausgesetzt wird, soll im folgenden Abschnitt dennoch versucht werden, seinen Ansatz aufgrund inhaltlicher Mängel und Unklarheiten zu kritisieren. Wie sich zeigen wird, lässt sich das Konzept einer durchgehenden Anerkennung als Grundlage mit Castoriadis in Frage stellen oder wenigstens präzisieren. Von einer Kritik der rechtlichen Bestimmung eines *Kampfes um Anerkennung* leitet sich die Untersuchung hin zu den psychoanalytischen Grundlagen in Honneths Konzept. In dem entsprechenden Übergang der Formen und der Verankerung in der Bildung eines Subjektes lassen sich von Honneth vernachlässigte Prozesse herausarbeiten. Dabei soll, dies ist die Annahme, auf den problematischen Übergang zwischen den Sphären

---

37 Ebd., S. 185.
38 Ebd., S. 195.

der Liebe zur Sphäre des Rechts bei Honneth eingegangen werden. Es wird zu zeigen sein, inwiefern Castoriadis hier begrifflich nicht nur Abhilfe schafft, sondern die *Grammatik sozialer Konflikte* genauer beschreiben und erklären kann.

4.2.1 Bedingungen der Teilnahme an rationaler Willensbildung

Honneth stellt die Frage, inwiefern das Verfahren rationaler Übereinkunft verstanden würde, um etwas über die Fähigkeit des Subjektes zu sagen, autonom aus vernünftiger Einsicht zu handeln. Es entbrenne ein Kampf um die Eigenschaften, die notwendig seien, um an einem rationalen Diskurs teilzunehmen – diesbezüglich also auch um das Verständnis von Autonomie und Rationalität. Die Eigenschaften sollten bestimmen, wer fähig sei an der diskursiven Willensbestimmung zu partizipieren. Vom Diskurs ausgeschlossene Menschen – als gleichberechtigte Rechtspersonen gelten sie noch nicht – machen geltend, dass sie teilnehmen wollen und dazu unter neu zu bestimmenden Voraussetzungen auch befähigt sind. Sie verlangen also die Erweiterung der Eigenschaften, die (legalerweise) eine Partizipation an der Willensbildung erlauben. Es gilt drei Aspekte zu beachten: Erstens, diese Erweiterung findet als Legitimation ihrer Ansprüche noch ohne die Partizipation der Benachteiligten statt. Die Beurteilung der Erfüllung bestimmter – von der Institution der Rechtsgemeinschaft aufgestellter – Kriterien bleibt einseitig. Strukturell oder rechtlich Benachteiligte können ihre Rechte zwar einfordern, tun dies aber immer aus einer Position verminderter Wirksamkeit, da die institutionellen Einrichtungen ihnen noch nicht gerecht werden. Es wäre zudem zu erläutern, ob die Debatte um Eigenschaften, um an einer rationalen Willensbildung teilzunehmen, dem verletzten Anspruch auf Anerkennung aufgrund von gefühlsmäßig erfahrenen Kränkungen gerecht werden kann. Honneth geht implizit davon aus, dass sich die erfahrenen Kränkungen positiv in politische Ansprüche umformulieren lassen, da er von einem Bewusstwerden normativ-moralischer Prinzipien ausgeht, die als Grundlage für die diskursive Auseinandersetzung ein- und vorgebracht würden. Dass dem so sein muss, ist aber nicht zwingend und auch fraglich. Zweitens, stellt sich die Frage, inwiefern diese Ansprüche rechtlicher Anerkennung überhaupt kommensurabel sind. Gibt es Forderungen, die von den Mitgliedern einer Rechtsgemeinschaft nicht akzeptiert werden können? Wenn Honneth Gefühle, wie die Empörung über enttäuschte normativ-moralische Erwartungen, als Ursprung eines Kampfes um Anerkennung setzt, müsste er zugleich die Möglichkeit einer unlösbaren Auseinandersetzung mit in Betracht ziehen.[39] Aber Honneth interpretiert das

---

39 Ebd., S. 219f.

Ausbleiben eines Kampfes, d.h. als politisch-moralisches Eingreifen der Benachteiligten, lediglich als ein Ausbleiben des Übergangs von der gefühlsmäßigen Kränkung und Empörung zum politischen Aktivismus. Darauf wird mit Bezug auf Castoriadis noch eingegangen. Drittens stellt sich die Frage, inwiefern nicht nur die Eigenschaften an einem Verfahren rationaler Übereinkunft teilzunehmen, sondern auch die Eigenschaften des Verfahrens rationaler Übereinkunft bestimmt bzw. erweitert werden müssten, um Unbeteiligte in die Rechtsgemeinschaft aufzunehmen? Vereinfacht gefragt: Was heißt rational? Wann ist eine Übereinkunft erreicht? Wer bestimmt diese Einigung anhand welcher prozeduralen Regeln, die wiederum auf eine bestimmte vorausgesetzte Bedeutung dessen, was rational prozeduralistisch heißt, zurückgehen und – nicht zuletzt – bestimmt werden muss, wer dies definieren kann. Die Formulierungen von Honneth sind insofern problematisch. Die mögliche Erweiterung von Eigenschaften bleibt diesem rationalistischen Anspruch verhaftet. Im nächsten Abschnitt wird zunächst auf den ersten und dritten Punkt mit Bezugnahme auf die Autonomie näher eingegangen.

4.2.2 Autonomie als Bedingung und Ziel

Was heißt Autonomie, und wo ist sie in der Konzeption von Honneth zu verorten? Um dem Begriff auf den Grund gehen zu können, muss nochmals auf wesentliche Voraussetzungen zurückgekommen werden:

»[W]enn eine Rechtsordnung nur in dem Maße als gerechtfertigt gelten und mithin auf individuelle Folgebereitschaft rechnen kann, in dem sie sich im Prinzip auf die freie Zustimmung aller in sie einbezogenen Individuen zu berufen vermag, dann muß diesen Rechtssubjekten zumindest die Fähigkeit unterstellt werden können, in individueller Autonomie über moralische Fragen vernünftig zu entscheiden; ohne eine derartige Zuschreibung wäre überhaupt nicht vorstellbar, wie die Subjekte sich jemals wechselseitig auf eine rechtliche Ordnung sollen geeinigt haben können.«[40]

Man kann mehrere Begriffe unterscheiden: Die notwendige Bedingung für Legitimation und ›freiwillige‹ Folgebereitschaft umfasst eine bestimmte Fähigkeit von Rechtssubjekten. Zu dieser Fähigkeit gehören folgende Eigenschaften: Erstens individuelle Autonomie und zweitens moralisch-vernünftige Urteilskraft. Diese Eigenschaften sind die Bedingung *vor* einer Legitimation und der Folgebereitschaft als *Folge* – in einem (vorgestellten) *Akt* der wechselseitigen Eini-

---

40 Ebd., S. 184.

gung rechtliche Regeln festzulegen. Die der Fähigkeit zugeordnete individuelle Autonomie ist in einem reziproken Verhältnis mit der zweiten Eigenschaft, über moralische Fragen vernünftig entscheiden zu können, verknüpft. Autonomie besagt nichts weniger, als dass die eigene Einschätzung selbstbestimmt, also unabhängig von anderen, zustande kommt. Autonomie setzt aber in dieser Definition bei Honneth ebenso die Vernunft als Bedingung »moralischer Zurechnungsfähigkeit«[41] voraus. Zugleich ist damit diese vernünftige und selbständige Einschätzung in einen rationalen Diskurs eingebunden, der qua Vernunft eine mögliche Übereinkunft immer schon einschließt. So wird verständlich wie Honneth schreiben kann, dass diese Zuschreibung erst die Vorstellung einer Einigung ermöglicht. Im Folgenden konzentriere ich mich auf die Bedeutung dieses Begriffs von Autonomie, dem neben der Vernünftigkeit eine wesentliche Rolle zukommt und der sich mit Castoriadis wird vergleichen lassen. Autonomie ist die Bedingung der Möglichkeit, dass überhaupt von einer legitimen Rechtsordnung ausgegangen werden kann. Ihre Gültigkeit erhält die Rechtsordnung nur durch die vorausgesetzte *freie Zustimmung aller Beteiligten*. Was aber ist die freie Zustimmung eines Beteiligten am rationalen Diskurs bzw. der gemeinsamen Willensbildung und Entscheidung? Anders gefragt: Was ist eine autonome Person? Gerade dies sei entscheidend, so Honneth, wenn es um den Kampf um Anerkennung gehe. Seine Antwort:

»[W]as es heißen kann, daß ein Subjekt dazu befähigt ist, autonom aus vernünftiger Einsicht zu handeln, ist vielmehr nur relativ zu einer Bestimmung dessen zu beantworten, was mit einem Verfahren der rationalen Übereinkunft gemeint ist: denn je nach dem, wie jene legitimierende Basisprozedur vorgestellt wird, haben sich auch die Eigenschaften zu ändern, die einer Person zugeschrieben werden müssen, wenn sie an ihr gleichberechtigt soll teilnehmen können. Die Festlegung der Fähigkeiten, die den Menschen konstitutiv als Person auszeichnen, ist daher abhängig von Hintergrundannahmen darüber, welche subjektiven Voraussetzungen zur Teilnahme an einer rationalen Willensbildung befähigen [...]«.[42]

Autonomie ist unscharf. Was sie bedeutet, so die Aussage von Honneth, hänge wiederum davon ab, was rationale Übereinkunft bedeute. Damit lässt sich die wechselseitige Abhängigkeit der Begriffe bzw. Eigenschaften jener Fähigkeit der Rechtssubjekte begründen. Ansonsten kann von einer Gleichstellung der Beteiligten gar nicht ausgegangen werden, könnten sie nicht den Vorgang dessen, was

---

41 Ebd., S. 185.
42 Ebd., S. 185.

sich rationale Übereinkunft nennt, mitbestimmen und somit zudem das Ergebnis bzw. die Veränderung der Rechtsordnung beeinflussen. Damit zeigt Honneth aber, dass er davon ausgeht, dass Ansprüche an eine Gemeinschaft immer schon von einer gleichgestellten Position aus geltend gemacht werden können, da das Verfahren der Übereinkunft mit jener der Autonomie verbunden wird. Bei der Erklärung dessen, wie im Kampf um Anerkennung Ansprüche verfochten werden, ist aber doch die ungleiche Ausgangslage eine Bedingung. Das Erkämpfen der Anerkennung von Ansprüchen, die legitim sein sollen und zugleich verbunden werden mit der Erweiterung der anspruchsberechtigten Rechtssubjekte kann nicht zugleich von autonomen Rechtssubjekten ausgehen, wenn Autonomie davon abhängt, dass in einem Vorgang rationaler Übereinkunft diese ausgebildet und anerkannt werden. Damit wird Autonomie vorausgesetzt, und aus ihr wird vernünftig entschieden, wer als autonom zu gelten hat beziehungsweise was Autonomie zu bedeuten hat. Das kann nur bedeuten, dass Rechtssubjekte durch diese Selbstbestimmung sich zugleich ihrer Begrenztheit soweit bewusst sind, dass sie diese Grenzen bereit sind ständig neu zu definieren. Ansonsten endet die Definition von Autonomie in einem Zirkelschluss. Es geht, das können wir daraus weiter schließen, um eine politische und vernünftige Dimension. Letztere wird sich nicht nur als strukturelle, sondern in ihrer Äußerung als sprachliche erklären müssen, dazu kommt Honneth nicht mehr explizit im *Kampf um Anerkennung*, was weiter unten mit Bezug auf Castoriadis geleistet werden soll.

Autonomie wird *für* Ausgeschlossene geschaffen, denn nur in der Anerkennung ihres Anspruchs vermögen sie einen positiven Selbstbezug herauszubilden. Da der Begriff Autonomie bei Honneth durch die Intersubjektivität als Bedingung und Primat hindurchgehen muss, schließt das Honneth'sche Verständnis von Autonomie dies mit ein. Autonomie erhält dadurch einen etwas gönnerhaft Beigeschmack. Die gut gemeinte und neue Ansprüche sichernde Voraussetzung wird bevormundend. Die folgende Aussage wird plötzlich zwiespältig, wenn er schreibt, dass:

»aus der prinzipiellen Unbestimmtheit dessen, was den Status einer zurechnungsfähigen Person ausmacht, eine strukturelle Offenheit des modernen Rechts für schrittweise Erweiterungen und Präzisierungen resultiert«[43].

Dass ein Kampf um Anerkennung vor allem dann entstehe, wenn eine soziale Gruppe von einer instituierten und instituierenden Gruppe, also zunächst vor allem einer Rechtsgemeinschaft, nicht in ihrer Eigenart und ihren Ansprüchen er-

---

43 Ebd., S. 178.

kannt und anerkannt werde und deshalb keinen positiven Selbstbezug herstellen könne, scheint in verschiedener Hinsicht problematisch. Zuletzt wurde darauf hingewiesen, dass es sich um einen einfachen Selbstwiderspruch handeln könnte. Dieser kann nur unter folgender Annahme aufgelöst werden: Die offene Definition dessen, wer wie an der Gestaltung der Regeln der Gemeinschaft mitarbeiten kann, ist *die* Voraussetzung der Rechtsgemeinschaft. Die ständige von allen bereits anerkannten Rechtssubjekte qua ihres Status müssen annehmen, dass immer auch andere Ansprüche geltend machen können. Wenn dies aber in jeglicher Hinsicht akzeptiert würde, stellte sich die Frage, warum überhaupt noch von einem *Kampf* um Anerkennung die Rede ist. Wir nähern uns mit dieser Erklärung bereits einem Verständnis von Autonomie, wie es Castoriadis vertritt, der diese Offenheit weniger auf die Rechtsordnung oder bestimmte individuelle oder kollektive Ansprüche beschränkt, sondern auf Institutionen überhaupt.

4.3 Differenzen – Anerkennung oder Imaginäres

Die Probleme der rechtlichen Sphäre bei Honneth sind nicht innerhalb ihrer eigenen Systematik zu lösen. Es bedarf eines bereits erwähnten Rückgangs auf die erste Anerkennungsform der Liebe. In diesem Rückgang ist der Übergang zwischen den Sphären von Recht zu Liebe und umgekehrt zu untersuchen. Im folgenden Teil wird Castoriadis' Verständnis von Autonomie und Intersubjektivität wieder aufgenommen werden, um die daraus geronnenen Erkenntnisse im Schichtenmodell von Honneth zu erproben. Insofern wird wiederum Bezug genommen auf dessen Verständnis der Subjektbildung. Es wird sich zeigen, dass mit einem veränderten Verständnis erster Subjektbildung und dem Modell der Sozialisation bei Castoriadis nicht nur der Übergang als eigener Zwischenraum verstanden werden kann, sondern auch, dass mit diesem Zwischenraum die Sphäre von Recht anders verstanden wird und ein breiteres Verständnis sozialer Konflikte aufgebaut werden kann. Zu klären ist zuletzt die Frage, ob das Modell von Castoriadis über das Konzept von Honneth hinausgeht und ob allenfalls Lösungsansätze auf die oben erwähnten Problematisierungen gegeben werden können. Bevor auf die Probleme der Anerkennungsform des Rechts bei Honneth zurückgekommen werden kann, sind die wichtigsten Differenzen in der Subjektgenese von Honneth und Castoriadis zu betrachten. Aus diesen ergibt sich eine veränderte Sicht auf die Probleme, die bisher hervortraten. Zuletzt soll damit erläutert werden, ob die neue Sichtweise wirklich als Lösungsansatz für diese Probleme gebraucht werden kann.

Es wurde herausgearbeitet, dass sich in der Objektbeziehungstheorie von Winnicott die Genese des Subjekts in der Auseinandersetzung mit dem Anderen vollzieht. Honneth betonte, dass ein Subjekt erst gar keinen positiven Selbstbezug entwickeln könnte, würde es nicht in einer ständigen Konfrontation seine Allmacht aufgeben, indem es den anderen anerkennt und mit ihm bzw. durch ihn sich selber herausbildete. Die wesentlichen Teile der Subjektkonstitution vollziehen sich in dieser Theorie noch in einem vorsprachlichen Stadium der kindlichen Entwicklung. An dieser Stelle klafft eine Lücke in Honneths Theorie: Konzeptuell ist die reziproke Anerkennung als gemeinsame Struktur zwischen Liebe und Recht ungenügend. Der Übergang liege, so Honneth, an der strukturellen Gleichartigkeit:

»Von der Anerkennungsform der Liebe [...] unterscheidet sich nun das Rechtsverhältnis in so gut wie allen entscheidenden Hinsichten; beide Interaktionssphären sind als zwei Typen ein und des gleichen Musters der Vergesellschaftung überhaupt nur deswegen zu begreifen, weil sich ihre jeweilige Logik ohne Rückgriff auf denselben Mechanismus der reziproken Anerkennung gar nicht angemessen erklären läßt.«[44]

Während sich Honneth mit dieser Notwendigkeit begnügt, harren die weiter oben aufgeworfenen Probleme einer Klärung. Darauf wird im nächsten Abschnitt eingegangen. Anders vollendet sich die Bildung des Subjekts bei Castoriadis: In einer Sphäre der gesellschaftlichen imaginären Bedeutungen, die dem Subjekt auferlegt werden, wird es dadurch erst gebildet. Allerdings geht auch er von einer vorgängigen intersubjektiven Anerkennungsstruktur aus, die aber nicht bloß strukturelle Bedeutung hat, sondern durch die gesellschaftlichen imaginären Bedeutungen – und bei Castoriadis mit der Autonomie – produktiv werden. Erst das radikale Imaginäre und das Einfließen der gesellschaftlichen imaginären Bedeutungen in die Psyche – vorab die somatisch erfahrenen, zuletzt die sprachlichen – generieren den Bruch zwischen dem Subjekt und den anderen. Dabei ist die Bedingung der Möglichkeit das radikal Imaginäre als radikale Imagination, das die gesellschaftlichen imaginären Bedeutungen als eigene Vorstellungen aufnimmt und das Subjekt erst generiert. Es wurde darauf verwiesen, dass diesem ersten Bruch eine besondere Bedeutung zukommt – in diesem Fall auch im Hinblick auf die Anerkennung, allgemeiner formuliert mit der Wechselseitigkeit.[45]

---

44 Ebd., S. 174.
45 Vgl. Abs. 2.2.1.

Die Unterschiede zur Objektbeziehungstheorie liegen darin, dass sich das Subjekt nicht nur, aber auch durch die anderen als autonom verstehen lernt. Nur, dass Castoriadis die Abhängigkeit, durch die das Subjekt hindurch muss, nicht als notwendig bleibende betrachtet wie Honneth, sondern in ihrer imaginär instituierten Seinsweise ihre mögliche Veränderbarkeit erkennt. Anders gesagt: Während die Wechselseitigkeit bei Honneth Anerkennung nur als Verhältnis von Kämpfen versteht, wird dieser Kampf um Anerkennung als Kampf um Autonomie bei Castoriadis zum gemeinsamen Projekt.[46] Diese Komponente der Bedeutung als imaginäre Institution ist neben bloßen Anerkennungsverhältnissen die Vermittlung von der Liebe zum Recht.

Im Folgenden sollen der Übergang von der Sphäre der Liebe zum Recht und dann die Probleme der Rechtssphäre aus der Perspektive von Castoriadis betrachtet werden.

4.3.1 Kampf um Anerkennung und die Rechtsperson / Rechtssubjekte

Es wurde festgestellt, dass die gesellschaftlichen imaginären Bedeutungen dem Subjekt auferlegt wurden, in diesem Zwang aber erst eine Sozialisation und auch Autonomie ermöglicht wird. Diese Bedeutungen führen nun auch die Sphäre des Rechts mit / in sich. Moralische wie rechtliche Bedeutungen gehören zusammen zu den gesellschaftlich imaginär instituierten Bedeutungen. Wobei das positive Recht im Sinne von Castoriadis als aktual imaginäre Institution bedeutsam wird und sich Geltung verschafft. Die gesellschaftlichen imaginären Bedeutungen reichen von der Honneth'schen Sphäre der Liebe, die die Verhältnisse im privaten Bereich der Familie und Freunde regelt, hinaus und in das Recht hinein. Sie gewähren erst eigentlich ein kohärentes Verständnis beider Sphären. Honneth wurde oben unterstellt, dass der bloß strukturgleiche Mechanismus reziproker Aner-

---

46 Nennenswert, wenn auch nur am Rande, ist der Kommentar von Jürgen Habermas gegenüber Castoriadis' Konzept. Habermas behauptet, dass gemäß Castoriadis die vergesellschafteten Individuen keine genuin intersubjektive Beziehung eingehen könnten. Die Castoriadis vorgehaltene vermeintliche Vorverständigung in den Institutionen ist zwar, das stimmt, eine Bedingung, aber es handelt sich nicht um Vorverständigung wie Habermas behauptet. Diese Voraussetzung ermöglicht intersubjektive Beziehungen erst und entsprechend von / mit einer anderen Person sprechen zu können. Vgl. Habermas, Jürgen: »Exkurs zu Castoriadis: ›Die imaginäre Institution‹«, in: Ders., *Der philosophische Diskurs der Moderne*, Frankfurt am Main: Suhrkamp 1985, S. 380-390.

kennung zwar einer ontologischen Sparsamkeit gerecht wird, aber zugleich in Kauf nimmt, eine grundlegende Lücke zu hinterlassen, nämlich die Frage wie sich mit der Autonomie die zweite Sphäre des Rechts spezifisch von jener der Liebe abhebt und zugleich mit dieser verbunden bleibt. Anders formuliert: Es muss unklar bleiben, wie die spezifische Wechselseitigkeit der Anerkennung überhaupt begriffen werden kann, wenn der Begriff der Autonomie nicht klar ist und damit die Frage offen bleiben muss, wer mit welchen Ansprüchen anerkannt wird. *Vereinfacht gesagt: Die Strukturgleichheit kann nicht – das ist die These – begriffen werden, ohne zu bestimmen, was Autonomie bedeutet.* Der rechtliche Kampf um Anerkennung ist mehr als ein Kampf um die Bedingungen, die es erlauben an rationaler Willensbildung teilzunehmen. Er ist mit dem Bewusstsein verbunden, dass die Institution in ihrer derweiligen Bedeutung eigenen Ansprüchen nicht gerecht wird und verändert werden sollte. Dass dabei ein Kampf entsteht, ist wahrscheinlich, dass dieser Kampf einer um die Anerkennung dieser Ansprüche ist, stimmt nur bedingt. Die Verletzung des positiven Selbstbezugs[47] durch andere kann ein Auslöser eines Kampfes sein. Aber, dass die Verletzung von Personen in ihren Ansprüchen auch durch die Inkongruenz von verschiedenen gesellschaftlich bedingten imaginären Bedeutungen und ihrem jeweiligen gesellschaftlich-geschichtlich instituierten Ausdruck entstanden sein könnten, führt dazu, dass dieser Kampf um Anerkennung eigentlich auch ein Kampf um die der Institution inhärenten Bedeutungen und ihrer Setzungen sein könnte. Damit entfiele, dass die Eigenschaften zur rationalen Willensbildung neu gebildet und erweitert werden müssten. Es wäre zu überlegen, ob es sich nicht genauer um die Inanspruchnahme einer Neudefinition der Institutionen insgesamt anhand eigener Bedeutungen handeln könnte und somit als Möglichkeit auch autonomer Mitbestimmung.[48] Die vermeintliche Erweiterung als Reaktion diesem Anspruch nachzugeben, könnte dann auch als Entscheidung verstanden werden, eigene gesellschaftliche imaginäre Bedeutungen in bestimmten Institutionen zu erhalten, ohne dass grundsätzlich geltende Prinzipien in Frage gestellt werden müssten. Damit wäre die Abhängigkeit rechtlicher Autonomie von bereits instituierten Rechtspersonen, wie sie weiter oben Honneth unterstellt wurde, mit Castoriadis relativiert.

---

47 Bei Honneth: Selbstvertrauen, Selbstachtung, Selbstschätzung, vgl. Honneth: Kampf um Anerkennung, S. 271.

48 Wobei damit auch, negativ gedeutet, die angestrebte Machtübernahme der bestehenden Verhältnisse durch eine andere Gruppe und der Institutionalisierung ihrer Bedeutungen beschrieben werden könnte. – Damit sind nicht Interessen als »zweckgerichtete Grundorientierungen« gemeint, vgl. ebd., S. 264.

Auf den Aspekt der Sprache und ihrer Rolle bzw. ihrer Bedeutung wurde bisher nur rudimentär eingegangen. Aber auch mit und in ihr vollzieht sich der Übergang von einer allfälligen Anerkennungsform der Liebe hin zum Recht. Natürlich kann mit dem bisher gesagten, kaum noch von Anerkennungsformen gesprochen werden. Für den Vergleich ist wichtig, dass Honneth in seinem Konzept die Sprache als subjektkonstitutives Element wie auch die entsprechenden – mit Castoriadis formuliert gesellschaftlich imaginären – Bedeutungen ausblendet. Wo in der Subjektkonstitution mit der Objektbeziehungstheorie noch in einer gänzlich vorsprachlichen Form die intersubjektiven Beziehungen verhandelt werden, verlangt Honneth in der Anerkennungsform des Rechts die rationale Auseinandersetzung, die nicht von einer Form sprachlicher Rationalität getrennt gedacht werden kann. Diese Nachlässigkeit in der Bildung einer moralischen Grammatik sozialer Konflikte wirkt sich nicht nur in einem Fehlen der Sprache aus, sondern in einem Verfehlen der ebenfalls sprachlich geprägten sozialen Spannungsfelder. Es ist also – um diese Ausdrucksweise von Castoriadis nochmals aufzunehmen – nicht nur der Diskurs des anderen in seinen instituierten Bedeutungen im Subjekt, der für die Autonomie von Relevanz ist, sondern auch die Unterschiedlichkeit ihrer imaginären Ausprägung als instituierte Bedeutung. Zumindest böte diese Interpretation im Sinne des Konzepts von Castoriadis ein umfassenderes Erklärungsmuster für gesellschaftliche Konflikte. Es scheint, dass mit seinem Ansatz den Ansprüchen jener sozialen Gruppen, die mit einer Mehrheitskultur in Konflikt treten oder geraten, eine Eigenheit zugestanden werden kann, die nicht bereits die Aufhebung in einer vorausgesetzten rationalen Übereinkunft bedingt, die zudem von einer maßgebenden Institution bzw. Mehrheitskultur gewährt würde. Mit dieser Interpretation wäre zugleich erklärt, wie nichtkommensurable Ansprüche interpretiert werden könnten, die weiter oben problematisiert wurden. Es wären grundsätzliche Forderungen an die Veränderung gewisser gesellschaftlicher Bedeutungen, die mit deren völligen Umwandlung einhergingen, was als Existenzbedrohung wahrgenommen würde. Von einer generell möglichen rationalen Übereinkunft zu sprechen, wäre dann obsolet.

4.3.2 Die Bedeutung der Autonomie

Autonomie ist für Castoriadis der Ausgang aus der heteronomen Institution. Aber auch erst mit dieser Institution wird Autonomie denkbar. Möglich wird die Autonomie in der Erkenntnis der geschöpften Seinsweise der Institution und ihrer imaginären Bedeutungen. Es wurde gezeigt, dass Castoriadis diese Autonomie wesentlich auf den Begriff der Anerkennung zurückbezieht, der aber in seiner Deutung – radikaler als dies bei Honneth der Fall ist – mit einem Verständnis von Freiheit verbunden wird.[49] Castoriadis, so der oben aufgeführte Nachweis, geht davon aus, dass mit der Subjektgenese und entsprechend dem Aufbrechen der psychischen Monade bzw. dem gleichzeitigen Einfließen der gesellschaftlichen Vorstellungen der Anspruch möglich wird, diese Vorstellungen zu kritisieren *und* diese Kritik auf eine Autonomie gerichtet ist, nicht nur des Subjekts, sondern aller. Dies bedingt eine gemeinsame autonome Praxis. Diese Praxis, die auf die Autonomie aller aus ist, ist nur aus der Subjektgenese heraus verständlich. Diese Subjektgenese werde durch die Proto-Begegnung mit anderen ermöglicht. In der gemeinsamen autonomen Praxis und der ständigen Veränderbarkeit der Institution soll die ursprüngliche mit den gesellschaftlichen imaginären Bedeutungen aufgenommene Institution und allenfalls Heteronomie durchbrochen werden. Sie bedeutet bei Castoriadis verwirklichte Freiheit. Castoriadis versteht unter Autonomie also den gemeinsamen Anspruch und das Handeln aller hin zur Freiheit aller. Honneth versteht unter Autonomie einen offenen Begriff, der zu jeder Zeit neu verhandelbar sein muss, da immer neue Anspruchsgruppen auf rechtlicher Ebene mitbestimmen wollen, was Geltung hat. Wo Honneth dem Subjekt nur durch die anderen und deren Anerkennung einen positiven Selbstbezug erlaubt und damit Autonomie *gewährt wird*, ist für Castoriadis die Erkenntnis der Unabhängigkeit mit der radikalen Imagination als Fluchtpunkt vor dem gesellschaftlichen Imaginären immer gegeben und der Blick auf die anderen als notwendige Bedingung der eigenen Freiheit positiv gefasst. Es ist gleichsam die transzendentale Bedingung jeglicher imaginären Institution. Obwohl Honneth, was insofern hervorgehoben werden muss, ebenso eine strukturelle Offenheit bedenkt, bleibt sein Begriff der Autonomie einer bestimmten Gruppe vorbehalten, die Ansprüche und deren Berechtigung beurteilt und bewertet. Autonomie kommt – kurz gesagt – nicht allen und in jeder Hinsicht bereits zu, sondern wird zugesprochen. Die von Castoriadis beschriebene Autonomie demgegenüber ist zugleich auch ein anvisiertes gesellschaftliches Ziel, das es zu verwirklichen gälte. Dieser normative Anspruch geht aber von einer zugestandenen Gleichstellung aus, wie sie Honneth nicht kennt bzw. widersprüchlich zugesteht.

Ein Vorteil der Bedeutung von Autonomie bei Honneth ist seine Offenheit. Autonomie taucht insofern in der Sphäre des Rechts und damit einer öffentlichen Sphäre auf, in der Ansprüche geltend gemacht werden, die aber nicht immer gleiches Gewicht haben und entsprechend auch nur durch Kampf überhaupt gehört würden. Honneth schreibt, dass es zum Verfahren rationaler Übereinkunft gehöre, selbst über seine Verfahrensweise zu befinden und die Bedingungen zu setzen. Insofern bleibt der Begriff der Autonomie ständig der Auseinanderset-

---

49 Vgl. Abs. 3.2.

zung ausgesetzt. Durch diese strukturell offene ›Definition‹ erreicht Honneth eine prozedurale und das heißt demokratisierende Wirkung, wie eine Institution wie bspw. der Begriff der Bürger_innen zu verstehen ist. Die Offenheit der Autonomie zieht weite und – so wahrscheinlich die Hoffnung – immer weitere Kreise. Allerdings *wird* man aufgenommen, ohne dass man von einer tatsächlichen strukturellen Gleichstellung sprechen könnte. Insofern spreche ich von einer *prozeduralen komplementären bzw. asymmetrischen Autonomie*. Castoriadis geht anders vor. Der Anspruch autonom zu sein ergibt sich, das wurde erläutert, einerseits aus der Sozialisation als Heteronomie und zugleich mit dem Anspruch frei zu sein, dies wiederum mit Rückgriff auf das radikal Imaginäre. Diese Freiheit kann nur als soziale Praxis angestrebt und erreicht werden und setzt die Anerkennung der anderen voraus. Autonomie lässt sich bei Castoriadis also genauer als bei Honneth bestimmen. Sie ist die gemeinsame willentliche Tätigkeit von Subjekten, die zugleich mit dieser Tätigkeit die Bedeutung von Gesellschaft selber bestimmen wollen und können. Sie richten sich damit entsprechend gegen eine spezifische Entfremdung, die bei Castoriadis als Heteronomie bezeichnet, notwendig vorausgesetzt, wenn auch nicht zwingend bleiben muss. Dieser Begriff von Autonomie löst zwar keinen definitorisch-theoretisch offenen Anspruch ein, aber einen praktischen, wenn Castoriadis damit aufzeigt, dass die notwendige gemeinsame Praxis auch von einer offenen Richtung dieser Praxis ausgehen muss *und* die Gleichstellung aller bedingt. Man kann nicht alleine autonom werden, und in dieser Anlage liegt es, dass die Verwirklichung von Autonomie an die anderen gebunden ist. Die Verbundenheit oder Gebundenheit bewirkt, dass das Antlitz der Autonomie immer Verhandlungssache bleibt.[50] Insofern spreche ich von *praktischer symmetrischer Autonomie*.

4.4 Fazit

Ausgangspunkt dieses Kapitels war die Frage, ob das Konzept von Castoriadis gegenüber jenem von Honneth Erklärungen bietet, die letzteres nicht erreicht. Insofern musste der Begriff der *Anerkennung* wie ihn Honneth seit Anfang der 1990er Jahre vertritt, erläutert werden. Es wurde darauf hingewiesen, dass sich Honneths Arbeit zum *Kampf um Anerkennung* aus drei Gründen anbietet. Eine strukturelle Ähnlichkeit, was das reziproke Verhältnis von Subjekt und Gesellschaft betrifft. Insofern wurde erläutert, dass bei Castoriadis wie auch bei Hon-

---

50 Vgl. Abs. 2.3.

neth – entsprechend mit eigenen Ausprägungen – die Subjektgenese durch ein Außen, im weitesten Sinne der Gesellschaft, erreicht wird.

Honneth ging in seinem *Kampf um Anerkennung* von Hegel und Mead aus, wobei vor allem die bei bzw. von Hegel entdeckten Sphären reziproker Anerkennung von Interesse waren. Die Struktur sozialer Anerkennungsverhältnisse zeigte sich auf drei Ebenen, der von Honneth abgekürzten Liebe, Recht und Wertschätzung bzw. Leistung.

Bei der unter dem Begriff der Liebe gefassten Sphäre bezog sich Honneth auf die Objektbeziehungstheorie. Dabei referiert er, inwiefern es zur Subjektgenese komme, wobei die wechselseitige Anerkennung von Kind und Mutter in ihrer jeweiligen Macht- bzw. Ohnmachtposition deutlich wurde. Das Kind prallt an der Macht der Mutter ab, die Mutter bemerkt die Eigenständigkeit des Kindes. Aus dieser Anerkennung leitete Honneth eine Abhängigkeit ab, die sich grob gesagt in der emotionalen Bindung wiederholt. Diese ergebe sich aus der notwendig aufgegebenen Symbiose und werde anders wieder eingeholt: Liebe.

Die Sphäre des Rechts verfüge lediglich über die gleiche Struktur reziproker Anerkennungsverhältnisse wie die Liebe, leite sich insofern auch aus dieser ab – nicht mehr und nicht weniger. Dabei wurde die Eigenheit dieser Sphäre mit der Anerkennung der individuellen Autonomie genauer umschrieben. Zu dieser Autonomie gehörte gemäß Honneth, dass man ein Rechtssubjekt dann sei, wenn man über moralische Normen vernünftig zu entscheiden vermöge. Der damit verbundene Gehorsam gegenüber dem (selbstbestimmten) Gesetz gehörte weiter dazu. Es wurde versucht zu klären, was es heißen kann, dass man fähig sei, in individueller Autonomie über moralische Normen vernünftig zu entscheiden. Dabei wurde festgestellt, dass gerade die genauere Umschreibung der moralischen Zurechnungsfähigkeit von Honneth bewusst offen gehalten wurde. Dies hat einen konzeptuellen Sinn. Durch diese Offenheit, bleibt der Kampf um Anerkennung gegenüber jenen Subjekten offen, die als Rechtssubjekte in diese Sphäre aufgenommen werden wollen. Diese Anerkennung bildete auch den Ausgangspunkt für Honneths Behauptung, dass sie die Möglichkeit von Selbstachtung enthalte.

Es wurde im Anschluss an die grobe Erläuterung zum Konzept von Honneth vor allem auf den Zusammenhang zwischen der Sphäre der Liebe und jener zweiten, der des Rechts, eingegangen. Kritisiert wurde, dass Honneth eine mögliche Einigung in einem Diskurs rationaler Willensbildung voraussetze. Damit macht er die Möglichkeit der Anerkennung von der Akzeptanz prozeduraler rationaler Regeln abhängig, die allenfalls selbst in die Kritik geraten könnten. Es wurde auf drei Probleme hingewiesen. Erstens, dass es eine strukturelle Abhängigkeit jener Subjekte gegenüber den Rechtssubjekten gebe. Zweitens, dass es geforderte Ansprüche geben könnte, die mit den Anforderungen der etablierten Ordnung überhaupt nicht vereinbar sind, während Honneth von einer möglichen Einigung ausgeht. Drittens, stellte sich die Frage, ob nicht nur die materialen Eigenschaften, an einem Verfahren rationaler Übereinkunft teilzunehmen strittig sein müssten, sondern auch die formalen, der rationalen Übereinkunft selbst. Kurz, wer definiert, wann die rationale Übereinkunft erreicht ist?

Es wurde das Honneth'sche Verständnis von Autonomie untersucht. Dabei wurde deutlich, dass Honneth von einer autonomen Person dann spricht, wenn diese fähig sei, an einem Verfahren rationaler Übereinkunft teilzunehmen. Zugleich will er die genauere Bestimmung dessen, was dies heißt, nicht angeben, da gerade im Vorgang dieser Übereinkunft die Eigenschaften ändern können. Diese Unschärfe führte, so die Folgerung, zu einem Zirkel im Konzept von Honneth, der nur bedingt gelöst werden konnte.

Nach einer ersten Kritik an Honneth wurde das Konzept von Castoriadis beigezogen. In diesem Abschnitt wurde mit Bezug auf die verschiedenen Interpretationen der Subjektgenese in Verbindung mit der Sozialisation nachgegangen. Es wurde hervorgehoben, dass Honneth die Sprache als Element der Sozialisation schlicht nicht untersucht und damit die Verwobenheit seiner Anerkennungsformen Liebe und Recht nur in der reziproken Anerkennung als Mechanismus sieht. Dieser Formalismus von Anerkennungsstrukturen blendet Wesentliches aus. Man findet in der Rolle der gesellschaftlich imaginären Bedeutungen und im Besonderen ihrer Sprachlichkeit eine Vermittlungsmöglichkeit von Castoriadis. Nicht nur, dass wir jemanden als Rechtsperson unter bestimmten Bedingungen anerkennen, ist von Belang, sondern auch unter welchen Voraussetzungen, sprich Institutionen, wir diese Anerkennung erfahren haben.

Recht und rechtliche Anerkennung als gesellschaftlich imaginäre Bedeutungen (und Institution) vollziehen sich also nicht nur mit der Gesetzgebung, sondern auch in einer von der Gesellschaft gesetzten sprachlichen Dimension. Damit ergeben sich zwei alternative Interpretationen sozialer Konflikte:

1. Es geht tatsächlich und eigentlich um Autonomie.
2. Es geht um Kommensurabilitätsprobleme zwischen Vorstellungen von gesellschaftlichen Institutionen.

Handelt es sich um den ersten Punkt, so werden Recht und rechtliche Anerkennung nicht erst mit dem Gesetz generiert, sondern mit dem vorgängigen Diskurs in ihrer Möglichkeit und Ausprägung bereits mitbestimmt. Ihre imaginäre Institution in der Gesellschaft als instituierte zu erkennen, die entfremdet eigener Autonomie entgegengesetzt sein kann, erschließt erst die Möglichkeit von Selbstbestimmung. Hier werden Autonomie und ihre Ansprüche akut.

Abgesehen von der Autonomie und ihrer Realisation, können aber andererseits soziale Konflikte um die jeweilige Ausprägung von Institutionen entstehen. Es muss nicht einmal ein autonomer Anspruch erhoben werden, um solche Konflikte zu erklären, denn es wäre möglich, dass sie aus Problemen der Inkommensurabilität von gesellschaftlichen und damit auch rechtlichen Institutionen entstehen. Daies schließt das Problem von politischen Marginalisierungen nicht aus, sondern gerade ein. Hier könnten also verschiedene Vorstellungen gesellschaftlicher imaginärer Institutionen bzw. Bedeutungen aneinandergeraten und sich oft nur bedingt vermitteln lassen.

Die Bedeutung von Autonomie bei Castoriadis und Honneth wurde zum besseren Verständnis begrifflich unterschieden. Während bei Honneth von einer *prozeduralen komplementären bzw. asymmetrischen Autonomie* gesprochen wurde, wurde bei Castoriadis von einer *praktischen symmetrischen Autonomie* gesprochen. Diese Differenzierung soll verdeutlichen, dass Honneth von einem Vorgang ausgeht, der Autonomie in Abhängigkeit einer zugesprochenen Anerkennung setzt, während Castoriadis von Anerkennung als wechselseitiger Bedingung von Freiheit gleichgestellter Subjekte ausgeht, die damit erst die Möglichkeit von Autonomie setzen.

Dass die Konzepte von Honneth und Castoriadis überhaupt vergleichbar waren, verdankt sich der Tatsache, dass beide von einem psychoanalytischen Modell ausgehen, um die Sozialisation zu erklären. Dass aber Castoriadis nicht spezifisch soziale Konflikte im Auge hat, tut dem Vergleich keinen Abbruch. Durch den Begriff der gesellschaftlich imaginären Bedeutungen und ihrer Institution wird deutlich, wie man soziale Konflikte präziser beschreiben könnte.

5. Abschweifung: Gemeinsinn

> Ich gehe auch hier wieder von der Annahme aus, dass niemand dafür plädieren wird, Vereinigungen von Kopfjägern zu subventionieren oder auch nur zu dulden.[1]
> CORNELIUS CASTORIADIS

Mit den bisherigen Ausführungen zum Begriff der Autonomie zeigte sich ein grundlegendes Verständnis von Freiheit, das nur im engen Zusammenhang mit der gemeinsamen Praxis begriffen werden konnte. Um diesem Verständnis näherzukommen, soll in diesem Abschnitt eine konzeptuelle Verbindung zum Begriff des Gemeinsinns erarbeitet werden. Insofern wird sich auch beispielhaft zeigen lassen, dass damit ein Problem, mit dem heutige Staaten zu schaffen haben, durch eine Radikalisierung des demokratischen Verständnisses lösen liesse bzw. auflöste. Die These ist, dass der hergebrachte Begriff des Gemeinsinns im Sinne einer autonomen Praxis aller verstanden werden kann und so eine neue Wendung erfährt. Damit wird der Begriff aus seiner liberal-bürgerlichen Tradition gelöst und im Sinne der Autonomie von Castoriadis interpretiert. Der Begriff soll insofern aus seinem bisherigen Zusammenhang »entwendet« werden.[2] Das Ziel mit der Re-aktualisierung ist, das Konzept von Castoriadis einerseits in die Tradition der politischen Theorie einzubinden und andererseits sein Konzept zu erweitern.

---

1 Castoriadis: Philosophie, Demokratie, Poiesis, S. 249.
2 Gilcher-Holtey, Ingrid: Transformation durch Subversion, S. 205f.

5.1 GEMEINSINN UND SEINE BEDEUTUNG

Gemeinsinn bezeichnet eine meistens »spezifisch soziale Haltung«.[3] Die von Kohler aktualisierte positiv gewertete Bedeutung dieses Gemeinsinns wird hier aufgenommen. Damit ist gemeint, dass nicht – das soll hier systematisch ausgeschlossen werden – von Gemeinwohl gesprochen wird, sondern ganz gezielt nur von Gemeinsinn. Der Begriff des Gemeinwohls birgt zu viele – zu oft bediente – politische Fallstricke, die es hier auszuschließen gilt. Kohler bietet entsprechende Ansatzpunkte, indem er die Begriffe systematisch unterscheidet:

»Während der Begriff des ›Gemein*wohls*‹ auf die objektiven Inhalte zielt, die das für die Gemeinschaft und die sie bildenden Menschen Zuträgliche formulieren, meint der Ausdruck ›Gemein*sinn*‹ normalerweise eine motivationale Bereitschaft, nämlich die Neigung Einzelner oder eines Kollektivs zugunsten der anderen Gemeinschaftsangehörigen bzw. der Gemeinschaft als solcher etwas zu leisten, was für die Handlenden mit Belastungen, vielleicht sogar mit lebensbedrohlichen Pflichten verbunden ist.«[4]

Neben dieser Definition geht Kohler im Laufe seines Essays *Bürgertugend und Willensnation* auch genauer auf die Bedeutung des Gemeinsinns ein, wenn er schreibt, dass drei Dinge wesentlich seien. Erstens beziehe sich dieser Gemeinsinn, der größtmögliche Autonomie anstrebe, auf »eine öffentliche, plurale und zugleich gemeinsame Welt«.[5] Zweitens sei der Gemeinsinn nicht bloß Ausdruck einer »gefühlsmässigen, quasifamilialen und sozialpsychologisch gut erklärbaren Kollektivempfindung, sondern die Wurzel eines vernünftig-diskursiven Wir-Bewusstseins«.[6] Drittens sei die »staatsbürgerliche Wir-Intelligenz und diskursiv berührbare Wir-Empfindung« eine zu lernende Instanz.[7] Entsprechend dieser Präzisierung bedarf es einer minimalen Identifikation mit den Institutionen, um überhaupt das Befolgen und den praktischen Weiterbestand dieser auch subjektiv zu verwirklichen: »[G]ut geht das Ganze jedenfalls nur, wenn die objektiv-institutionelle Struktur und die subjektiv-bewusstseinsmässige Moral aufeinander Bezug nehmen«.[8] Dem entspricht weitergehend eine Verschränkung wie sie Münkler und Bluhm schildern, welche die Handlungsorientierung und Repro-

---

3   Kohler: Bürgertugend und Willensnation, S. 15.
4   Ebd., S. 19. [Herv. i.O.]
5   Ebd., S. 27.
6   Ebd., S. 28.
7   Ebd.
8   Ebd., S. 46.

duktion der Institutionen betrifft: »Zurecht sind für Dahl und Scharpf Gemeinwohl und Gemeinsinn nicht nur als einfache Handlungsorientierung wichtig, sondern sie zielen zugleich auf die Reproduktion zentraler subjektiver Voraussetzungen der Demokratie und demokratischer Institutionen.«[9] Ein letzter Kerngedanke zum Gemeinsinn, auf den hier Bezug genommen werden kann, ist die von Kohler referierte »Urteilskraft«[10]. Erst der selbstverantwortliche Vollzug von Selberdenken sei jene praktische Stellungnahme, auf die es ankomme. Sie sei die »subjektive Basisvoraussetzung gelingender Demokratie«.[11]

An dieser Stelle lässt sich der Begriff der Autonomie von Castoriadis aufnehmen. Insofern wird im Folgenden auf die Subjektgenese, die Entfremdung, Autonomie als Norm und den revolutionären Entwurf zurückzukommen sein. Allerdings nimmt unsere Bezugnahme auf Kohler damit ihr Ende. Seine Weiterführung bezieht sich auf die Begriffe des Bürgers, der Liberalität, freier Marktwirtschaft[12], Patriotismus, Nation und Staat, die erstens grundsätzlich nicht mit dem Konzept von Castoriadis vereinbar sind und zweitens entsprechend nicht zu einem veränderten Verständnis des Gemeinsinns passen. Die These ist, dass diese Teile nicht zwingend zu diesem Begriff gehören, ohne dass damit Gemeinsinn in völlig anderer Weise verstanden würde. Mit einer alternativen Begriffsbeschreibung lässt sich das Autonomie-Verständnis von Castoriadis weiter erhellen.

---

9 Münkler, Herfried / Bluhm, Harald: »Einleitung: Gemeinwohl und Gemeinsinn als politisch-soziale Leitbegriffe«, in: Dies. (Hg.), *Gemeinwohl und Gemeinsinn: historische Semantiken politischer Leitbegriffe*, Berlin: Akademie Verlag 2001, S. 9-30, hier S. 11f.
10 Kohler: Bürgertugend und Willensnation, S. 60.
11 Ebd., S. 61.
12 Gerade jene positiv beurteilte Dimension der Konflikte, die Hirschmann für die Marktwirtschaft sprechen lässt, muss umgekehrt werden: Die Konflikte, die durch marktwirtschaftliche Ungerechtigkeiten hervorgerufen werden, perpetuieren Ungleichheiten. Es mag sein, dass sich durch Reformen und die entsprechende Verarbeitung, anders gesagt, das Austragen der Konflikte, Lösungen erreichen lassen. Es ändert dies nichts am Umstand, dass die von der Ungerechtigkeit Betroffenen so gut wie immer in einer schlechteren Position beim Austragen und der Lösung des Konflikts sind.

5.2 Gemeinsinn durch Anerkennung

»[D]er G[emeinsinn hat; nc] eine gesellschaftlich-ethische Funktion. Er ist nicht nur eine Quelle der Erkenntnis für das dem ›Gemeinwesen‹ Nützliche, sondern eine Ursache gesellig-gesellschaftlichen menschlichen Verhaltens.«[13]

Diese zweite von drei Grundbestimmungen dessen, was mit Gemeinsinn gemeint ist, ist vor allem als *Ursache* des gesellig-gesellschaftlichen menschlichen Verhaltens interessant. Diese Ursache ist noch unklar und wird im Artikel auch nicht näher bestimmt, obwohl eine Traditionslinie zum aristotelisch-stoischen Denken gezogen wird. Allerdings soll hier nicht dieser Spur nachgegangen werden. Vielmehr soll diese Bestimmung des Gemeinsinns als Ausgangspunkt für eine autonome gemeinschaftliche Praxis gedacht werden. Insofern kommt ihm nur scheinbar eine funktionale Bedeutung zu, die, zieht man Parallelen, bei Castoriadis mit dem Verständnis der Autonomie als Norm zusammenhängt. Dieser Bezug ist so zu verstehen, dass das Verständnis von Freiheit bei Castoriadis sich auf einen normativen Begriff der Anerkennung zurückbeziehen muss. Sofern meine Freiheit dort beginne, wo jene des anderen beginnt, kann Castoriadis gar nicht anders, wie weiter oben erläutert, als von einer wechselseitigen Anerkennung ausgehen.[14] Diese Anerkennung begründet zugleich die Autonomie als Norm, aus der sich die Bedeutsamkeit eines neuinterpretierten Gemeinsinns ergibt. Denn erst aus dieser Anerkennung und dem so – positiv verstanden – verstrickten Freiheitsbegriff, ergibt sich der Gemeinsinn als Ursache einer gemeinsamen Praxis. Wenn gefragt wird, wie gemeinsames Handeln vor sich gehen kann, ist die Bedingung gesetzt, die – gemäß einem autonom-demokratischen Verständnis – eine gleichgestellte, und zwar nicht zuerst institutionelle, sondern moralische Position aller Beteiligten bedeutet. Diese moralische Voraussetzung darf nicht wiederum auf einen intersubjektiven Kommunikationsvorgang reduziert werden, obwohl dieser auch betroffen ist. Es gilt: Castoriadis lehnt nicht Institutionen ab, sondern deren Verhärtung und Perpetuierung trotz einem Verlust gesellschaftlicher Funktionalität, die in einer scheinbaren Unabänderlichkeit mündet.[15] Dazu bedarf es neben der Grundlage einer ständigen Veränderung eine normative Sicherung. Letztere bildet gewissermaßen das Bewusstsein der not-

---

13 Maydell, A. v. / Wiehl, R.: »Gemeinsinn«, in: Ritter, Joachim (Hg.), *Historisches Wörterbuch der Philosophie*, Band 3 G-H, Darmstadt: Wissenschaftliche Buchgesellschaft 1974, S. 243-247, hier S. 244.
14 Vgl. Abs. 3.2.
15 Vgl. Abs. 3.1.1.

wendigen *gemeinsamen* Praxis. Das Verständnis der Autonomie durch die Anerkennung bietet entsprechend die normative Rückversicherung des Konzepts. Diese Rückversicherung bedeutet – ich muss nochmals auf die Subjektgenese zurückkommen – dass mit der erwähnten Ur-Teilung[16] die psychische Monade ein Subjekt bildet, indem gesellschaftliche imaginäre Bedeutungen einfließen können und müssen. Das Kleinkind müsse bemerken, dass es Objekte in einer Sphäre gebe, der es angehöre und über die es keine vollumfängliche Macht habe.[17] Zugleich findet aber die eigentliche Sozialisierung statt, die eine Reziprozität anhand der geteilten gesellschaftlichen imaginären Bedeutungen beinhaltet. Entsprechend ist der gemeinsame Erfahrungshorizont einer geteilten Welt durch die gesellschaftlichen imaginären Bedeutungen die Rückversicherung. Da nun das radikal Imaginäre als Bedingung der Möglichkeit überhaupt einer Sozialisation – ein Vermögen nimmt die gesellschaftlichen Vorstellungen auf – zu verstehen ist, ist diese ›öffentliche Welt‹ niemals abgeschlossen, was ihre Möglichkeiten und ihre Gestaltbarkeit betrifft. Umso stärker betont das Verständnis von Autonomie mit der vorausgesetzten reziproken Anerkennung, dass diese öffentliche Welt bzw. ihre imaginären Bedeutungen durch eine gemeinsame autonome Praxis veränderbar bleiben. Das betrifft gerade auch Konflikte, die aufgrund der Konfrontation unterschiedlicher Vorstellungen, sprich gesellschaftlicher imaginärer Bedeutungen, entstehen können.

Insofern rückt der Begriff des Gemeinsinns wieder in den Vordergrund. Gemeinsinn ist nur in Bezug auf eine Gemeine bzw. Gemeinde denkbar. Diese Verpflichtung muss sich allerdings nicht bewusst vollziehen. Genauso gut kann eine unreflektierte Identifikation dieses Engagement begründen. Allerdings meint Castoriadis gerade dies nicht. Insofern sind Begriffe wie Nation, die immer exkludierenden Charakter haben, abzulehnen. Inwiefern nun ein aktualisiertes positives Verständnis von Gemeinsinn überhaupt mit Castoriadis vereinbar ist, wird sich zeigen lassen, indem es zuerst auf die Bedeutung der *Logik des revolutionären Entwurfs* zurückbezogen wird.[18]

---

16 Vgl. Abs. 2.2.1.
17 Reitter spricht von der öffentlichen Welt. Vgl. Reitter: Perspektiven der Freud-Rezeption, S. 125.
18 Vgl. Abs. 2.3.

5.3 REVOLUTIONÄRER ENTWURF ALS GEMEINSINN

Was in der bisherigen Aktualisierung des Gemeinsinns stören musste, war dessen scheinbar versöhnlicher Unterton, der dem ›gesunden Menschenverstand‹ und einer allfälligen Konkordanz zuzuschreiben ist. Eine solche kann, so müsste man meinen, gerade nicht revolutionär, sondern bloß reformistisch – oder sogar opportunistisch – sein. Deshalb muss für eine plausible Aktualisierung des Begriffs nochmals verdeutlicht werden, unter welcher Voraussetzung Gemeinsinn im Zusammenhang mit Castoriadis aktualisierbar ist. Dazu gehören auch seine Ausführungen in der *Gesellschaft als imaginäre Institution*, die ausdrücklich von einem revolutionären Entwurf handeln. Im Abschnitt zum revolutionären Entwurf kommt der Praxis eine zentrale Bedeutung zu. Die entsprechende Definition bezieht sich auf die anderen »als autonome Wesen«[19], die – dies wurde bereits im Abschnitt zur Autonomie als Norm genauer erläutert – für das eigene Handeln wichtig werden. Damit wird dem gemeinsamen Tun eine besondere Bedeutung gegeben. Diesem gemeinsamen Tun kommt eine dreifache Relevanz zu, erstens als aktuale Verwirklichung der Autonomie der anderen, zweitens als performativer, man könnte sagen pränormativer Rückbezug auf die Bedingung des erfüllten Anspruchs einer Anerkennung der anderen und damit deren Freiheit und drittens prospektiv als gemeinsames Projekt der weiteren und immer weitergehenden Erfüllung von Autonomie in der Gesellschaft. Der Charakter des Entwurfs ist als gemeinsames Entwerfen zu verstehen. Unter den Bedingungen einer heteronomen Institution einer Gesellschaft gibt diese Anlass mit dieser autonomen Praxis dagegen anzugehen wie auch in letzter Konsequenz diese Institutionen zu bekämpfen. Da dies alle betrifft, können nur alle in dieser Praxis miteinbezogen sein – ohne Ausschluss. Der Entwurf hat allerdings eine konkretere Komponente, gegen die man einwenden könnte, dass sie dem Anspruch, die anderen in ihrer Autonomie vollständig anzuerkennen, widerspräche. Denn nicht jede_r wird mit dem Entwurf oder Teilen davon einverstanden sein. Diese insofern inkommensurablen Ansprüche gesellschaftlicher Ausgestaltung von Institutionen kann man zweierlei entgegnen: Einerseits behauptet Castoriadis nicht, dass sein Entwurf unangefochtene Geltung habe, sondern zur Diskussion stehe: »Eine Bewegung, die den Aufbau einer autonomen Gesellschaft anstrebt, kann nicht ohne Diskussion und Vergleich der Vorschläge vieler verschiedener Bürger auskommen. Ich bin einer dieser Bürger, also unterbreite ich meine Vorschläge.«[20] Man kann dem Einwand zweitens soweit begegnen, als jene kritischen

---

19 Castoriadis: Gesellschaft als imaginäre Institution, S. 128.
20 Castoriadis: Philosophie, Demokratie, Poiesis, S. 251.

Kritiker gerade nicht an der Verwirklichung der Autonomie aller interessiert sind. Daran lässt sich die Antwort anschließen, inwiefern überhaupt noch von einem revolutionären Entwurf zu sprechen ist. Entgegen der von Honneth behaupteten ontologischen Rettung der Revolution[21] behauptet Castoriadis in letzter Konsequenz nichts anderes, als dass von Revolution im eigentlichen Sinne nur zu sprechen ist, wenn die Revolution als Projekt der Autonomie aller für alle zu verstehen ist.[22] Castoriadis Verständnis ist also nicht mit einem hergebrachten liberalen Verständnis von Gemeinsinn gleichzusetzen. Dennoch kann der Begriff produktiv entwendet und erweitert werden. Nicht mehr eine beschränkte starre Gemeinde kann gemeint sein, wenn alle betroffen sind. Aber auch die Grenze des Kampfes ist nicht mehr einfach auszumachen – aufgelöst ist diese nicht. Nur zeigt sich diese Grenze erst in der jeweiligen Praxis, dort und dann, wenn die Autonomie Einzelner keine Anerkennung mehr findet. Wer gegen eine so verstandene Praxis ist, widerstrebt einem Anspruch der Gleichstellung. Das heißt, wer einen im Sinne von Castoriadis erweiterten Gemeinsinn ablehnt, lehnt die grundlegende wechselseitige Anerkennung der autonomen Ansprüche in einer gemeinsamen Praxis ab. Dieser Widerspruch der Verwirklichung von Autonomie in diesem normativen Sinn wird durch den Begriff der Revolution eingeholt. Indem die bisherigen Institutionen negiert werden, entspricht ein Kampf im revolutionären Sinn einerseits der Autonomie als Norm und andererseits der Verwirklichung einer autonomen Gesellschaft als Ziel.

Damit kommt Gemeinsinn in Bewegung. Man kann also die Definition des Gemeinsinns stärker formulieren als Kohler, material, indem man nicht nur von einer »motivationalen Bereitschaft«[23] spricht, sondern von einer Art kantischen regulativen Idee, welche die Bedingung der Möglichkeit der eigenen Freiheit zum Ausdruck bringt. Insofern könnte man sich auch auf Hannah Arendts Begriff des Politischen beziehen, wo Freiheit erst dort verwirklicht wird, wo es Politik *gibt*, republikanisch im alten Wortsinn verstanden. Politik aber bedarf eines gemeinsamen Nenners, der erst im Gemeinsinn eine Charakterisierung findet. Damit wird aus der bloßen Neigung eine notwendige Bedingung, politische Gemeinschaft überhaupt vorzustellen, wie sie Kohler in den späteren Definitionen aufnimmt. Ich plädiere entsprechend für eine weniger altruistisch aufgeladene

---

21 Honneth, Axel: »Eine ontologische Rettung der Revolution. Zur Gesellschaftstheorie von Cornelius Castoriadis«, in: Ders. (Hg.), *Die zerrissene Welt des Sozialen. Sozialphilosophische Aufsätze*, Frankfurt am Main: Suhrkamp 1990, S. 123-143, hier S. 142f.
22 Vgl. Castoriadis: Philosophie, Demokratie, Poiesis, S. 183-269.
23 Kohler: Bürgertugend und Willensnation, S. 19.

Begriffsbestimmung, als für eine – aus der materialen Änderung der Definition – sich ergebende formale Bedeutung des Begriffs des Gemeinsinns für autonome Praxis. Diese veränderte Definition wirkt sich unmittelbar auf die Antwort aus, wer wo Herrschaft ausübt. Diese Herrschaftsausübung wiederum äußert sich entsprechend in einem gemeinsamen Raum.

5.4 Oikos, Agora, Ekklesia

»Die erste Existenzbedingung einer autonomen Gesellschaft – einer demokratischen Gesellschaft – ist, dass die öffentlich / öffentliche Sphäre *tatsächlich* öffentlich wird, zu einer *ekklesia* wird und nicht zum privaten Beutegut von Partikulargruppen.«[24] Castoriadis Ausführungen zum Begriff der *ekklesia* stellen dabei eine erste Spur dar. Dieser Begriff steht in einem Zusammenhang von drei Sphären:

»Man kann abstrakt drei Sphären unterscheiden, innerhalb derer sich die Beziehungen der Individuen und der Gemeinschaft untereinander sowie zu ihrer politischen Institution abspielen: die private Sphäre – *oikos*; die privat / öffentliche Sphäre – *agora*; die öffentlich / öffentliche Sphäre, die ich im Fall einer demokratischen Gesellschaft der Kürze halber *ekklesia* nennen werde.«[25]

Castoriadis versteht diese Sphären nicht als vollkommen voneinander getrennt. Es müsse immer Fälle geben, in denen die *ekklesia* in den *oikos* eingreife[26], obwohl – und das ist entscheidend – das Verhältnis der drei Sphären in einer autonomen Gesellschaft so organisiert sein müsse, dass die öffentlich / öffentliche Sphäre die größtmögliche Ausdehnung der privaten und privat / öffentlichen Sphäre »garantiert und fördert«[27]. Dabei ist die *agora* jener Ort, an dem Menschen sich nicht notwendig politischen Geschäften widmeten, sondern in jeder Hinsicht zusammenkämen. Auch und vor allem bei der *agora* als Marktplatz verstanden. Diese Unterscheidung ist deshalb bemerkenswert, da sie den Bezug – vor allem wenn es um Castoriadis' Verständnis der *ekklesia* geht – zu einer Aktualisierung des Gemeinsinns in weiterer Form ermöglicht.

---

24 Castoriadis: Philosophie, Demokratie, Poiesis, S. 242. [Herv. i.O.]
25 Ebd., S. 240. [Herv. i.O.]
26 Ebd., S. 246.
27 Ebd., S. 247.

»Die liberalen Oligarchien der Gegenwart – die sogenannten ›Demokratien‹ – behaupten, die öffentlich / öffentliche Sphäre weitestgehend zu begrenzen oder auf ein unvermeidliches Minimum zu reduzieren. Die Behauptung ist offenkundig irreführend. Die ›liberalsten‹ Regime der Gegenwart (Vereinigte Staaten, England oder die Schweiz) sind zutiefst etatistische Gesellschaften [...].«[28]

Damit stellt sich die Frage, wie dieses Öffentlich-Werden vorzustellen ist? Castoriadis hat in verschiedener Hinsicht bereits sehr früh auf Möglichkeiten der Verwirklichung von Autonomie hingewiesen.[29] Darauf wird hier nicht weiter eingegangen. Im Rahmen dieser Arbeit wurde auf die moralische Bedingung hingewiesen, jene Norm, die uns der Anerkennung der anderen als Bedingung der Möglichkeit der Verwirklichung von Autonomie erst zuführt. Entsprechend wird hier die Möglichkeitsbedingung dieser *ekklesia* zu verstehen sein. Es stellt sich wiederum die Frage – damit wird die Auseinandersetzung mit Honneth nochmals aktuell – inwiefern nicht unterschiedliche imaginäre Bedeutungen durch die Sozialisation ein Hindernis darstellen, wenn es um diese normative Voraussetzung geht. Die Antwort verweist auf zwei wesentliche Aspekte: Die Ausgestaltung der privaten Sphäre ist allen unumschränkt überlassen, das betrifft zum Beispiel die Ausübung des Glaubens. Diese Ausübung ist in zweifacher Weise an das normative Anerkennungsgebot gebunden, einerseits, indem die freie Ausübung dadurch gewährleistet wird und andererseits, indem damit die Einmischung in die Ausübung privater Angelegenheiten von anderen unterlassen wird. Eine grundlegende Ausnahme bilden Belange von öffentlichem Interesse und dazu gehört gerade auch die Möglichkeitsbedingung, was Castoriadis wie immer polemisch bemerkt:

»Eine autonome Gesellschaft wird eine Unantastbarkeit der Privatsphäre garantieren müssen, die das Strafrecht nicht suspendiert (ich glaube nicht, dass jemand dafür plädieren wird, Mord unter Eheleuten oder den Missbrauch von Kindern durch ihre Eltern für unwichtig zu erachten, auch wenn deren Bestrafung einen dem Geschehen im *oikos* Grenzen setzenden Eingriff der *ekklesia* darstellt).«[30]

Wenn Konflikte auftauchen, dann müssen diese in der öffentlich / öffentlichen Sphäre verhandelbar sein. Aber nicht unter den Honneth'schen Bedingungen, dass Ansprüche in einem Kampf um Anerkennung erstritten werden, sondern als

---

28 Ebd., S. 241f.
29 Castoriadis: Vom Sozialismus zur autonomen Gesellschaft, Bd. 2.1.
30 Castoriadis: Philosophie, Demokratie, Poiesis, S. 246. [Herv. i.O.]

Belange unter Gleichgestellten. Diese Belange treffen immer die minimale Voraussetzung der Verwirklichung der Autonomie einer jeden und eines jeden, die – so die Behauptung – bei Konflikten noch nicht in vollem Umfang verwirklicht ist. Dies soll anhand des Begriffs der Bürger_in rudimentär verdeutlicht werden.

5.5 Abschied vom alten Bürger

Zur aktualisierten, wenn auch entwendeten, Bedeutung von Gemeinsinn gehört grundlegend die Anerkennung aller Menschen in ihrer Autonomie und mit dieser auch einer Wechselseitigkeit, welche meine Anerkennung bzw. jene meines Gegenübers jeweils umgekehrt bedeutsam macht. Diese Anerkennung kann nicht ausschließlich sein, sondern nur universal. Die Vorstellung, dass Bürger_innen einer Gemeinschaft besondere Rechte (und Pflichten) qua ihres nationalen oder identitären Status' inne haben, ist zu verabschieden. Damit wird die Exklusion oder Exklusivität, was politische Entscheidungen betrifft, aufgelöst. Die öfters behauptete notwendige Identifikation für ein Gemeinwesen und die damit verbundene Formulierung eines Wir-Gefühls muss nicht an imaginäre Vorstellungen von Nationen gebunden sein. Es wäre allerdings kurzsichtig, kulturelle Hintergründe auszublenden. Diese werden mit der Neuformulierung auch nicht abgestritten, sondern es wird lediglich behauptet, dass diese – was bisher nationalstaatliche Rechte und Zuschreibungen betraf – irrelevant sind, wenn es um die aktuale Beschäftigung mit gesellschaftlichen Belangen geht – sofern, diese Regel gilt immer, dieser Hintergrund nicht gegen die Möglichkeitsbedingung der Autonomie verstößt. Vorstellbar beispielsweise bei der Unterdrückung von Frauen oder LGBT durch patriarchale Strukturen oder fundamentalistisch-religiöse Gruppen. Das heißt also, dass ein Wir weniger als Gefühl, denn im Bewusstsein der Verantwortlichkeit für die öffentlich / öffentliche Sphäre zum Ausdruck kommen könnte. Insofern sollte Bürger_in so verstanden werden, dass es sich um jene handelt, die sich um die *ekklesia* kümmern. Das sind aber gemäß dem Verständnis von Castoriadis alle. Es ist also nicht mehr möglich Mitbestimmung von der Identität wie einer nationalen Staatszugehörigkeit abhängig zu machen. Wer will, kann sich um die öffentliche gemeinsame Sache sorgen und sie mitbestimmen.

5.6 Fazit

Ausgehend von der funktionalen und strukturellen Bedeutung des Begriffs Gemeinsinn, reduzierte ich dessen liberal aufgeladenen Komponenten und präzisierte ihn im Sinne von Castoriadis, was bedeutet, dass das radikalisierte Konzept den Konflikt sucht und austrägt. Trotzdem bleibt der *Logik des revolutionären Entwurfs* ein normativer Bezugspunkt, entgegen dem Verständnis von bloß gutbürgerlicher Klugheit. Zugleich ist der Anspruch auf Einbezug mit einem erneuerten Verständnis von Gemeinsinn grundsätzlicher, da nicht mehr von einem Verständnis nationaler Identität ausgegangen werden muss. Es wird im Gegenteil von einer Perspektive ausgegangen, die allen Differenzen zum Trotz das Zusammenleben *selbst* organisieren will. Insofern ist Autonomie als Ausgang aus der Heteronomie bei Castoriadis zu verstehen: Zu der entsprechenden Grundlage gehört die politische Partizipation aller und auch die entsprechende Demokratisierung des Wirtschaftens, allgemeiner der Wirtschaft.[31] Über den Anspruch hinausgehend, welcher Bürger-Sein zuspricht und insofern immer vor dem Problem steht, welche Subjekte legitime Rechtssubjekte sind, könnte der Begriff der Bürger_innen zugunsten einer stärkeren Gewichtung des Gemeinsinns aufgelöst werden. Dieser Begriff fokussiert die gemeinsame Autonomie als gemeinsame Sache, früher *res publica*, statt der problematischen und veralteten Institution von nationalstaatlichen Eigenschaften, die assimiliert werden müssen. Castoriadis' Begriff der Autonomie als gemeinsamer freier Praxis kann ein sozial-libertärer Begriff heutigen Gemeinsinns beigestellt werden, der das Anliegen verdeutlicht. Damit verschiebt sich die Frage der Legitimität der ›Bewerber_innen‹ auf Mitbestimmung auf die Frage der Struktur der Kooperation, die selber schon integrativen Charakter hat. Damit wird Gemeinschaft performativ gebildet, wobei keine zwingende Beteiligung als aktiver Teilnahme daraus abgeleitet werden darf. Autonomie, nicht Interesse, rückte in den Vordergrund.

---

31 Vgl. dazu Castoriadis: Vom Sozialismus zur autonomen Gesellschaft, Bd. 2.1.

6. Schluss

> Die Philosophie als Philosophie ist nicht und kann in keiner Hinsicht erfolgreich sein.[1]
> MILAN KANGRGA

Man stehe vor das Bezirksgebäude Zürich: Über dem mittleren Eingang steht in Stein gehauen der Spruch:

»Unrecht soll umkehren«

Das ist nun ein sehr denkwürdiger Spruch – übrigens prangt Georg mit dem Drachen oberhalb. Der Sinnspruch hat einen offenbaren Sinn: Das Unrecht (wer?) soll draußen bleiben. Der Bau ist Institution, *ist* das Recht – gibt dem Recht ein Dach über dem Kopf. Nur das Rechte soll hier walten, innen geschieht es. Es wird vollzogen.

Aber der Sinn hört nicht auf, macht keinen Halt. Was passiert? Das Unrecht (wie sieht es aus?) betrit das Gebäude, es wagt nicht umzukehren – nein. Nanu? Es kehrt nicht um, aber wenn es nicht umkehrt, kehrt es um. Was ist passiert? Es hat sich gewandelt und jetzt fragt es sich, was es sei. Wer waltet es, wer sagt es ihm, was es nun sei? Das Unrecht hat das Sollen missachtet, ist eingetreten und ist in Recht umgekehrt. Es hat das Sollen beachtet, ist umgekehrt – auf unerwartete Weise. Der Umschlag ist vollbracht: eine wunderliche Wendung.

Wer sich philosophische Arbeit zumutet, weiß nicht genau, wo er ankommt. Da und dort gewendet, öffnen sich Wege und Perspektiven, die hinter hohen Gebäuden verborgen, dort nicht erwartet wurden. Dabei ist man öfters auch auf Holzwegen und Methoden sind doch nur alte Straßennamen, die nicht dorthin

---

1 Kangrga: Was denkst Du, Philosoph?, S. 97.

führen, wo man hindenkt. Theorien sind also beschaulich. Ungemach stört auf – es öffnen sich Aussichten. Man schaut und merkt beim Schauen auf. Das Aufmerken setzt da und dort an, gräbt und legt frei. Am Anfang stand Begeisterung, die im Schaulaufe zum Begreifen wird, wo man immer wieder den Kopf schüttelt, als wollte man Vorstellungen wie einen ungenehmen Reiter abwerfen. Man nickt. Man schwankt, legt den Kopf wägend hin und her. Durch das Dickicht der Städte, ins schimmernde Licht, wieder ins Dunkel und aus dem Labyrinth.

Castoriadis Konzept zeigte eine unwillkürliche Neigung trotz selbstbewusster Abneigung marxistisch zu bleiben. Nicht zuletzt wurde dies mit seinem Begriff der Autonomie ansichtig, auch wenn mit dem Imaginären unverfügbare Lichtungen dem gar starken Subjekt zuvorkommen und es reflexiv sein lassen. Nichtsdestotrotz bleibt Castoriadis Anhänger eines autonomen Subjekts – und man könnte vermeinen, dass das gar nicht so schlecht ist: denn gerade *autonomes Subjekt* zu sein, ruft heute vielleicht poststrukturalistisches Stirnrunzeln und postmodernistisches Naserümpfen hervor, zuletzt bleibt aber unweigerlich ein handelndes Bewusstsein zurück, egal wie wirkmächtig oder ohnmächtig es beschrieben wird. Dennoch: Dass es notwendig sei, ein Imaginäres für die Erklärung von Gesellschaftlichkeit und nicht zuletzt für die anzustrebende Autonomie anzunehmen, dafür gibt es mannigfaltige Beispiele. Und wie die Arbeit darzulegen versuchte, scheint das Konzept von Castoriadis kohärent zu sein. Die konzeptuelle Dichte legt allerdings immer wieder den Wunsch einer ontologischen Sparsamkeit und nachmetaphysischen Wachsamkeit nahe.

Was wurde erreicht nach dem Gang durch das theoretische Dunkel von Gassen? Im Nachgang folgen wir nochmals allen Stationen und Überlegungen, vielleicht am besten denselben Weg zurück, dem roten Faden folgend.

Am Ende wurde versucht, die Begriffe von Castoriadis, insbesondere seine Vorstellung von Autonomie, weiterzutreiben. Dabei öffnete sich die Büchse der bürgerlichen Pandora und ließ den Gemeinsinn aufsteigen, um zu sehen, was er Bedrohliches an sich hat. Dabei wurde der Begriff von Lästigem befreit und entwendet, entführt. Die Vorstellung einer gemeinsamen Praxis, die über vorgestellte und wirkmächtige Identitäten hinwegging, wurde wichtig. Diese Praxis, welche allen zukommt und damit einem Abschluss beikommt, bezeugte eine Öffnung hin zu allen, die in der Anerkennung der jeweils anderen, die sich um das Gemeinsame kümmern wollen, einen Anfang haben soll. Dabei sollte bewusst die etwas ältliche Idee der *res publica* angesprochen werden, ohne dass diese in ihrem greisen Herkommen sich zu breit macht. Dazu gehörte die Begriffstrias *oikos-agora-ekklesia*, wie sie Castoriadis aufnahm. Zwischen dem Privaten und dem tatsächlichen Öffentlichen stünde der Marktplatz als freier Raum für allerlei Tun.

Zuvor wurden konzeptuelle Grundlagen verglichen. Vor allem Axel Honneth hat seit den 1990er Jahren den Begriff der Anerkennung bearbeitet. Dabei wurde diese Anerkennung in ihrer Einbettung bei Honneth von jener bei Castoriadis unterschieden. Es zeigte sich, dass die Hegel'sche Anerkennung, die Honneth zitiert und weiterentwickelt, zwar grundlegende soziale Strukturen zu beschreiben vermag und insofern auch unterschiedliche gesellschaftliche Sphären oder Ebenen plausibel aufzeigt. Nichtsdestotrotz versagte das Konzept, wenn es um die Begründung der jeweiligen Ansprüche in den unterschiedlichen Sphären ging, insbesondere der Sphäre des Rechts, in der ein rationaler Diskurs erwartet wird, der in der vorhergehenden und vorausgesetzten Sphäre der Liebe nicht entwickelt wurde. Die Sprache, vor allem die verständige Rede, taucht auf, wie eine unerwartete und ungepflanzte Frucht: Honneth denkt sich die Rechtspersonen als verständige Subjekte – ohne die Einbettung in seinem Konzept genau zu klären. Demgegenüber entwickelte Castoriadis in seinem Konzept des Imaginären und dem darin enthaltenen Begriff der Autonomie nicht nur eine Subjekttheorie, die Sprache explizit miteinbezieht, sondern bezeichnete damit auch eine normative Bedingung. Diese normative Bedingung bedeutet eine wechselseitige Anerkennung von Subjekten. Diese Subjekte sind zugleich erst durch heteronome Institutionen und entsprechende imaginäre Bedeutungen entstanden. Der Ausweg aus der Heteronomie ist gerade eine gemeinsame Praxis, Autonomie.

Auf diesem weiten Platz angelangt, kommt man zugleich zu einer wichtigen Kreuzung. Autonomie wird denkbar gerade durch die Heteronomie, wie sie uns gesellschaftlich auferlegt wurde. Dennoch ist Autonomie nicht dadurch bedingt, sondern schöpft als Möglichkeit aus der reichen Quelle des radikal Imaginären. An dieser Kreuzung wurde im dritten Kapitel jener Grundlage nachgegangen, die konzeptuell in der Anerkennung mündete. An der Kreuzung liegt der Schatz verborgen – er ist gehoben. Dahin geführt hatte die Auseinandersetzung mit der wegweisenden Frage, was denn Castoriadis mit der Heteronomie meint. Welche Bedeutung kommt dieser in seiner Theorie des Imaginären zu? Welchen Sinn hat sie, wenn es um die angestrebte Autonomie geht? Dabei zeigte sich, dass Autonomie auf die schöpferische Quelle deutend eine transzendentale Bedeutung hat, nämlich das radikal Imaginäre bzw. die radikale Imagination des Subjekts. Diese versiegt nie und zeigt auf neue Möglichkeiten, zeigt die Zufälligkeit der Institutionen, wie wir sie kennen. Dazu aber zeigte sich, dass Autonomie eine normative Bedeutung hat. Sie ist jener Wegweiser, der anzeigt, wo die Freiheit einer / eines jeden beginnt. Sie zeigt an, wohin die Reise gehen könnte, indem man die Freiheit der anderen annimmt, in der Anerkennung der anderen die Bedingung der eigenen Freiheit erkennt. Erst dadurch wird gemeinsame Praxis denkbar. Anderenfalls mündete die Praxis wieder in heteronomen Holzwegen. Es wurde in diesem Kapitel erläutert, dass Castoriadis davon ausgehen muss, dass Heteronomie als Entfremdung der Gesellschaft von ihren Institutionen überwunden werden kann. Sie kann dies mit dem Ziel der Autonomie aber nur als gemeinsame Sache. Autonomie als Praxis ist soziale Praxis, hat sonst keinen konzeptuellen Sinn. Würden Institutionen anderen in der Gesellschaft wiederum auferlegt, statt mit- und selbstbestimmt, wäre dies inkohärent. Die Subjektgenese spielt dabei eine grundlegende Rolle. Erst in der Subjektgenese wird ein soziales Wesen erschaffen. In die monadische Psyche fließen die fremden sozialisierenden Institutionen ein. Mit diesen Institutionen werden die gesellschaftlichen imaginären Bedeutungen wirksam. Erst in dieser Sozialisierung, die doch nicht vollkommen und abschließend ist oder sein kann, liegt der konzeptuelle Möglichkeitshorizont von Autonomie. Autonomie bedeutet, dass die Institutionen jederzeit verhandelbar und änderbar sind und bleiben müssen. Es wurde insofern vorbereitend darauf verwiesen, was Entfremdung bei Castoriadis und Marx – von welchem ersterer herkam – zu bedeuten hat. Dieser Rückgang auf Marx zeigte einerseits, dass Castoriadis die Ansichten zur entfremdeten Arbeit teilt, dass er anderseits – zwar in anderer Weise aber ebenso – ein Begründungsproblem hat. Dieses Problem löst er mit dem Konzept des radikal Imaginären als hier benannte transzendentale Bedingung. Das radikal Imaginäre ist eine Bedingung der Möglichkeit von Gesellschaft, welche unhintergehbar sei, welche angenommen werden müsse. Während Marx, so schien es zumindest, noch an einem Typus Mensch festhält, begeht Castoriadis nicht denselben Fehler. Marx geht notwendig von einem Menschenbild aus, nämlich dem frei und bewusst tätigen Menschen, da sonst kein Maßstab bestünde, überhaupt von Entfremdung zu sprechen. Auch wenn dieses Bild des Menschen gar kein Wesen bezeichnen würde, bliebe unklar, was insofern Freiheit und Bewusstsein bedeuteten und weshalb gerade diese das Gattungswesen aus- und bezeichneten.

In der imaginären Stadt stehend, muss man zuerst den Weg finden: Was heißt überhaupt imaginär? Dabei wurde auch deutlich, dass dieses sehr allgemein gesprochene Vorgestellte sich einen wirkmächtigen Ausdruck gibt. Das Symbol und seine Bedeutung werden in der Institution sichtbar. Aber was bindet die Menschen, was macht sie ihren Institutionen zugeneigt? Es traten die gesellschaftlichen imaginären Bedeutungen auf den Plan, die alles zusammenkitten und erst Realität bedeuteten. Aber nicht nur die soziale Welt, auch das Subjekt wurde untersucht. Es zeigte sich ein Kaninchenbau, eher ein städtischer Untergrund, der tiefer als die tiefsten Tiefen geht: Die Psyche ist jener unhintergehbare Abgrund, eine Monade. Diese Einheit der Psyche muss von der Gesellschaft aufgebrochen werden, um überhaupt von einem Subjekt sprechen zu können. In dieser Monade machen sich diese fremden Bedeutungen breit, machen die Psyche mit der Welt bekannt. Die Psyche bekommt Sinn, das Subjekt wird geboren. Die Sprache vor allem – aber eben nicht nur – bedeutete eine wichtige Zäsur. Aber wie kommt man aus der allgemeinen Sprache zum je eigenen Konkreten? Ist dies auf immer versperrt? Es bleibt die radikale Imagination zurück, die Verwerfung von Vorstellungen / Intentionen / Affekten, die trotz Sozialisation nicht ausgelöscht, wenn auch beherrscht wird. Daran anschließend konnte auch erklärt werden, wie Autonomie möglich ist. Das Subjekt sei nicht vollkommen in die Gesellschaft, den Diskurs des anderen, verstrickt. Die gemeinsame Praxis, das Tun als gemeinsamer Entwurf deutete dies an und wurde im Kapitel zur Entfremdung aufgenommen.

Zuletzt – ganz am Anfang – wurde ein Beispiel bemüht: das staatliche Gewaltmonopol. Von einem rituellen Gelöbnis ausgehend, suchte man Spuren der Macht dieser Gewalt auf. Die Zwangsmittel waren der äußere und äußerste Ausdruck desselben. Wo Knüppel schwingen und Gummischrot surrt, ist die Legitimation nötig, tut Not. Der Staat ist darum nicht verlegen und kann auf Buchstaben verweisen, die wiederum auf Knüppel und Gummischrot als sehr reale Technik der Macht zeigen. Es wird eine deutliche Sprache gesprochen. Es wurde anhand der Schweiz und insbesondere des Kantons Zürich erläutert, wie das Gesetz zuschlagen darf. Auch musste geklärt werden, weshalb das staatliche Gewaltmonopol überhaupt entscheidend ist für das Verständnis des Staates. Es wurde als eine notwendige Bedingung des modernen Staates identifiziert, der ohne Durchsetzung seiner Normen kaum Bestand haben könnte. Es wurde historisch aufgerollt, wie diese rechtlichen und begrifflichen Institutionen entstanden sind, um demgegenüber die rationale kontraktualistische Legitimation aufzunehmen. Dazu gehörte, dass die bloße scheinbare und fiktionale Vernünftigkeit bis in die Wirklichkeit reicht. Ohne diese Fiktion herrsche, so die Annahme, Chaos und Krieg. Gerade dies entlarvte sich als jenes Imaginäre, das als gesellschaftliche imaginäre Bedeutung nicht nur Sinn macht, sondern sehr wirksam ist. Das Beispiel im Sinne von Castoriadis hatte selber erläuternden und hinführenden Sinn, um sich an die konzeptuelle Höhenluft zu gewöhnen.

Die Straße zurück, war ein Schaulauf dahin, zu dem, was in dieser Arbeit versucht wurde: Das Konzept von Castoriadis sollte analysiert, geprüft und erprobt werden. Um das Bild des Stadtspaziergangs nochmals zu bemühen: Durch die dunklen Gassen, Straßen und Häuserfluchten hindurch, bleibt man für einen Moment stehen. Aber wo ist man angekommen?

Noch immer in der Stadt – aber jetzt wird eingekehrt.

Literaturverzeichnis[1]

Adorno, Theodor W. / Horkheimer, Max: *Dialektik der Aufklärung. Philosophische Fragmente*, Frankfurt am Main: S. Fischer 1988.

Behr, Rafael: *Cop Cultur – Der Alltag des Gewaltmonopols. Männlichkeit, Handlungsmuster und Kultur in der Polizei*, Wiesbaden: VS Verlag für Sozialwissenschaften 2008.

Behr, Rafael: »Rechtserhaltende Gewalt als Zentrum polizeilicher Organisationskultur?«, in: Torsten Meireis (Hg.), *Gewalt und Gewalten. Zur Ausübung, Legitimität und Ambivalenz rechtserhaltender Gewalt*, Tübingen: Mohr Siebeck 2012, S. 69-89.

Benjamin, Jessica: *Die Fesseln der Liebe. Psychoanalyse, Feminismus und das Problem der Macht*, Frankfurt am Main: Fischer Taschenbuch Verlag 1993.

Benjamin, Walter: *Zur Kritik der Gewalt und andere Aufsätze*, Frankfurt am Main: Suhrkamp 1965.

Benjamin, Walter: *Das Kunstwerk im Zeitalter seiner technischen Reproduzierbarkeit*, Stuttgart: Reclam 1989.

Böckenförde, Ernst-Wolfgang: *Staat, Verfassung, Demokratie. Studie zur Verfassungstheorie und zum Verfassungsrecht*, Frankfurt am Main: Suhrkamp 1991.

Carroll, Lewis: *Alles über Alice. Alices Abenteuer im Wunderland und Durch den Spiegel und was Alice dort fand*, Hamburg: Europa Verlag 2002.

Castoriadis, Cornelius: *L'Institution imaginaire de la société*, Paris: Édition du Seuil 1975.

Castoriadis, Cornelius: *Les carrefours du labyrinthe*, Paris: Édition du Seuil 1978.

---

[1] Weitere nicht zitierte wichtige Veröffentlichungen von / über Cornelius Castoriadis wurden mit einem * markiert.

Castoriadis, Cornelius: *Le contenu du socialisme*, Paris: Union Générale d'édition (10 / 18) et Cornelius Castoriadis 1979.

Castoriadis, Cornelius: »Eine neue Periode der Arbeiterbewegung beginnt«, in: Ders., *Sozialismus oder Barbarei. Analysen und Aufrufe zur kulturrevolutionären Veränderung*, Berlin: Wagenbach 1980, S. 127-144.

Castoriadis, Cornelius: »Die Degenerierung der Arbeiterorganisation«, in: Ders., *Sozialismus oder Barbarei. Analysen und Aufrufe zur kulturrevolutionären Veränderung*, Berlin: Wagenbach 1980, S. 116-127.

Castoriadis, Cornelius: *Durchs Labyrinth. Seele Vernunft Gesellschaft*, Frankfurt am Main: Suhrkamp 1983.

Castoriadis, Cornelius: *Domaines de l'homme. Les carrefours du labyrinthe 2*, Paris: Édition du Seuil 1986.

Castoriadis, Cornelius / Busino, Giovanni (Hg.): *Autonomie et autotransformation de la société. La philosophie militante de Cornelius Castoriadis*, Genève: Librairie Droz S.A. 1989.*

Castoriadis, Cornelius: »Die griechische *polis* und die Schaffung der Demokratie«, in: Ulrich Rödel (Hg.), *Autonome Gesellschaft und libertäre Demokratie*, Frankfurt am Main: Suhrkamp 1990, S. 298-328.

Castoriadis, Cornelius: *Le Monde morcelé. Les carrefours du labyrinthe 3*, Paris: Édition du Seuil 1990.

Castoriadis, Cornelius: »Sozialismus und autonome Gesellschaft«, in: Rödel, Ulrich (Hg.), *Autonome Gesellschaft und libertäre Demokratie*, Frankfurt am Main: Suhrkamp 1990, S. 329-357.

Castoriadis, Cornelius: *La Montée de l'insignifiance. Les carrefours du labyrinthe 4*, Paris: Édition du Seuil 1996.*

Castoriadis, Cornelius: *Fait et à Faire. Les carrefours du labyrinthe 5*, Paris: Édition du Seuil 1997.

Castoriadis, Cornelius: *Gesellschaft als imaginäre Institution. Entwurf einer politischen Philosophie*, Frankfurt am Main: Suhrkamp 1997.

Castoriadis, Cornelius: *Autonomie oder Barbarei*, hg. v. Michael Halfbrodt / Harald Wolf, *Ausgewählte Schriften*, Band 1, Lich / Hessen: Verlag Edition AV 2006.

Castoriadis, Cornelius: *Vom Sozialismus zur autonomen Gesellschaft. Über den Inhalt des Sozialismus*, hg. v. Michael Halfbrodt / Harald Wolf, *Ausgewählte Schriften*, Band 2.1, Lich / Hessen: Verlag Edition AV 2007.

Castoriadis, Cornelius: *Vom Sozialismus zur autonomen Gesellschaft. Gesellschaftskritik und Politik nach Marx*, hg. v. Michael Halfbrodt / Harald Wolf, *Ausgewählte Schriften*, Band 2.2, Lich / Hessen: Verlag Edition AV 2008.*

Castoriadis, Cornelius: *Das imaginäre Element und die menschliche Schöpfung*, hg. v. Michael Halfbrodt / Harald Wolf, *Ausgewählte Schriften*, Band 3 Lich / Hessen: Verlag Edition AV 2010.

Castoriadis, Cornelius: *Philosophie, Demokratie, Poiesis*, hg. v. Michael Halfbrodt / Harald Wolf, *Ausgewählte Schriften*, Band 4, Lich / Hessen: Verlag Edition AV 2011.

Castoriadis, Cornelius: *Psychische Monade und autonomes Subjekt*, hg. v. Michael Halfbrodt / Harald Wolf, *Ausgewählte Schriften*, Band 5, Lich / Hessen: Verlag Edition AV 2012.

Creveld, Martin van: *Aufstieg und Untergang des Staates*, München: Gerling Akademie Verlag 1999.

Derrida, Jacques: *Gesetzeskraft. Der »mystische Grund der Autorität«*, Frankfurt am Main: Suhrkamp 1991.

Dews, Peter: »Imagination and the Symbolic: Castoriadis and Lacan«, in: *Constellations* 9 (2002), Nr. 4, S. 516-521.

Djindjić, Zoran: *Marx' kritische Gesellschaftstheorie und das Problem der Begründung, Dissertation*, Universität Konstanz, Konstanz 1979.

Duerr, Hans Peter: *Obszönität und Gewalt. Der Mythos vom Zivilisationsprozess*, Frankfurt am Main: Suhrkamp 1995.

Fetscher, Iring: *Grundbegriffe des Marxismus*, Hamburg: Hoffmann und Campe Verlag 1976.

Freiburghaus, Dieter / Buchli, Felix / Honegger, Edith: *Das Duopol der legitimen Gewalt im schweizerischen Bundesstaat. Zwei Fallstudien zu Armee und Polizei*, Chavannes- Lausanne: IDHEAP 2005.

Freud, Sigmund: »Vorlesung: Die Zerlegung der psychischen Persönlichkeit«, in: Ders., *Neue Folgen der Vorlesungen zur Einführung in die Psychoanalyse*, Band XXXI, Frankfurt am Main: Fischer Taschenbuch Verlag 2003, S. 60-81.

Fromm, Erich: *Das Menschenbild bei Marx: mit den wichtigsten Teilen der Frühschriften von Karl Marx*, Frankfurt am Main: Europäische Verlagsanstalt 1980.

Gilcher-Holtey, Ingrid: »Transformation durch Subversion: Die Neue Linke und die Gewaltfrage«, in: Freia Anders / Ingrid Gilcher-Holtey (Hg.), *Herausforderungen des staatlichen Gewaltmonopols. Recht und politisch motivierte Gewalt am Ende des 20. Jahrhunderts*, Frankfurt am Main: Campus Verlag 2006, S. 198-220.

Grimm, Dieter: »Das staatliche Gewaltmonopol«, in: Freia Anders / Ingrid Gilcher-Holtey (Hg.), *Herausforderungen des staatlichen Gewaltmonopols.*

Recht und politisch motivierte Gewalt am Ende des 20. Jahrhunderts, Frankfurt am Main: Campus Verlag 2006, S. 18-38.

Habermas, Jürgen: »Exkurs zu Castoriadis: ›Die imaginäre Institution‹«, in: Jürgen Habermas (Hg.), *Der philosophische Diskurs der Moderne*, Frankfurt am Main: Suhrkamp 1985, S. 380-390.

Hammermeister, Kai: *Jacques Lacan*, München: Beck 2008.

Hegel, Georg Wilhelm Friedrich: *System der Sittlichkeit. (Critik des Fichteschen Naturrechts)*, Hamburg: Felix Meiner Verlag 2002.

Heuer, Hans-Joachim: »Gewaltmonopol«, in: Hans-Jürgen Lange (Hg.), *Wörterbuch zur Inneren Sicherheit*, Wiesbaden: VS Verlag für Sozialwissenschaften 2006, S. 107-112.

Hobbes, Thomas: *Leviathan*, Frankfurt am Main: Suhrkamp 1984.

Honneth, Axel: »Eine ontologische Rettung der Revolution. Zur Gesellschaftstheorie von Cornelius Castoriadis«, in: Ders. (Hg.), *Die zerrissene Welt des Sozialen. Sozialphilosophische Aufsätze*, Frankfurt am Main: Suhrkamp 1990, S. 123-143.

Honneth, Axel: *Kampf um Anerkennung. Zur moralischen Grammatik sozialer Konflikte*, Frankfurt am Main: Suhrkamp 2003.

Honneth, Axel: »Umverteilung als Anerkennung: eine Erwiderung auf Nancy Fraser«, in: Axel Honneth / Nancy Fraser (Hg.), *Umverteilung oder Anerkennung. Eine politisch-philosophische Kontroverse*, Frankfurt am Main: Suhrkamp 2003, S. 129-224.

Israel, Joachim: *Der Begriff Entfremdung. Makrosoziologische Untersuchung von Marx bis zur Soziologie der Gegenwart*, Reinbek bei Hamburg: Rowohlt 1972.

Jaeggi, Rahel: *Entfremdung. Zur Aktualität eines sozialphilosophischen Problems*, Frankfurt am Main: Campus Verlag 2005.

Kangrga, Milan: »Was denkst Du, Philosoph?«, in: *Praxis* 1 (1965), S. 87-105.

Kant, Immanuel: *Metaphysische Anfangsgründe der Rechtslehre. Metaphysik der Sitten*. Erster Teil, hg. v. Bernd Ludwig, Hamburg: Felix Meiner Verlag 1998.

Kant, Immanuel: »Was ist Aufklärung?« in: Erhard Bahr (Hg.), *Was ist Aufklärung? Kant, Erhard, Hamann, Herder, Lessing, Mendelssohn, Riem, Schiller, Wieland*, Stuttgart: Reclam 1996, S. 9-17.

Keilmann, Annette: »Grenzen polizeilicher Zugriffsgewalt«, in: Freia Anders / Ingrid Gilcher-Holtey (Hg.), *Herausforderungen des staatlichen Gewaltmonopols. Recht und politisch motivierte Gewalt am Ende des 20. Jahrhunderts*, Frankfurt am Main: Campus Verlag 2006, S. 67-89.

Kelbel, Peter: *Praxis und Versachlichung. Konzeptionen kritischer Sozialphilosophie bei Jürgen Habermas, Cornelius Castoriadis und Jean-Paul Sartre*, Hamburg: Philo & Philo Fine Arts / EVA Europäische Verlagsanstalt 2005.

Kersting, Wolfgang: *Die politische Philosophie des Gesellschaftsvertrags*, Darmstadt: Wissenschaftliche Buchgesellschaft 1994.

Kohler, Georg: *Bürgertugend und Willensnation. Über den Gemeinsinn und die Schweiz*, Zürich: Verlag Neue Züricher Zeitung 2010.

Lacan, Jacques: »Das Spiegelstadium als Bildner der Ichfunktion, wie sie uns in der psychoanalytischen Erfahrung erscheint«, in: *Schriften I*, Olten / Freiburg i. Br.: Walter-Verlag 1973, S. 61-70.

Lacan, Jacques: »Das Drängen des Buchstabens im Unbewussten oder die Vernunft seit Freud«, in: *Schriften II*, Olten / Freiburg i. Br.: Walter-Verlag 1975, S. 7-55.

Lacan, Jacques: »Die Topik des Imaginären«, in: *Das Seminar, Buch I (1953-1954), Freuds technische Schriften*, Olten / Freiburg i. Br.: Walter-Verlag 1978, S. 97-116.

Leibniz, Gottfried Wilhelm: *Monadologie und andere metaphysische Schriften. Discours de métaphysique. La monadologie. Principes de la nature et de la grâce fondés en raison*, Hamburg: Felix Meiner Verlag 2002.

Luhmann, Niklas: »›Was ist der Fall?‹ und ›Was steckt dahinter?‹ Die zwei Soziologien und die Gesellschaftstheorie«, in: *Zeitschrift für Soziologie* 22.4 (August 1993), S. 245-260.

Marx, Karl: *Pariser Manuskripte. Ökonomisch-philosophische Manuskripte aus dem Jahre 1844*, Westberlin: Verlag Das Europäische Buch 1987.

Marx, Karl / Engels, Friedrich: *Werke*, Band 3, Berlin / DDR: Dietz Verlag 1959.

Marx, Karl / Engels, Friedrich: *Werke*, Band 23, Berlin / DDR: Dietz Verlag 1962.

Maydell, A. v. / Wiehl, R.: »Gemeinsinn«, in: Joachim Ritter (Hg.), *Historisches Wörterbuch der Philosophie*, Band 3 G-H, Darmstadt: Wissenschaftliche Buchgesellschaft 1974, S. 243-247.

Merten, Detlef: *Rechtsstaat und Gewaltmonopol*, Tübingen: J.C.B. Mohr (Paul Siebeck) 1975.

Mészàros, Istvàn: *Der Entfremdungsbegriff bei Marx*, München: Paul List Verlag KG 1973.

Minsky, Rosalind: *Psychoanalysis and Gender. An Introductury Reader*, London: Routledge 1996.

Müller, Friedrich: *Entfremdung. Folgeprobleme der anthropologischen Begründung der Staatstheorie bei Rousseau, Hegel, Marx*, Berlin: Duncker & Humblot 1985.

Münkler, Herfried / Bluhm, Harald: »Einleitung: Gemeinwohl und Gemeinsinn als politisch-soziale Leitbegriffe«, in: Dies. (Hg.), *Gemeinwohl und Gemeinsinn: historische Semantiken politischer Leitbegriffe*, Berlin: Akademie Verlag 2001, S. 9-30.

Oppitz, Michael: *Wohin treibt die Ethnologie einen, der sie ausübt?*, Zürich: Völkerkundemuseum Zürich 1993.

Oppolzer, Alfred A.: *Entfremdung und Industriearbeit: Die Kategorie der Entfremdung bei Karl Marx*, Köln: Pahl-Rugenstein-Verlag 1974.

Reitter, Karl: »Perspektiven der Freud-Rezeption«, in: Cornélius Castoriadis / Agnes Heller et. al. (Hg.), *Die Institution des Imaginären. Zur Philosophie von Cornélius Castoriadis*, Wien / Berlin: Turia und Kant 1991, S. 103-128.

Ruhs, August: *Lacan. Eine Einführung in die strukturelle Psychoanalyse*, Wien: Erhard Löcker 2010.

Rüssli, Markus: »Art. 100«, in: Isabelle Häner / Markus Rüssli / Evi Schwarzenbach (Hg.), *Kommentar zur Zürcher Kantonsverfassung*, Zürich / Basel / Genf: Schulthess Juristische Medien AG 2007, S. 949-956.

Sartwell, Crispin: *Against The State. An Introduction to Anarchist Political Theory*, Albany, NY: State University of New York Press 2008.

Schweizer, Rainer J. / Küpfer, Gabriela: »Art. 57«, in: Bernhard Ehrenzeller / Philippe Matronardi et al. (Hg.), *Die schweizerische Bundesverfassung. Kommentar*, Zürich / Basel / Genf, Schulthess Juristische Medien AG 2002, S. 715-725.

Seelmann, Constanze: *Crowd Control. Polizei, »Nichttödliche Waffen« und die Schweiz in den 80er-Jahren. Politische Diskurse und Technologien der Kontrolle am Beispiel der Einführung und Anwendung von Tränengas* und *Gummischrot im Kanton Zürich*. Unveröffentlichte Diplomarbeit, Universität Basel, Basel 2011.

Sommer, Michael / Wolf, Dieter: *Imaginäre Bedeutungen und historische Schranken der Erkenntnis. Eine Kritik an Cornelius Castoriadis*, Hamburg: Argument Verlag 2008.

Sturm, Michael: »»Unter mir wird alles weich‹ – Eine Geschichte des Polizeischlagstocks«, in: Alf Lüdtke / Herbert Reinke / Michael Sturm (Hg.), *Polizei, Gewalt und Staat im 20. Jahrhundert*, Wiesbaden: VS Verlag für Sozialwissenschaften 2011, S. 325-347.

Tassis, Theofanis: *Cornelius Castoriadis: Eine Disposition der Philosophie*, Dissertation, Freie Universität Berlin, Berlin 2007.

Töndury, Andrea: »Art. 1«, in: Isabelle Häner / Markus Rüssli / Evi Schwarzenbach (Hg.), *Kommentar zur Zürcher Kantonsverfassung*, Zürich, Basel, Genf: Schulthess Juristische Medien AG 2007, S. 37-45.

Waldenfels, Bernhard: »Revolutionäre Praxis und ontologische Kreation«, in: *Das Imaginäre im Sozialen*, Göttingen: Wallstein Verlag 2012, S. 82-101.

Wimmer, Hannes: *Gewalt und das Gewaltmonopol des Staates*, Band 5, Austria: Forschung und Wissenschaft Politikwissenschaft, Wien: Lit Verlag 2009.

Winnicott, Donald: *Reifungsprozesse und fördernde Umwelt*, Frankfurt am Main 1974.

Žižek, Slavoj: *Lacan. Eine Einführung*, Frankfurt am Main: Fischer Taschenbuch Verlag 2008.

Edition Moderne Postmoderne

Andreas Hetzel
Vielfalt achten
Eine Ethik der Biodiversität

Februar 2016, ca. 200 Seiten, kart., ca. 24,99 €,
ISBN 978-3-8376-2985-9

Stefan Deines
Situierte Kritik
Modelle kritischer Praxis in Hermeneutik,
Poststrukturalismus und Pragmatismus

Februar 2016, ca. 240 Seiten, kart., ca. 29,99 €,
ISBN 978-3-8376-3018-3

Sandra Markewitz (Hg.)
Grammatische Subjektivität
Wittgenstein und die moderne Kultur

Januar 2016, ca. 300 Seiten, kart., ca. 34,99 €,
ISBN 978-3-8376-2991-0

Leseproben, weitere Informationen und Bestellmöglichkeiten
finden Sie unter www.transcript-verlag.de

Edition Moderne Postmoderne

Christian W. Denker
Vom Geist des Bauches
Für eine Philosophie der Verdauung

Oktober 2015, 536 Seiten, kart., 34,99 €,
ISBN 978-3-8376-3071-8

Ralf Krüger
Quanten und die Wirklichkeit des Geistes
Eine Untersuchung zum Leib-Seele-Problem

September 2015, 166 Seiten, kart., 24,99 €,
ISBN 978-3-8376-3173-9

Karl Hepfer
Verschwörungstheorien
Eine philosophische Kritik der Unvernunft

August 2015, 192 Seiten, kart., 24,99 €,
ISBN 978-3-8376-3102-9

Leseproben, weitere Informationen und Bestellmöglichkeiten
finden Sie unter www.transcript-verlag.de

Edition Moderne Postmoderne

Daniel Martin Feige,
Judith Siegmund (Hg.)
Kunst und Handlung
Ästhetische und handlungs-
theoretische Perspektiven
Oktober 2015, 262 Seiten, kart., 29,99 €,
ISBN 978-3-8376-2796-1

Dirk Stederoth
Freiheitsgrade
Zur Differenzierung
praktischer Freiheit
Juni 2015, 304 Seiten,
kart., zahlr. Abb., 29,99 €,
ISBN 978-3-8376-3089-3

Sebastian Bandelin
Anerkennen als Erfahrungsprozess
Überlegungen zu einer
pragmatistisch-kritischen Theorie
Mai 2015, 332 Seiten, kart., 36,99 €,
ISBN 978-3-8376-3131-9

Gerhard Gamm, Andreas Hetzel (Hg.)
Ethik – wozu und wie weiter?
April 2015, 236 Seiten, kart., 29,99 €,
ISBN 978-3-8376-2916-3

Marc Rölli (Hg.)
Fines Hominis?
Zur Geschichte der philosophischen
Anthropologiekritik
März 2015, 232 Seiten, kart., 29,99 €,
ISBN 978-3-8376-2956-9

Filipe Campello
Die Natur der Sittlichkeit
Grundlagen einer Theorie
der Institutionen nach Hegel
März 2015, 234 Seiten, kart., 28,99 €,
ISBN 978-3-8376-2666-7

Martin Eichler
Von der Vernunft zum Wert
Die Grundlagen der ökonomischen
Theorie von Karl Marx
März 2015, 216 Seiten, kart., 29,99 €,
ISBN 978-3-8376-2803-6

Ferdinand Auhser
Die Macht der Form
Versuch einer dynamischen Ontologie
Februar 2015, 292 Seiten, kart., 39,99 €,
ISBN 978-3-8376-2998-9

Angelo Maiolino
**Politische Kultur in Zeiten
des Neoliberalismus**
Eine Hegemonieanalyse
2014, 448 Seiten, kart., 39,99 €,
ISBN 978-3-8376-2760-2

Steffi Hobuß, Nicola Tams (Hg.)
Lassen und Tun
Kulturphilosophische Debatten
zum Verhältnis von Gabe
und kulturellen Praktiken
2014, 264 Seiten, kart., 27,99 €,
ISBN 978-3-8376-2475-5

Annika Schlitte, Thomas Hünefeldt,
Daniel Romic, Joost van Loon (Hg.)
Philosophie des Ortes
Reflexionen zum Spatial Turn in den
Sozial- und Kulturwissenschaften
2014, 250 Seiten, kart., 29,99 €,
ISBN 978-3-8376-2644-5

Miriam Mesquita
Sampaio de Madureira
Kommunikative Gleichheit
Gleichheit und Intersubjektivität
im Anschluss an Hegel
2014, 216 Seiten, kart., 26,99 €,
ISBN 978-3-8376-1069-7

Leseproben, weitere Informationen und Bestellmöglichkeiten
finden Sie unter www.transcript-verlag.de